L'histoire du
VIEUX-MONTRÉAL
à travers son patrimoine

——— **LES PUBLICATIONS DU QUÉBEC** ———
1500 D, rue Jean-Talon Nord, Sainte-Foy (Québec) G1N 2E5

VENTE ET DISTRIBUTION
Téléphone : (418) 643-5150 ou, sans frais, 1 800 463-2100
Télécopie : (418) 643-6177 ou, sans frais, 1 800 561-3479
Internet : www.publicationsduquebec.gouv.qc.ca

Catalogage avant publication de la Bibliothèque nationale du Canada

Vedette principale au titre :

L'histoire du Vieux-Montréal à travers son patrimoine

Comprend des réf. bibliogr.
Publ. en collab. avec : Ville de Montréal, Société de développement de Montréal et Ministère de la culture et des communications.

ISBN 2-551-19654-X

1. Vieux-Montréal (Montréal, Québec) – Histoire. 2. Architecture – Québec (Province) – Montréal – Histoire. 3. Biens culturels – Québec (Province) – Montréal – Histoire. 4. Vieux-Montréal (Montréal, Québec) – Constructions. 5. Vieux-Montréal (Montréal, Québec) – Ouvrages illustrés. 6. Vieux-Montréal (Montréal, Québec) – Guides. I. Lauzon, Gilles, 1951- . II. Forget, Madeleine. III. Burgess, Joanne, 1952- . IV. Rajotte, Normand. V. Montréal (Québec). VI. Société de développement de Montréal. VII. Québec (Province). Ministère de la culture et des communications.

FC2947.53.H57 2004   971.4'28   C2004-940451-2

L'histoire du
VIEUX-MONTRÉAL
à travers son patrimoine

SOUS LA DIRECTION DE

Gilles Lauzon et Madeleine Forget

ESSAIS DE

Joanne Burgess • Jacques Des Rochers • Gilles Lauzon
Jean-François Leclerc • Louise Pothier
Alain Roy • Alan M. Stewart • Roland Tremblay

PHOTOGRAPHIES DE

Normand Rajotte

LES PUBLICATIONS DU QUÉBEC   Montréal 🏵️   Québec ⚜️

Cet ouvrage a été réalisé à l'initiative de la Société de développement de Montréal dans le cadre de l'Entente sur le développement culturel de Montréal entre le ministère de la Culture et des Communications du Québec et la Ville de Montréal.

Direction
Gilles Lauzon, Société de développement
de Montréal
Madeleine Forget, ministère de la Culture
et des Communications du Québec

Coordination
Christine Dufresne, Madeleine Forget,
Gilles Lauzon

Préface
Jean-Claude Robert

Recherche et textes
Joanne Burgess; Jacques Des Rochers;
Gilles Lauzon; Jean-François Leclerc; Louise Pothier;
Alain Roy; Alan M. Stewart; Roland Tremblay

Photographies
Normand Rajotte

Révision et collaboration à la rédaction
Christine Dufresne

Collaboration à la recherche historique
Luc Carey; Valérie D'Amour; Dominique Marquis;
Guy Mongrain; l'équipe du projet de recherche
sur les magasins-entrepôts du Vieux-Montréal au
département d'histoire de l'Université du Québec
à Montréal, sous la direction de Joanne Burgess

**Collaboration à la recherche iconographique
et commandes d'images**
Jocelyne Gervais

Cartographie
Richard Bachand, Guy Mongrain, Léon Robichaud

**Traduction en français des manuscrits
écrits en anglais**
Christine Gendreau et Hélène Paré

Cette publication a été éditée par
Les Publications du Québec
1500D, rue Jean-Talon Nord, 1er étage
Sainte-Foy (Québec) G1N 2E5

Chef de projet
Michel R. Poulin

Direction artistique
Brigitte Carrier

**Révision liguistique
et correction d'épreuves**
Lucette Lévesque

Conception graphique et réalisation
Claire Senneville

Dépôt légal – 2004
Bibliothèque nationale du Québec
Bibliothèque nationale du Canada
ISBN 2-551-19654-X

Remerciements

Cette publication n'aurait pas vu le jour sans le soutien et l'appui de Gilles Morel, directeur de la Promotion et de la Mise en valeur du Vieux-Montréal à la Société de développement de Montréal. Dès le départ M. Morel a cru à ce projet de livre, et il a appuyé chaque étape de sa réalisation avec la conviction et l'enthousiasme qui le caractérisent.

Les directeurs de cette publication ainsi que les auteurs tiennent à remercier Christine Dufresne pour sa contribution exceptionnelle à ce projet. Par ses avis, ses commentaires et ses propositions rédactionnelles, par sa grande disponibilité du début à la fin de ce long projet, elle nous a grandement aidés à atteindre l'objectif du livre, à faire en sorte que la matière soit présentée de façon claire et limpide et que tout semble couler de source. Nous lui en sommes très reconnaissants.

Les auteurs se joignent à nous pour remercier tous les collaborateurs à la recherche historique et iconographique, à la cartographie et à la traduction pour leur générosité et leur compétence. Le travail de Claire Senneville, dont la conception graphique et la mise en pages rendent pleinement et élégamment justice aux textes comme aux images, est également hautement apprécié ; le photographe du projet se joint à nous pour ce remerciement.

Avec Normand Rajotte, nous remercions aussi tous ceux, et ils sont nombreux, qui ont contribué à la réalisation de ses photographies, en commençant par celles et ceux qui ont posé devant son appareil photo pour représenter leurs institutions : les sœurs de la Congrégation Notre-Dame, les sœurs hospitalières de Saint-Joseph de l'Hôtel-Dieu de Montréal et les sœurs Grises ; Pierre Beaulieu, des Archives nationales du Québec à Montréal ; Jean-François Gravel et son équipe responsable du patrimoine et de la toponymie au Service de la mise en valeur du territoire et du patrimoine à la Ville de Montréal. Nous exprimons également notre reconnaissance envers toutes les institutions et les propriétaires et locataires dont les immeubles ont été photographiés et envers ceux qui nous ont permis de photographier l'intérieur de leur maison, commerce, hôtel ou bureau en acceptant généreusement de demeurer dans l'anonymat.

Plusieurs personnes et institutions qui nous ont aidés de façon toute particulière à obtenir des images existantes, anciennes pour la plupart, sont mentionnées dans la page consacrée aux sources des illustrations. Nous les remercions.

Parmi tous ceux qui ont apporté leur aide de multiples autres façons, il faut souligner l'appui de l'équipe du Service de la mise en valeur du territoire et du patrimoine à la Ville de Montréal, et notamment les apports de Gabriel Bodson, Denise Caron, Peter Ghelerter et Claire Mousseau.

Nous tenons également à remercier de leur soutien inconditionnel tous les membres des équipes dont nous faisons partie à la direction de Montréal du ministère de la Culture et des Communications du Québec, et à la Société de développement de Montréal. Nous remercions aussi Anne Coulombe, Almas Mathieu, Léon Robichaud, Denis Tremblay et Yoland Tremblay.

Il reste à nous tourner vers les auteurs et vers le photographe de ce livre pour leur témoigner toute notre gratitude. Cet ouvrage n'existerait pas sans leurs connaissances, leurs idées novatrices, leur talent, leur générosité, leur minutie, leur ténacité, leur capacité d'entraide et leur infinie patience.

Enfin nous remercions les Publications du Québec d'avoir cru à ce projet et de l'avoir concrétisé en assurant sa qualité et sa disponibilité pour le plus grand nombre de lecteurs qui, nous le souhaitons, pourront ainsi partager notre enthousiasme.

Gilles Lauzon et Madeleine Forget

Préface

À une époque où la commémoration prend de plus en plus de place, au risque de nous rendre presque myopes au présent et aux évolutions qui s'élaborent sous nos yeux, ce beau livre propose une double excursion, à la fois dans la ville et dans l'histoire, offrant une simultanéité de démarche rafraîchissante. Le regard est convié à se poser sur le paysage urbain vu comme le résultat d'une longue évolution. Ici, pas de nostalgie éplorée devant les démolitions du passé, mais une volonté de comprendre et d'expliquer ce que Françoise Choay appelle la « compétence d'édifier » des générations qui nous ont précédés. Le regard est résolument posé sur le devenir urbain, illustrant le phénomène important de réinterprétation constante du stock immobilier par les générations successives. Pour paraphraser une formule célèbre, Montréal ne s'est pas construite en un jour et elle porte dans ses pierres et dans ses rues les traces de ce processus cumulatif qui a fait d'un lieu de campement amérindien d'il y a quelques millénaires un avant-poste d'évangélisation, un poste de traite puis une ville coloniale avant d'en faire la grande métropole canadienne aux activités portuaires, industrielles, financières et commerciales dominantes, et de la transformer par la suite en une des grandes villes de l'Amérique du Nord.

Les auteurs ont décidé de s'en tenir au territoire du vieux Montréal, soit grosso modo celui de l'ancienne ville fortifiée. Pari heureux car il est indéniable que la croissance de l'agglomération a marqué son centre à toutes les époques, laissant des traces dans la texturation du paysage construit et jusque dans la configuration du réseau des rues. Un peu à la manière d'un arbre, où l'aubier et le duramen conservent, entre l'écorce et le cœur, des traces des épisodes de sa constitution, montrant ici le départ d'une branche nouvelle, là la trace d'un recul. Ainsi, cet examen du cœur de la ville propose une lecture longitudinale de l'histoire de Montréal à travers le temps.

La ville a été souvent comparée à un palimpseste, ce parchemin que l'on avait gratté pour pouvoir le réutiliser et réécrire dessus, mais qui laisse entrevoir des traces de l'usage antérieur. Cette métaphore convient particulièrement bien à une agglomération. En effet, chaque génération doit composer avec l'héritage urbain et monumental qu'elle reçoit. Les générations peuvent, bien entendu, choisir de tout détruire et de reconstruire à neuf. Cependant, dans la plupart des cas, elles décident plutôt de récupérer une partie des bâtiments pour les adapter à de nouveaux usages. Autour de ce qui est conservé, on a construit et reconstruit à différentes époques, soit à la suite d'un incendie ou d'une opération de remembrement parcellaire, tantôt à la pièce, tantôt avec une certaine vision d'ensemble, mais dans tous les cas on a conservé une partie de la texturation du paysage construit. D'ailleurs, on peut voir dans ces cycles de construction-reconstruction l'empreinte de la conjoncture économique dominante et son impact sur la ville. Ainsi, Montréal a été plus profondément marquée par le long XIXᵉ siècle, en gros des années 1840 à 1914 qui correspondent à son apogée comme centre commercial, industriel et financier du Canada. La puissance des fonctions économiques d'alors et leur caractère irrésistible ont imposé un profond réaménagement du centre-ville, auquel ont échappé toutefois des zones d'activités différentes appartenant au monde juridique, civique ou religieux, formant autant de môles de résistance ou d'inertie devant les appétits des promoteurs.

Cet ouvrage, fruit de la collaboration de nombreux spécialistes de l'histoire de Montréal, nous rappelle les grandes péripéties de ces transformations et les illustre avec soin. En effet, les photos, gravures et reproductions de plans forment un des atouts majeurs de ce livre. Il repose en outre sur la mise à contribution de la recherche récente et nous propose, en définitive, une échappée remarquable sur le passé de Montréal.

Jean-Claude Robert, Université du Québec à Montréal

Table des matières

Introduction

Au milieu de la place d'Armes, au cœur du Vieux-Montréal, un monument centenaire évoque la fondation de la ville en 1642. Autour, les visiteurs peuvent admirer le séminaire des messieurs de Saint-Sulpice qui date de l'époque de la ville fortifiée, les façades de la basilique Notre-Dame et de la banque de Montréal qui rappellent l'ancien centre bourgeois de la ville, un immeuble victorien, des gratte-ciel de l'ancienne métropole du Canada et même une tour qui témoigne du modernisme des années 1960. Dans le sol reposent les vestiges de la première église paroissiale de la ville tandis que, non loin de là, on a trouvé des traces d'occupation humaine plusieurs fois millénaires. Il suffit de traverser une rue pour découvrir les intérieurs somptueux de la basilique et de la banque, l'un inspiré du Moyen Âge français, l'autre de l'Antiquité romaine.

Dans toutes les grandes villes il existe ainsi des lieux d'une grande richesse historique et patrimoniale. Toutefois, dans le nord-est de l'Amérique, ils sont généralement restreints et enchâssés dans un centre-ville moderne. La place d'Armes de Montréal se trouve quant à elle au centre d'un quartier historique de un kilomètre carré dans lequel la tour moderne fait figure d'exception. Le centre-ville moderne de Montréal est ailleurs. L'ancien centre, quoique bien intégré à la vie actuelle montréalaise, offre ainsi un amalgame historique et patrimonial unique dans une métropole nord-américaine. À quelques pas de la place, à la pointe à Callière, les vestiges du lieu de fondation de Montréal ont même été mis au jour et, intégrés à un musée contemporain, rendus accessibles à la population.

Inséparable du quartier, le vieux port aménagé en parc accueille encore de grands navires. Depuis toujours l'intérêt du site du Vieux-Montréal tient d'abord au fleuve Saint-Laurent et au point de rupture de la navigation en amont. Montréal a été fondée au dernier havre naturel que l'on pouvait atteindre en remontant le fleuve, près des grands rapides qui bloquent la navigation, à plus de mille kilomètres de l'Atlantique. Ce havre, connu et utilisé depuis des millénaires, était adopté au XVIIe siècle par les Européens. L'intérêt de l'emplacement a ensuite amené des vagues successives de développement urbain, chaque époque laissant des traces bien tangibles. Cependant, de façon étonnante, après la Seconde Guerre mondiale, le Vieux-Montréal, qui aurait pu être emporté par le boom de construction du centre-ville moderne, ne l'a pas été.

Le quartier d'aujourd'hui, résultat de ce destin urbain particulier, protégé et mis en valeur, recèle des richesses patrimoniales qui ont fait l'objet de brochures concernant son histoire et son architecture, de circuits de visite, d'albums illustrés et d'un site Web exhaustif. Le centre historique de Montréal méritait néanmoins qu'on lui consacre une histoire détaillée et illustrée, besoin que le présent ouvrage vient combler. Grâce à son état de conservation, le Vieux-Montréal offre lui-même sa première source d'interprétation et d'illustration. Il est possible de raconter son histoire à travers son patrimoine. Cette approche semblera aller de soi aux lecteurs, mais comme elle est inhabituelle, elle a représenté au départ un défi majeur lancé aux auteurs. Ils l'ont tous relevé avec enthousiasme et virtuosité. Chacun des chapitres permet d'ouvrir des fenêtres multiples sur le passé du quartier mais aussi sur celui de toute la ville et de la région, voire sur des pans entiers de l'histoire du continent. Cela tient au fait que le Vieux-Montréal constitue, avec le vieux port, l'entrée du canal de Lachine et le secteur des grandes gares du nouveau centre-ville, une plaque tournante continentale et océanique formée au fil du temps en bordure du fleuve et au centre de la ville.

L'architecture occupe évidemment une place de premier plan dans le patrimoine du Vieux-Montréal, mais les témoins matériels du passé se présentent sous plusieurs autres formes. Les vestiges archéologiques permettent de documenter la présence humaine préhistorique. Ils témoignent également de diverses facettes de la vie urbaine ultérieure. Les rues, les places, les cours et les jardins, les quais et les jetées sont souvent plusieurs fois centenaires, comme les noms qu'ils portent. Les œuvres d'art public qui ponctuent cet ancien quartier urbain central évoquent souvent explicitement le passé, comme le font les plaques commémoratives. Les patrimoines archivistique et muséal comprennent, eux aussi, des témoins matériels majeurs de l'histoire des lieux et des personnes qui y ont vécu, et ils méritent d'être considérés et montrés comme tels.

La diversité des traces patrimoniales milite en faveur d'une approche qui ne favorise aucune période historique en particulier. Non pas que le Vieux-Montréal ait connu une évolution linéaire et continue. Il s'est au contraire transformé par mutations successives, chacune entraînant la formation d'une strate historique bien distincte des autres. Cependant, aucune de ces mutations n'occupe une place prépondérante ; elles reflètent toutes le dynamisme soutenu du lieu au fil du temps tout en rendant compte des transformations de la société. Non seulement les formes urbaines, architecturales et artistiques changent-elles d'une époque à l'autre, mais la nature même des traces matérielles varie : vestiges archéologiques issus des époques plus anciennes, ossature de la trame de rues des premiers occupants ; architecture et autres formes d'art des XVIIIe, XIXe, XXe et XXIe siècles, françaises d'abord, britanniques ensuite, et plus tard franchement nord-américaines et contemporaines. Il faut le répéter, le Vieux-Montréal, quartier historique d'une grande densité, n'est pas le lieu d'une époque mais de plusieurs. C'est ce que son patrimoine nous apprend. Au cours des dernières années, il est de plus en plus clairement apparu que les mutations du Vieux-Montréal pouvaient être vues et comprises en sept grands temps, incluant la préhistoire. Et tous ces temps, y compris celui de la mise en valeur récente du quartier, méritent une attention égale, d'où les sept chapitres du présent ouvrage.

Nous avons voulu rendre ce livre accessible à tous les amateurs d'histoire et de patrimoine. Les spécialistes y trouveront de nouvelles interprétations, mais sans appareil de notes, tableaux statistiques ou graphiques. Il ne s'agit pas d'un ouvrage spécialisé en histoire ou en archéologie, en urbanisme, en architecture ou en histoire de l'art, mais tous ces champs de connaissance y ont été mis à contribution et mis en relation les uns avec les autres. Et l'excellent travail des auteurs prouve que la plus grande rigueur est compatible avec la clarté. Les propos de ce livre, qui s'éloignent souvent des sentiers battus, sont solidement appuyés même si le langage reste simple. Nous avons aussi voulu que les lecteurs des autres régions du Québec et du Canada, ainsi que ceux de l'étranger, se reconnaissent facilement dans une histoire locale dont certains aspects peuvent leur être inconnus. Chaque lecteur trouvera donc dans le texte même toutes les clés essentielles à la compréhension du récit.

Les rapports étroits qui lient patrimoine et histoire dans cet ouvrage demandent des liens tout aussi serrés entre images et texte. Les photographies contemporaines du quartier ont été réalisées par l'artiste photographe Normand Rajotte en rapport étroit avec les propos des auteurs. C'est la première fois qu'un tel relevé photographique est entrepris dans le Vieux-Montréal ; c'est la première fois qu'il est fait avec un œil aussi compréhensif envers l'art, l'histoire, l'architecture et le patrimoine. On constatera également qu'à de rares exceptions près les illustrations apparaissent dans la double page où le sujet correspondant est abordé. Ici encore, ce qui peut sembler aller de soi constituait au départ un défi qui a été relevé avec brio. Courtes légendes, absence d'encarts, images bien à leur place : ces choix éditoriaux contribuent à offrir une lecture fluide, sans détours inutiles.

Pour aider le lecteur à bien situer les bâtiments, les lieux et les monuments dans le quartier actuel, les éléments majeurs mentionnés en cours de texte sont marqués d'une lettre reportée sur un plan placé en fin de chapitre. Après la lecture, on pourra se servir de ces plans pour se guider et aller voir sur place les composantes du patrimoine historique, époque par époque, dans leur contexte urbain actuel. Ce livre recèle en somme autant de guides qu'il y a d'époques à retracer dans le quartier, ce qui laisse au lecteur la possibilité d'établir son propre circuit du Vieux-Montréal.

Cet ouvrage se veut enfin un hommage senti à tous ceux qui ont fait du Vieux-Montréal ce qu'il est devenu au cours des dernières décennies : résidants, communautés religieuses, architectes, architectes-paysagistes, designers, artistes et artisans, promoteurs, gens d'affaires et commerçants, historiens, archéologues, muséologues, chercheurs et intervenants passionnés par l'histoire du quartier et par la diffusion des connaissances et enfin fonctionnaires et politiciens qui ont cru à l'avenir du centre ancien de la ville. Les organismes et les personnes, les concepteurs et les propriétaires-investisseurs ne sont généralement pas nommés en regard des exemples donnés dans le dernier chapitre. Nous espérons qu'on nous pardonnera ce choix en pensant à tous ceux qui seraient demeurés dans l'ombre puisqu'il était impossible d'énumérer l'ensemble des projets et des réalisations. Une nouvelle histoire du Vieux-Montréal écrite dans 50 ou dans 100 ans pourra rendre justice nommément à ceux qui font le Vieux-Montréal d'aujourd'hui, un Vieux-Montréal patrimonial et bien actuel.

Conventions

Les points cardinaux suivent l'usage montréalais. Ce dernier, à cause de l'habitude ancienne de situer l'est et l'ouest de l'île et de la ville en fonction du fleuve qui prend sa source à l'ouest pour finir son parcours à l'est, considère que le boulevard Saint-Laurent, perpendiculaire au fleuve, sépare l'est et l'ouest de la ville alors qu'en réalité il divise plutôt les parties nord et sud de l'île. Cet usage est implanté jusque dans la toponymie.

Pour les noms des ruisseaux, nous avons adopté la convention suivante : l'appellation Petite Rivière désigne le bras inférieur de la Petite Rivière, aussi appelé petite rivière Saint-Pierre, qui coulait autrefois sous ce qui est aujourd'hui la place d'Youville ; l'appellation « le ruisseau » désigne ce qui était la branche nord de la Petite Rivière, qui coulait autrefois sous ce qui est aujourd'hui la rue Saint-Antoine, et qui a été nommée à une certaine époque ruisseau Saint-Martin.

Les étages sont comptés selon l'usage québécois qui inclut le rez-de-chaussée.

Selon la période, certaines mesures sont exprimées en pieds français (équivalant à 0,3248 mètre) ou en pieds impériaux (équivalant à 0,3048 mètre).

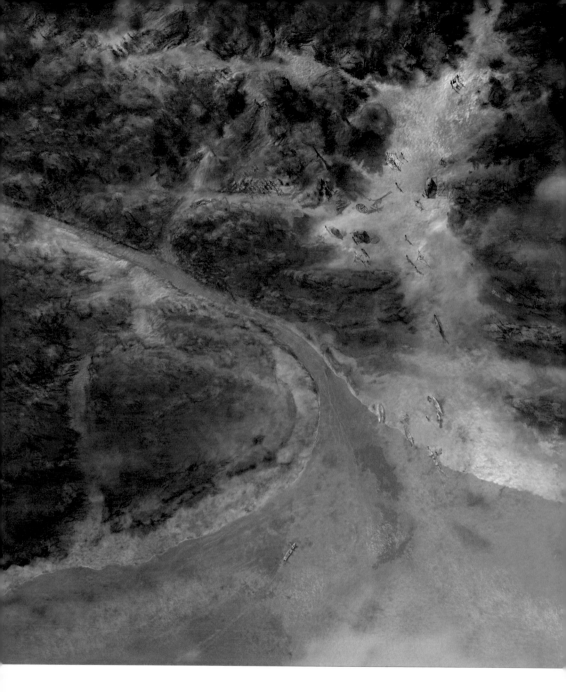

I ▲

Reconstitution de l'embouchure de la Petite Rivière vers 1300. À cette époque, des Iroquoiens occupent sporadiquement l'emplacement, qui est vraisemblablement un havre relié à des villages situés à l'intérieur de l'île. Ce sera le lieu de fondation de Montréal en 1642.

Illustration : François Villemaire pour Pointe-à-Callière.

Roland Tremblay, Louise Pothier

Un havre
préhistorique

Quiconque aujourd'hui souhaite comprendre la longue évolution de l'occupation humaine dans la région montréalaise doit commencer par observer le territoire, remarquer les plateaux, les pentes douces ou raides, les arêtes, les vallons. Ce qui aujourd'hui n'est plus qu'un accident du terrain était autrefois un plateau abrité des vents ou un ruisseau s'écoulant au fond d'une vallée plus ou moins encaissée. Ce qui est maintenant une place publique était une clairière riche en petits fruits ou une forêt abritant d'abondantes ressources fauniques, éléments indispensables à la subsistance. Ces particularités physiques ont joué un rôle essentiel dans le développement de l'occupation humaine. Leur reconnaissance est d'autant plus importante qu'elle permet de reconstituer le milieu naturel et de comprendre ce qui a incité les populations à venir s'établir précisément au lieu que nous nommons aujourd'hui le Vieux-Montréal.

La faune et la flore anciennes ont disparu du lieu depuis plusieurs siècles, mais subsistent toutefois à l'état de traces qui sont occasionnellement documentées par les archéologues. De leur côté, les explorateurs européens, comme Samuel de Champlain, ont parfois noté dans leurs récits de voyages la richesse de ce milieu naturel encore presque vierge au moment de leur passage. Les témoins archéologiques et les documents anciens constituent donc des outils indispensables pour reconstituer l'environnement qui a servi de cadre de vie aux populations de la préhistoire.

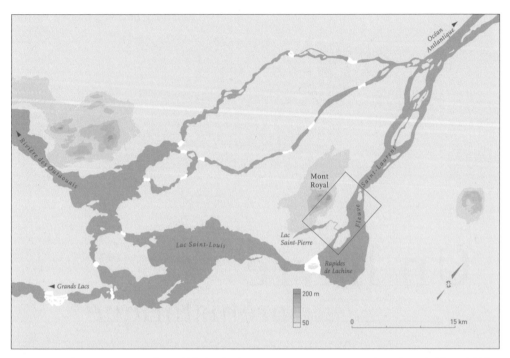

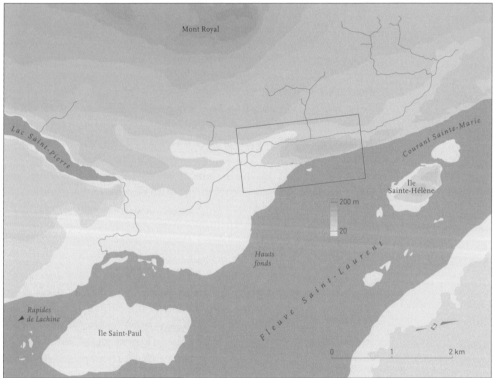

2 ◄

Carte reconstituée
de l'archipel de Montréal
avant l'arrivée des
Européens. L'archipel
est ponctué de rapides
qui forment le premier
véritable obstacle
à la navigation sur
le Saint-Laurent.

Cartographie : Richard
Bachand.

3 ◄

Plan rapproché
de la rive de Montréal
situant l'emplacement
de ce qui deviendra
le Vieux-Montréal dans
son environnement
naturel reconstitué.

Cartographie : Richard
Bachand.

Qui sont ces populations et, d'abord, qu'entend-on par préhistoire ? En Amérique, cette période débute il y a plus de 12 000 ans, et peut-être même bien avant, avec l'arrivée des Paléoindiens, les premiers immigrants issus du continent asiatique. Plusieurs vagues d'immigration auront lieu par la suite, donnant naissance aux diverses nations amérindiennes et inuites. On s'accorde généralement pour dire que la préhistoire prend fin avec l'arrivée des premiers Européens en terre d'Amérique aux XVe et XVIe siècles, que l'on qualifie de « période de contact » entre les deux civilisations. Les groupes de la préhistoire possèdent des cultures très développées, mais qui reposent sur l'oralité plutôt que sur l'écrit.

Durant l'époque paléoindienne (9000 à 6000 av. J.-C.), l'actuel quartier historique de Montréal est encore submergé ou impropre à l'occupation humaine en raison du niveau élevé des eaux provenant de la fonte des glaciers. Ce n'est que bien plus tard, il y a environ 6 000 ans, que le réchauffement planétaire favorise, à l'échelle locale, une végétation comparable à celle que nous connaissons actuellement. Le site de Montréal est alors recouvert d'un manteau forestier où domine l'érable à sucre. Le milieu naturel est désormais hospitalier.

L'île de Montréal que découvrent les premiers occupants de la plaine laurentienne est accessible depuis la mer et le fleuve Saint-Laurent et forme le centre imposant d'un archipel (**fig. 2**). Plusieurs voies d'eau s'y rencontrent, agitées par des rapides. À l'ouest de ce véritable carrefour maritime, le fleuve et la rivière des Outaouais, comme on l'appellera plus tard, donnent accès à l'intérieur du continent. Le relief de l'île est dominé par une élévation de 200 mètres qui sera appelée mont Royal par les Français, et ponctué par un certain nombre de terrasses. Le mont Royal, de forme irrégulière, est apparenté par son origine à des collines isolées situées plus loin à l'est et à l'ouest, les Montérégiennes.

Au sud-ouest de l'île, en amont du fleuve, des rapides imposants forment un obstacle naturel à la navigation fluviale. Ils seront appelés sault Saint-Louis puis rapides de Lachine. En aval, des hauts-fonds et un fort courant rendent aussi la navigation moins aisée. À son point le plus rapproché du mont Royal, le fleuve demeure agité par ce courant, qui sera nommé plus tard Sainte-Marie, mais la profondeur accrue laisse passer les embarcations qui peuvent alors accoster dans des eaux calmes. Certains des cours d'eau qui parsèment l'île se jettent dans le fleuve à cet endroit, d'autres le font en aval et en amont (**fig. 3**).

Mais qu'en est-il des traces d'occupation humaine de la préhistoire ? Comme dans toute grande ville du monde, l'archéologie urbaine à Montréal doit affronter un problème de taille : la fragilité des traces d'occupations anciennes, et en particulier de celles de la préhistoire. Les méthodes de construction modernes ont accentué de façon vertigineuse la vitesse avec laquelle les vestiges des époques antérieures disparaissent. Ce phénomène est perceptible, peut-être plus qu'ailleurs,

9

dans l'arrondissement historique du Vieux-Montréal et pour une raison assez simple. Depuis la nuit des temps, les êtres humains choisissent les endroits les plus adéquats pour installer leurs demeures, qu'elles soient temporaires ou permanentes. Et ces endroits répondent presque toujours aux mêmes critères de base : accessibilité, confort et espace fonctionnel. Par voie de conséquence, les « bons » endroits sont normalement sélectionnés encore et encore à travers le temps. C'est exactement ce phénomène qui caractérise le secteur qui est aujourd'hui le Vieux-Montréal. Voilà un endroit qui a toujours attiré les groupes humains : accessible par voie navigable, il marque un point de jonction entre le fleuve et un chemin permettant d'éviter les rapides de Lachine, en amont. Le caractère hospitalier de ce rivage aura un effet polarisant dans le choix des lieux d'occupation des Amérindiens de la préhistoire. Lieu d'arrêt et d'accostage, il constitue un point de contact entre le fleuve et le reste de l'île. Enfin, le secteur est proche des ressources aquatiques, et probablement habité par une faune variée. De fait, le territoire qui constitue aujourd'hui l'espace urbain de la vieille ville a été occupé à d'innombrables moments avant l'arrivée des Européens. Plusieurs civilisations s'y sont succédé ; la plupart d'entre elles possédaient des cultures complexes et entretenaient de vastes réseaux d'échanges et de commerce. Enfin, beaucoup de ces groupes humains ont choisi de s'établir dans un secteur particulier de ce territoire. Entre les rapides de Lachine et le courant Sainte-Marie, l'embouchure d'un petit cours d'eau, la Petite Rivière, constituait autrefois un havre naturel qui deviendra le lieu d'accostage des premiers habitants des grands villages iroquoiens et, par la suite, le lieu de débarquement des premiers colons français (voir fig. 1).

■ À L'EMBOUCHURE DE LA PETITE RIVIÈRE

Bien sûr, la physionomie du Vieux-Montréal a beaucoup changé depuis l'époque de la préhistoire. L'urbanisation a modifié l'environnement premier : on a remblayé par-ci, nivelé par-là. Toutefois, la morphologie d'origine transparaît encore, les espaces tendant à conserver leur caractère en dépit de l'emprise urbaine et de la densité du bâti. À l'aide de quelques repères géographiques, on parvient en effet à retracer le cours d'une ancienne rivière, à remarquer une dénivellation du terrain, à imaginer le profil de la berge (**fig. 4** et **5**).

L'un des éléments morphologiques que l'on peut toujours reconnaître dans la vieille ville est le « dos-d'âne », une éminence de forme allongée qui s'étire dans l'axe du fleuve et dont la crête est formée par l'actuelle rue Notre-Dame (par commodité, on désigne parfois cette éminence comme la « crête du Vieux-Montréal »). Aujourd'hui, la meilleure façon de prendre conscience de cette caractéristique consiste à se tenir sur l'un

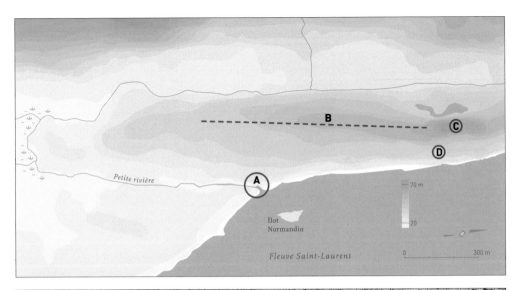

4 ▲

Plan rapproché montrant le paysage géomorphologique naturel du Vieux-Montréal avant l'arrivée des Européens : **A.** l'embouchure de la Petite Rivière, futur lieu de fondation de Montréal ; **B.** le dos-d'âne ; **C.** la butte ; **D.** le site de campement amérindien au pied de la butte.

Cartographie : Richard Bachand.
Géomorphologie : Pointe-à-Callière, musée d'archéologie et d'histoire de Montréal.

5 ▲

Le même plan imposé sur une photographie aérienne du Vieux-Montréal actuel : **A.** l'embouchure de la Petite Rivière entre la place Royale et la pointe à Callière, lieu de fondation de Montréal ; une partie du tracé de la rivière correspond à la place d'Youville ; **B.** la crête du dos-d'âne correspond au tracé de la rue Notre-Dame ; **C.** la butte se trouvait près de l'intersection des rues Berri et Notre-Dame ; **D.** le site de campement amérindien du promontoire, près de la butte, correspond à l'emplacement de la chapelle Notre-Dame-de-Bon-Secours.

Cartographie : Richard Bachand. Photographie aérienne : Hauts-Monts.

des points les plus élevés du quartier historique, à la place d'Armes, et à observer la déclivité du terrain tout autour. On remarque la pente raide sur le versant nord et la pente plus douce et allongée sur le versant sud menant au fleuve. Du même point, on peut aussi imaginer des éléments aujourd'hui disparus. À un kilomètre vers l'est, à peu près à la hauteur de l'actuelle rue Berri, il existait autrefois une butte naturelle d'environ 20 mètres de hauteur, près de laquelle se trouvait un étang propice à la chasse aux oiseaux aquatiques.

Au pied du versant nord de la crête, un autre élément disparu, un ruisseau, suivait une dépression naturelle longeant ce qui est aujourd'hui la rue Saint-Antoine. Il rejoignait d'autres ruisseaux pour former la Petite Rivière dont le cours se terminait suivant le tracé de l'actuelle place d'Youville avant de se jeter dans le Saint-Laurent, scindant en deux parties distinctes cette portion du rivage du fleuve. Cette embouchure au creux d'une courbure du rivage, mise à l'abri du fort courant fluvial par la présence d'un îlet, formait un petit havre très accessible, bien protégé, non loin des rapides et proche du mont Royal.

Au moment où les premières communautés autochtones connues abordent l'île de Montréal, le rivage du Saint-Laurent est sensiblement le même que celui qu'apercevront les Européens à leur arrivée... 4 000 ans plus tard ! D'un côté de la Petite Rivière s'étend alors une pointe de terres basses et inondables, l'actuelle pointe à Callière ; de l'autre côté commence une longue rive bordée par un replat de terrain légèrement élevé à l'endroit où se situe aujourd'hui la rue Saint-Paul. Au XVIIe siècle, les écrits de Samuel de Champlain mentionnent que la Petite Rivière marque le début d'une route de navigation et de portage amérindienne permettant de se rendre jusqu'au lac Saint-Louis en évitant les rapides de Lachine. De plus, la présence de courants forts attire à cet endroit du fleuve une grande diversité de poissons comme l'alose, l'anguille, la barbue, le doré, sans doute aussi l'esturgeon et plusieurs autres espèces. Encore maintenant, le secteur en aval des rapides constitue une zone d'habitat ou de frai pour plusieurs espèces de poissons.

Cette abondance de nourriture n'a pu que susciter l'intérêt des groupes de passage dans la région. En fait, à différentes époques de la préhistoire, l'embouchure de la Petite Rivière a vraisemblablement été un secteur privilégié pour des campements saisonniers ou pour la chasse et la pêche. Le terrain offre en effet toutes les caractéristiques d'un bon site naturel : il est bien drainé, protégé des vents par une crête et assez vaste pour y construire des habitations et laisser place aux activités domestiques. Les eaux du fleuve viennent se calmer à cet endroit pour permettre d'y accoster facilement avant de poursuivre le voyage.

Le défi consiste maintenant à savoir reconnaître l'ancienneté et la signification des traces d'occupation que nous ont laissées les premiers humains à venir s'y établir.

LES PREMIERS OCCUPANTS DE MONTRÉAL

Deux sites archéologiques récemment mis au jour nous permettent de faire connaissance avec les premiers occupants dont les archéologues ont pu documenter la trace dans l'arrondissement historique. Il s'agit de populations associées à une tradition culturelle encore peu connue : la tradition Lamoka. Ces gens seraient même, jusqu'à preuve du contraire, les premiers occupants du secteur du Vieux-Montréal. Qui sont-ils ?

Les archéologues désignent sous le nom d'Archaïque l'âge qui suit le Paléoindien. Il s'agit d'une longue période (6000 à 1000 av. J.-C.) au cours de laquelle les groupes humains d'Amérique du Nord adoptent des traditions culturelles qui varient sensiblement pendant cinq millénaires. Ces groupes, qui vivent de chasse et de pêche, occupent dans la vallée du Saint-Laurent un territoire assez vaste où ils sont devenus experts des forêts d'arbres feuillus, dont ils savent exploiter les ressources fauniques et la flore pour leur subsistance.

Au cours de cette période, il se produit un grand bouleversement culturel dans le Nord-Est américain, à ce point perceptible à travers les vestiges matériels que les archéologues y décèlent la présence d'un nouveau groupe venu d'ailleurs. Vers 2500 ans av. J.-C., une culture nettement étrangère fait en effet son apparition dans la région laurentienne. Selon toute vraisemblance, il s'agit d'une migration de populations en provenance de régions méridionales, probablement de la côte atlantique. Plusieurs traits distinctifs caractérisent ces populations migrantes, dont des types de pointes à pédoncule et des réseaux d'approvisionnement de pierre différents de ceux de leurs prédécesseurs. Appelée Lamoka par les chercheurs, cette tradition durera entre 600 et 800 ans. Ces populations ont fréquenté une grande partie de la vallée du Saint-Laurent jusqu'en Ontario et en Nouvelle-Angleterre. Leur présence dans le Vieux-Montréal est clairement attestée.

6 ▾

Deux des quatre pointes Lamoka trouvées sur le site du Versant Sud. Ces deux pointes proviennent du secteur LeMoyne-LeBer.

Collection archéologique de la Ville de Montréal, BjFj-49. Photographie : Pierre Fauteux.

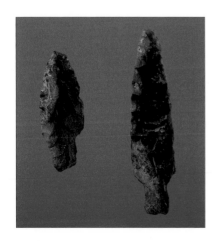

Dans le quartier historique, près de la rue Saint-Paul actuelle, deux sites archéologiques que l'on croit contemporains nous ont livré de précieux renseignements sur cette civilisation disparue venue s'installer pour un temps au nord de l'embouchure de la Petite Rivière. La découverte de quatre pointes de type Lamoka (**fig. 6**) confirme l'occupation par des chasseurs-cueilleurs venus de la Nouvelle-Angleterre actuelle. Ces populations, très mobiles dans l'espace géographique régional, sont également reconnaissables à un trait particulier : elles font grand usage d'un matériau local, la cornéenne, une pierre issue des collines Montérégiennes comme le mont Royal. Elles fabriquent également certains de leurs outils dans un matériau exotique, le quartzite, une roche silicieuse blanche et dure permettant de fabriquer des pointes et des grattoirs tranchants et qui provient des zones subarctiques du Québec, plus particulièrement de la région du lac Mistassini. Une datation au carbone 14 a situé l'occupation d'un des sites vers 2000 av. J.-C. Dans les deux sites, on a taillé de la cornéenne du mont Royal.

La roche cornéenne a été formée il y a un peu plus de 100 millions d'années, quand des intrusions de magma ont remonté vers la surface à travers les calcaires de la plaine de Montréal. Pendant trois millénaires, les Amérindiens ont exploité cette pierre sur des affleurements au pied du mont Royal. On y a retrouvé un énorme site d'extraction de cette pierre, une véritable carrière au sens préhistorique du terme. Des blocs de cornéenne étaient extraits des parois à l'aide de grosses pierres plus dures. Puis, sur place, on réalisait les premières étapes de transformation des blocs en divers outils tels que couteaux, pointes, racloirs (**fig. 7**).

Les sites de campement de ces populations se trouvaient à proximité du fleuve. Selon toute vraisemblance, de petites familles ou de très petits groupes ont trouvé protection et subsistance à proximité de l'embouchure de la Petite Rivière. À l'un de ces sites, deux foyers ont été mis au jour à deux niveaux différents dans un espace de moins de trois mètres carrés. Le premier des feux a été allumé il y a environ 4 000 ans ; le second l'a probablement suivi de peu. Si la lecture que nous faisons de l'environnement ancien est exacte, les occupants du site ont campé au pied d'un petit talus. Ils auraient peut-être ainsi utilisé le relief naturel pour s'abriter des vents.

Les ossements animaux retrouvés révèlent une gamme assez étendue de ressources fauniques, et la présence d'os d'oiseaux migrateurs suggère une occupation de printemps ou d'automne. Par ailleurs, la faible quantité d'ossements modifiés par la chaleur indique qu'on n'a pas fait cuire intensivement les viandes, ou encore que plusieurs parties des carcasses étaient désossées avant la cuisson. On a aussi retrouvé sur le site une mandibule d'ours, ce qui pourrait indiquer que l'animal avait déjà une grande importance symbolique pour ces lointains ancêtres des Amérindiens. De plus, la présence de trois outils en pierre, dont un beau grattoir, et d'un épilateur-grattoir en os suggère qu'on transformait des peaux sur les lieux pour en faire des vêtements et des couvertures. Il est probable, à la lumière de ces observations, que ces sites correspondent à un espace de travail féminin. La poterie n'est pas encore connue de ces populations qui utilisent plutôt des contenants d'écorce, de bois, de peau ou de vannerie.

La tradition Lamoka cède ensuite la place à d'autres cultures, mais les archéologues observent peu de traces d'occupation humaine à Montréal pendant presque tout le millénaire qui suit, sans trop comprendre les raisons de ce hiatus. Pourtant, à compter de l'an 1000 avant notre ère, un vaste réseau d'interaction nommé Meadowood se manifeste en plusieurs

7 ▲

Éclat retouché
en cornéenne.

Collection archéologique
de la Ville de Montréal, BjFj-49.
Photographie : Pierre Fauteux.

8 ▶

Reconstitution d'un
vase du Sylvicole moyen
à partir de fragments
provenant du site archéo-
logique sous la chapelle
Notre-Dame-de-Bon-
Secours.

Musée Marguerite-Bourgeoys,
collection ministère de la
Culture et des Communica-
tions du Québec.
Illustration : Sophie Limoges.

autres endroits du Québec et du Nord-Est américain. Il semble toutefois que les populations associées à cette culture aient été peu nombreuses à fréquenter l'île de Montréal. On assiste à un phénomène technologique nouveau: c'est à cette époque que les populations du Nord-Est adoptent l'usage de la poterie.

UNE OCCUPATION MYSTÉRIEUSE AU PIED DE LA BUTTE

L'épisode Lamoka démontre bien l'attrait du havre naturel du secteur de la Petite Rivière aux périodes très anciennes de la préhistoire. Puis, à compter de l'an 400 av. J.-C. et jusque vers l'an 1000 de notre ère, pendant la période dite du Sylvicole moyen, la fréquence des visites et la densité des occupations vont encore se multiplier dans le secteur et dans la région. À en juger par la localisation des sites archéologiques datant de cette période, on observe une nette préférence des populations pour les espaces riverains. Aux îles de Boucherville, à l'île des Sœurs, à La Prairie, à l'île Sainte-Thérèse, à Melocheville et dans le Vieux-Montréal, les populations s'engagent dans un même processus qui repose sur l'intensification des activités de pêche et, ultérieurement, de la production agricole.

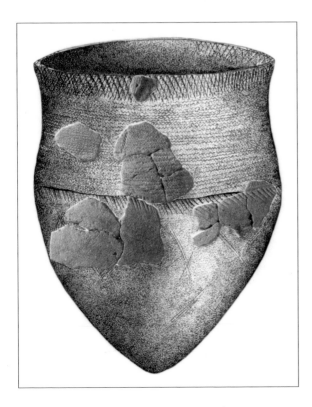

En raison de cette tendance accrue vers la sédentarisation, les groupes développent une culture régionale plus spécifique qu'auparavant. Les gens vivent en bandes, ils sont toujours nomades mais on sent que leur territoire se rétrécit, qu'ils recherchent les bons sites de pêche près desquels ils s'installent pendant toute la saison chaude et où ils reviennent sans doute périodiquement. Une «identité» régionale est en train de se former. Certains types d'objets comme la poterie, par ses styles décoratifs (**fig. 8**), reflètent bien cette tendance à la régionalisation, cette inclination à partager des traditions communes au sein d'un groupe assez défini. Et, fait important, tout porte à penser que la contrée est de plus en plus peuplée.

Cette longue période d'occupation du territoire se caractérise donc par une série de campements estivaux et par des séjours prolongés qui favorisent l'exploitation des meilleurs sites de pêche en période d'abondance. On continue à chasser le gibier et à cueillir dans l'environnement les fruits et végétaux nécessaires à la subsistance, mais la mobilité des groupes est réduite. Dans la majorité des sites de la région, les témoins matériels racontent la même histoire, à peu de chose près. Sauf dans un site qui n'a pas fini de nous étonner...

À l'extrémité est du Vieux-Montréal, des vestiges archéologiques trouvés dans le soubassement de la chapelle Notre-Dame-de-Bon-Secours ont donné lieu à de très intéressantes découvertes. Plusieurs périodes d'occupation y ont été mises au jour, dont l'une remonte à environ 2 000 ans avant aujourd'hui. Le choix de l'emplacement peut étonner : le site, bien que près du rivage, est à 800 mètres du pôle principal où se concentrent les sites préhistoriques du Vieux-Montréal ; il est donc éloigné de l'embouchure de la Petite Rivière. De plus, l'endroit paraît plus difficile d'accès, car le site de la chapelle était à l'époque un petit promontoire au sommet d'un talus abrupt qu'on devait gravir depuis la berge. Pourquoi s'installer dans cet endroit périphérique ?

Pour mieux comprendre les motivations des occupants, voyons un peu l'environnement immédiat. Malgré sa difficulté d'accès, le promontoire est un lieu attrayant en soi pour le coup d'œil qu'il offre sur le fleuve et les environs. Mais il y a plus. À une centaine de mètres de là, vers le nord, se dresse alors une butte. Celle-ci a-t-elle joué un rôle au cours de la préhistoire ? Sûrement pas comme site d'établissement, vu l'exiguïté de son sommet. Beaucoup plus tard, sous le Régime français, on y construira un moulin et, après des travaux de terrassement, une petite citadelle, mais de tout temps le lieu est resté impropre à l'habitation. Qu'en était-il aux yeux des Amérindiens de la préhistoire ?

On sait qu'ailleurs en Amérique (par exemple en Ohio ou dans le bassin du Mississippi), plusieurs populations amérindiennes avaient coutume de construire des monticules funéraires sur des espaces dominants, près de cours d'eau. Même si la butte n'était pas de fabrication humaine, les archéologues pensent qu'il est possible qu'elle ait servi de lieu de sépulture à certaines époques. Si l'on ne peut prouver que la butte a bien été un lieu sacré, on peut clairement attester ses avantages potentiels pour les populations amérindiennes. Elle pouvait servir de poste d'observation et permettre de se protéger des vents du nord et de l'ouest, ce qui est non négligeable. De toute façon, on sait que la terrasse au pied de la butte a été un endroit populaire au cours de la préhistoire, puisqu'elle a été occupée à maintes reprises au cours d'épisodes qui ne sont pas toujours datables. Par exemple, les vestiges d'un campement ont été mis au jour sous la chapelle, et des traces d'activités domestiques ont été exhumées : un séchoir à viande ou à poisson, une aire de foyer et des éclats de taille résultant de la fabrication d'outils en pierre (**fig. 9**). Étaient-ils nombreux à se regrouper au pied de la butte ? S'agissait-il vraiment

9

Au premier plan, vestiges préhistoriques dans la crypte de la chapelle Notre-Dame-de-Bon-Secours, près des fondations de la première chapelle. Musée Marguerite-Bourgeoys.

Photographie : Christian Guay.

d'un lieu sacré ? Ne serait-ce pas alors une coïncidence extraordinaire que les Européens aient par la suite choisi le site pour y établir aussi un lieu sacré ? D'autres fouilles sous la chapelle Notre-Dame-de-Bon-Secours permettront peut-être un jour de résoudre ce grand mystère...

UN HAVRE POUR LES PREMIERS AGRICULTEURS

Tout près de l'embouchure de la Petite Rivière, un autre endroit a été fréquenté par un grand nombre de personnes, si l'on en juge par l'abondance des traces matérielles abandonnées sur place au fil des ans. Pour la plus récente période d'occupation de la préhistoire, appelée Sylvicole supérieur (1000 à 1535 de notre ère), le plus important site archéologique du Vieux-Montréal est celui de la place Royale.

Une grande innovation héritée de l'Amérique centrale survient alors à partir de l'an 1000 de notre ère : la culture du maïs. Ce changement s'étend à toute la vallée du Saint-Laurent. Les populations de la région montréalaise sont sédentarisées et cultivent les « trois sœurs » : le maïs, la courge et le haricot. De grands villages qu'on déplace tous les dix à vingt ans se dressent le long de la vallée du Saint-Laurent. On n'a jamais retrouvé de traces de village dans le Vieux-Montréal, mais on note que les communautés préféraient généralement s'établir en retrait des grands cours d'eau pour des raisons défensives.

Pendant les quelques siècles qui précèdent l'arrivée des Européens, ce sont les Iroquoiens du Saint-Laurent qui habitent le long du fleuve, depuis l'embouchure jusqu'au lac Ontario. Ce groupe parle une langue apparentée à celle des Hurons habitant les rives de la baie Géorgienne ou à celle des Iroquois qui occupent le nord de l'État de New York, et il partage avec ces derniers plusieurs traits culturels et une même origine. C'est en raison de cette proche parenté que les archéologues ont donné le nom d'Iroquoiens du Saint-Laurent aux groupes localisés dans la vallée laurentienne, mais nous ignorons comment ils se nommaient eux-mêmes ou encore comment les autres groupes les appelaient.

Au site de la place Royale, on observe une intensification de l'occupation à mesure qu'on avance dans le temps. On arrive par ailleurs à déterminer les périodes d'occupation à l'aide des modes de fabrication ou des styles de décoration des vases en céramique. Chez les Iroquoiens du Saint-Laurent comme chez leurs cousins, ces vases sont fabriqués et décorés par les femmes (**fig. 10**). On s'en sert comme récipients de cuisson, d'entreposage et même parfois de transport. L'innovation de l'horticulture a une incidence profonde sur la structure sociale de ces sociétés, désormais matrilinéaires. Les transformations se font sentir jusque dans les ustensiles de cuisson. Les petits vases plutôt élancés qu'on retrouvait à la période précédente (voir fig. 8), propres à la cuisson lente des viandes, font place à de gros vases globulaires adaptés à la cuisson de la soupe de maïs. Ce sont les femmes également qui s'occupent de la préparation des matériaux avec lesquels elles fabriquent les objets domestiques comme les vêtements, la vannerie, le cordage. Elles sont responsables de l'horticulture et veillent à toutes les étapes, des semailles aux récoltes. Parmi les outils que les femmes utilisent, on a retrouvé à la place Royale des grattoirs en pierre qui, emmanchés, servent à préparer les peaux. La pêche est pratiquée par les hommes et les femmes, en fonction des techniques, alors que la chasse est le domaine des hommes. Certains outils en os mis au jour au site de la place Royale témoignent des activités de pêche, comme une pointe de foëne et une tête de harpon (**fig. 11**). Plusieurs pointes de projectiles triangulaires en pierre y ont aussi

IO ▼

Reconstitution d'un vase iroquoien du Saint-Laurent datant de la fin du Sylvicole supérieur et provenant du site du Versant Sud, secteur des Sulpiciens.

Collection archéologique de la Ville de Montréal , BjFj-18. Illustration : Claire Senneville, à partir de dessins de Guy Lapointe.

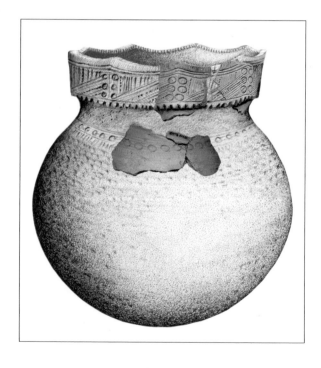

11 ▶

Pointe de foëne en os
découverte dans l'ancien lit
de la Petite Rivière.
Cet objet pouvait servir
à pêcher le poisson ou à
chasser la faune ailée.

Collection archéologique
de la Ville de Montréal, BjFj-50.
Photographie : Ville de
Montréal.

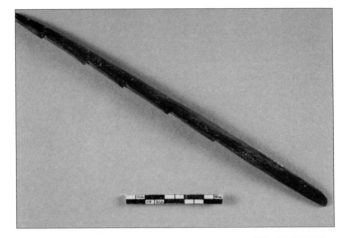

12 ▶

Fragments de pipe
du Sylvicole supérieur,
provenant du site de la
place Royale.

Collection archéologique
de la Ville de Montréal,
BjFj-03, 47, 50.

été récoltées, et leur petite dimension indique qu'il s'agissait sans aucun
doute de pointes de flèches.

Un autre trait caractéristique des Iroquoiens est l'habitude de fumer
du tabac. Ils en cultivent une variété rustique, différente de celle que l'on
connaît aujourd'hui, et le fument à l'aide de pipes en argile cuite. Tout
comme la poterie, les pipes sont également décorées, parfois d'effigies
modelées sur le fourneau. Plusieurs fragments de pipes iroquoiennes
ont été trouvés au site de la place Royale (**fig. 12**).

On sait que ce site, qui démontre encore l'importance du secteur de
l'embouchure de la Petite Rivière, ne pouvait pas être le lieu d'un village.
Toutefois, les vestiges iroquoiens retrouvés témoignent de l'intensité
d'occupation du lieu où se déroulaient de nombreuses activités

quotidiennes. On sait qu'il a servi de camp de pêche saisonnier, mais tout concourt à démontrer qu'il pouvait aussi être utilisé comme un lieu d'accostage ou même comme un « havre » permanent pour les canots d'une population vivant dans un village situé, par mesure de protection, plus loin dans l'île, à une distance de marche, sur les terrasses sablonneuses du mont Royal.

Quand le navigateur breton Jacques Cartier remonte le fleuve Saint-Laurent en 1535, toute la vallée laurentienne est occupée par les Iroquoiens du Saint-Laurent. Toutefois, en 1603, quand Samuel de Champlain parcourt à son tour le fleuve, leurs villages semblent avoir disparu. On sait maintenant que les Iroquoiens étaient un peuple distinct de tous les groupes connus au XVIIe siècle. Qu'est-ce qui explique leur disparition ? Se sont-ils assimilés à d'autres groupes ? On pense qu'à la suite de guerres tribales certains auraient pu être capturés alors que d'autres se seraient réfugiés chez des groupes voisins, peut-être les Hurons, au nord du lac Ontario. On a d'ailleurs retrouvé, place Royale, de la poterie typiquement huronne, ce qui témoignerait d'une présence huronne après le départ des Iroquoiens.

PREMIERS CONTACTS : FRANÇAIS ET AMÉRINDIENS DANS LA VALLÉE DU SAINT-LAURENT

Au moment où les Européens commencent à s'intéresser aux Amériques au XVIe siècle, les Iroquoiens sont non seulement présents dans le Vieux-Montréal, mais ils habitent un village sur l'île, Hochelaga. Jacques Cartier sera le premier Européen connu à prendre pied sur l'île. Il fait leur connaissance dans des circonstances qu'il convient de rappeler.

Au tournant du XVIe siècle, l'Europe est dominée par les visées expansionnistes de ses grandes puissances qui envoient des navigateurs ouvrir de nouvelles voies de commerce avec l'Asie et, par défaut, conquérir de nouvelles terres afin d'en exploiter les ressources. C'est dans ce contexte que, pour le compte de la France, Cartier effectue trois voyages au Canada. Au cours de chacun, il rencontrera des Iroquoiens du Saint-Laurent. Ces voyages ont donné lieu à des récits et de la correspondance qui permettent de comprendre le déroulement de ces épisodes de contact.

Nous savons que les grands villages iroquoiens du Saint-Laurent étaient répartis à l'époque en provinces. Stadaconé et les autres villages de la région de Québec appartenaient à la province de Canada, celui de Montréal à celle d'Hochelaga. Pour certains spécialistes, jusqu'à trois autres provinces seraient également attestées. Les gens d'Hochelaga, horticulteurs et sédentaires comme ceux de Stadaconé, habitent un village entouré de champs de maïs, de courges et de haricots, mais à la différence de Stadaconé, il est protégé par une palissade. Cartier constatera

13 ▶

Tiré de Jacques Cartier, *Relations*, édition critique par Michel Bideaux, Montréal, Presses de l'Université de Montréal, 1986, p. 150-156.

par la suite l'importance politique de la province d'Hochelaga à laquelle serait soumise celle de Canada.

En 1535, lors de son deuxième voyage, Cartier amorce son exploration du fleuve. À quelque 80 kilomètres de l'île de Montréal, il doit laisser son galion l'*Émerillon* au lac Saint-Pierre en raison des hauts-fonds et poursuivre sa route en barques. Le capitaine et son équipage arrivent à Hochelaga le 2 octobre 1535. Les récits de Cartier (**fig. 13**) ne donnent que peu d'indices sur le lieu précis de débarquement, mais parmi les diverses hypothèses avancées par les historiens, celle du secteur du Vieux-Montréal demeure la plus plausible.

Et nous arrivez audit Hochelaga se randirent au davant de nous plus de mil personnes [...]. Notre capitaine voyant ce descendit à terre avecq plusieurs de ses gens [...]. Puis se retira à bord desdites barques pour soupper et passer la nuyct durant laquelle demoura icelhui peuple sur le bord dudit fleuve au plus pres desdites barques [...].

Le landemain au plus matin le cappitaine se acoustra et fict mectre ses gens en ordre pour aller veoir la ville et demourance dudit peuple et une montaigne qui est jacente à leurdite ville [...]. Et nous estans en chemyn le trouvasmes aussi battu qu'il soit possible de veoyr [...]. [deux lieues plus loin] commançasmes à trouver les belles terres labourees [...]. Et au parmy d'icelles champaignes est scituee et assise la ville de Hochelaga près et joignant une montaigne [...]. [Cartier décrit Hochelaga]

Apres que nous fumes sortiz de ladite ville fumes conduictz par plusieurs hommes et femmes sus la montaigne davant dicte qui est par nous nommée Mont Royal[...]. Et nous estans sus ladite montaigne eusmes veue et congnoissance de plus de trente lieues à l'envyron d'icelle [...]. Et par le meilleu desdites terres voyons ledit fleuve oultre où estoient demorees nos barques où il y a ung sault d'eaue le plus impetueulx qu'il soit possible de veoir lequel ne nous fut possible de passer [...].

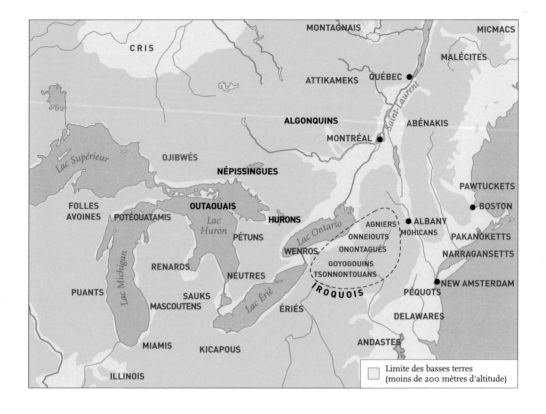

Sur la rive, les habitants du village font un accueil chaleureux à leurs visiteurs, avec chants et feux de joie. Le capitaine distribue aux femmes des colliers et de menus objets, aux hommes il offre des couteaux. Le lendemain, Cartier et son groupe sont menés jusqu'à Hochelaga, leurs guides suivant sans doute le parcours usuel entre le lieu d'accostage et le village. Ils traversent une belle forêt de chênes puis un champ de maïs avant d'atteindre le village proprement dit. La présence de la délégation française à Hochelaga est extrêmement brève : après une visite sur le mont Royal, que Cartier nomme ainsi à cette occasion, les marins retournent aux barques en soirée et entreprennent de redescendre le fleuve.

Les Français sont de retour dans la région d'Hochelaga en 1541. Ils tentent alors de poursuivre au-delà des rapides de Lachine qu'ils franchissent bel et bien cette fois, par voie de terre, sans doute en utilisant le sentier de portage emprunté par les populations du lieu. La description succincte de cette courte expédition de reconnaissance nous apprend que de petites communautés d'Iroquoiens occupent les terres basses le long de la rive ; peut-être s'agit-il de campements saisonniers pour la pêche.

Le départ des Iroquoiens de la vallée du Saint-Laurent constitue l'événement marquant de la seconde moitié du XVIe siècle. Ce départ se produit vers les années 1580, alors que les commerçants français, qui découvrent le riche potentiel des fourrures du Canada, commencent à fréquenter assidûment la vallée du Saint-Laurent. Les Iroquoiens du Saint-Laurent ne joueront aucun rôle dans ce nouvel échiquier politique et économique. Le fleuve est devenu une voie de transit pour plusieurs groupes amérindiens : les Micmacs, les Etchemins et, surtout, les Montagnais, les Algonquins et les Hurons (**fig. 14**). C'est avec ces nations que les marchands français scelleront leurs premières alliances. Pour consolider ces ententes commerciales et prouver leur bonne foi, les Français entreprendront des campagnes armées contre les ennemis des Montagnais et des Algonquins, les Iroquois. Ce parti pris politique marquera au fer rouge la politique coloniale française tout au long du XVIIe siècle. Il instaurera aussi un jeu de chaises musicales où le rôle convoité d'intermédiaires auprès des Français sera tour à tour occupé par les Montagnais, puis les Algonquins, ensuite par les Hurons et enfin par les Outaouais, selon la percée géographique européenne en territoire amérindien.

14 ◄

Carte de la région de Montréal et d'une partie des Grands Lacs indiquant la répartition géographique des nations amérindiennes vers 1600.

Cartographie : Guy Mongrain.

L'emplacement stratégique de Montréal, située au carrefour de voies navigables où convergent les convois de fourrures avant de descendre le fleuve jusqu'à Tadoussac, apparaît tôt aux yeux des Français. Au début de juillet 1603, Samuel de Champlain effectue un premier voyage d'exploration jusqu'aux rapides de Lachine. Il donne à ce lieu le nom de l'obstacle qui l'empêche de poursuivre sa route : le Sault. Il mouille l'ancre à l'îlot qui se trouve face à l'embouchure de la Petite Rivière et poursuit en canot, portageant le long des rapides de Lachine. Ses guides amérindiens décrivent alors en détail la route au-delà des rapides, jusqu'au lac Huron.

Champlain est de retour au Sault à la fin de mai 1611 afin d'y établir un comptoir pour traiter avec les Algonquins et les Hurons avec lesquels il vient de faire alliance. En attendant l'arrivée de ces derniers au point de rendez-vous, il cherche l'endroit adéquat pour l'habitation et décide que ce sera la « place Royalle, à vne lieue du mont Royal ». Il s'agit en fait de la pointe à Callière (**fig. 15**). Il en fait la description suivante : « Et proches de ladite place Royalle y a vne petite riuiere qui va assez auant dedans les terres, tout le long de laquelle y a plus de 60. arpens de terre desertés qui sont comme prairies, où l'on pourroit semer des grains, & y faire des iardinages. Autrefois des sauuages y ont labouré, mais ils les ont quitées pour les guerres ordinaires qu'ils y auoient. [...] Ayant donc recogneu fort particulierement & trouué ce lieu vn des plus beaux qui fut en ceste riuiere, ie fis aussitot coupper & deffricher le bois de ladite place Royalle pour la rendre vnie, & preste à y bastir ; & peut on faire passer l'eau autour aisement, & en faire vne petite isle, & s'y establir comme l'on voudra. »

Champlain fait part à un allié important, le chef algonquin Tessouat, de son souhait de créer sur l'île de Montréal un établissement destiné à servir de refuge aux Amérindiens et de comptoir de traite aux Français : « Je leur dis que ceste année [1613] nous ferions les préparatifs de bois & pierres, pour l'année suivante faire un fort, & labourer ceste terre. » Les projets de Champlain ne dépasseront pas le stade des bonnes intentions, mais des échanges et des entretiens diplomatiques sur le site de la pointe à Callière ont lieu dans les toutes premières décennies du XVIIe siècle. Ces rencontres brèves et éphémères ont sans aucun doute laissé des empreintes matérielles dans le sol... des perles de traite égarées, quelques menus objets de métal, des restes de repas ou encore des objets du quotidien perdus ou rompus par des Amérindiens ou des Français pendant le séjour au campement.

De nouvelles fouilles nous apprendront encore beaucoup de choses, mais les vestiges déjà mis au jour par les archéologues nous permettent de nous faire une idée de plus en plus précise de ce qu'a été, depuis la préhistoire, l'utilisation de ce territoire qui forme aujourd'hui le quartier historique. On l'a vu, jusqu'à la période de contact, l'occupation humaine du lieu que nous appelons désormais le Vieux-Montréal s'est concentrée en deux pôles : celui du secteur de l'embouchure de la Petite Rivière et celui, plus à l'est, du secteur de l'ancienne butte. Ces deux pôles nous ont laissé des traces visibles. Le visiteur peut aujourd'hui prendre connaissance d'une partie de ce patrimoine en visitant deux cryptes archéologiques : celle de place Royale à Pointe-à-Callière et celle de la chapelle Notre-Dame-de-Bon-Secours. Les vestiges archéologiques nous enseignent également que le lieu même où les Français viendront fonder Ville-Marie s'était déjà vu assigner, et pendant plus de 4 000 ans, une vocation bien claire par de nombreux groupes humains : celle d'un havre naturel accueillant, site majeur de débarquement et d'accostage, lieu d'échanges et de rencontres.

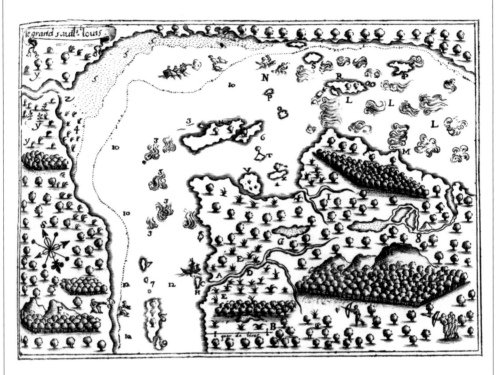

A Petite place que ie fis def-fricher.
B Petit eſtang.
C Petit iſlet où ie fis faire vne muraille de pierre.
D Petit ruiſſeau où ſe tiennêt les barques.
E Prairies où ſe mettent les ſauuages quand ils vien-nent en ce pays.
F Montaignes qui paroiſ-ſent dans le terres.
G Petit eſtang.
H Mont Royal.
I Petit ruiſſeau.
L Le ſaut.

M Le lieu où les ſauuages paſſent leurs canots, par terre du coſté du Nort.
N Endroit où vn de nos gens & vn ſauuage ſe noyerent.
O Petit iſlet de rochers.
P Autre iſlet où les oyſeaux font leurs nids.
Q L'iſle aux herons.
R Autre iſle dans le ſaut.
S Petit iſlet.
T Petit iſlet rond.
V Autre iſlet demy couuert d'eau.
X Autre iſlet où il y a force oyſeaux deriuiere.

Y Prairies.
Z Petite riuiere.
2 Iſles aſſez grandes & belles.
3 Lieux qui deſcouurêt quâd les eaux baiſſết, où il ſe fait grâds bouillônemễts, com-me auſſi fait audit ſaut.
4 Prairies plaines d'eaux.
5 Lieux fort bas & peu de fonds.
6 Autre Petit iſlet.
7 Petis rochers.
8 Iſle ſainct Helaine.
9 Petit iſlet deſgarny d'arbres.
8 Mareſcages qui s'eſcoulent dans le grand ſaut.

O o iij

15 ▲

Carte de la région de Montréal par Samuel de Champlain, 1613. Comme sur beaucoup de cartes de cette époque, le sud est en haut. Le Vieux-Montréal actuel occuperait l'espace entre A, la pointe à l'embouchure de la Petite Rivière, et B, l'étang à côté de la butte, non montrée. La lettre H du mont Royal est difficile à repérer, cachée dans les hachures de la gravure. L'île Sainte-Hélène, 8, ne doit être confondue avec les marécages qui portent le même numéro.

16 ▲

Tête de hibou façonnée sur le
fourneau d'une pipe de facture
huronne (voir aussi fig. 20).

Collection archéologique de
la Ville de Montréal.

Louise Pothier

Ville-Marie
française et amérindienne

1642 · 1685

Les visites de Samuel de Champlain dans l'archipel montréalais au cours de la décennie 1610 laissent croire qu'un projet de fondation reposant sur le commerce des fourrures sera réalisé à brève échéance. Cependant, tel ne sera pas le cas. Trente ans plus tard, c'est Ville-Marie, un projet de ville mission concocté de toutes pièces en France par des laïques aux ambitions apostoliques, qui prend forme sur l'île de Montréal.

Ainsi, après un hiver passé à Québec, un petit groupe de colons accoste, au printemps de l'année 1642, à l'embouchure de la Petite Rivière. Deux célibataires champenois mandatés par la Société de Notre-Dame, Paul de Chomedey de Maisonneuve, militaire de 29 ans, et Jeanne Mance, infirmière de 34 ans, sont à la tête du groupe qui comprend une quarantaine d'hommes, quatre femmes et quelques enfants dont une petite fille de cinq ans, Mathurine Godé.

Déjà, en ce milieu du XVIIe siècle, plus personne en France ne croit que Montréal est au bout du monde. On connaît sa situation de carrefour et c'est justement cette position qui retient l'attention. Les projets nourris à son égard sont ambitieux. La motivation des fondateurs repose sur une prémisse claire : évangéliser les Amérindiens et établir une société métissée, franco-amérindienne, pour mieux « civiliser » ces populations nomades. Singulier projet que celui de Ville-Marie ; on chercherait en vain un modèle semblable en Amérique du Nord. On souhaite attirer en

27

grand nombre les Amérindiens, en particulier les Algonquins qui profiteraient ainsi de la présence française : protection mutuelle, échanges de biens et de services...

Or, cette même année, les jésuites précisent dans les *Relations*, chroniques de leurs activités en Nouvelle-France, que les Algonquins donnent à l'île le nom de *minitik outen entagougiban*, « l'île sur laquelle il y avait un village ». En fait, les Amérindiens auparavant croisés par Jacques Cartier à Hochelaga ont déserté les lieux depuis longtemps. Ville-Marie s'avère dès l'origine une immense utopie religieuse, mais à laquelle adhèrent pourtant des gens du commun aux motivations bien différentes. Pour les parents de Mathurine, Nicolas Godé et Françoise Gadoys, Ville-Marie n'est pas une utopie mais un rêve, celui d'une vie meilleure.

LA FONDATION

Plus tôt la même année, en février 1642, s'est déroulée en l'église Notre-Dame de Paris une messe spéciale : les associés de la Société de Notre-Dame de Montréal y ont consacré à la Vierge la future ville d'outre-Atlantique projetée et lui ont donné le nom de Ville-Marie. Plus tard, ils feront frapper un sceau à l'effigie de la Vierge à l'Enfant (**fig. 17**), que le sieur de Maisonneuve utilisera pour estampiller les documents officiels de son gouvernement de Montréal.

Mais qu'est-ce que la « Société des Messieurs et Dames de Notre-Dame de Montréal pour la conversion des Sauvages de Nouvelle-France » ? Elle est créée en 1640 par Jérôme Le Royer de La Dauversière, qui a récemment fondé, à La Flèche, la communauté des religieuses hospitalières de Saint-Joseph ; par Pierre Chevrier, baron de Fancamp, qui sera son bailleur de fonds ; et par Jean-Jacques Olier, futur fondateur du séminaire de Saint-Sulpice. La Société regroupe des femmes et des hommes dévots, pour la plupart de haute noblesse et bien en vue à la cour. Si leur aisance financière est un atout important, leur générosité l'est tout autant. Celle-ci sera d'ailleurs mise à rude épreuve. En effet, la Société, après avoir fait l'acquisition de la seigneurie de l'île de Montréal, engage à ses frais les futurs colons, paie leur passage sur un navire et leur fournit un minimum pour leur installation en Amérique. Les associés souhaitent que, par l'entremise des colons français, on puisse construire des maisons pour loger les Amérindiens, défricher la terre pour les nourrir, construire des séminaires pour les instruire, ériger un hôpital pour les secourir. Il faut dire que la France et

17 ▼

Cachet de cire aux armoiries de la Société de Notre-Dame, apposé sur un acte de ratification des concessions, 30 mars 1653.

Archives des Prêtres de Saint-Sulpice de Montréal, P1:2-6.

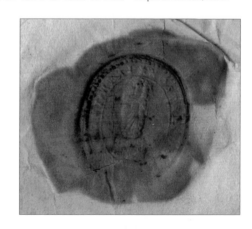

toute l'Europe de l'Ouest sont alors sous l'influence de la Contre-Réforme. Ce mouvement, qui suscite un intérêt renouvelé pour les missions, prône aussi le retour au culte de la Sainte-Famille. Les fondateurs poursuivront leur idéal religieux au cours des 20 premières années d'existence de la ville. Au XVIIe siècle, peu de villes en Amérique possèdent un statut aussi profondément marqué par le sceau du catholicisme.

À quelques pas du lieu où s'installe le groupe des premiers colons se dresse aujourd'hui Pointe-à-Callière (**fig. 18** ; **A**), construit en surplomb d'une partie des vestiges de la fondation de Montréal. Aux yeux de Maisonneuve, cet emplacement ne pouvait être mieux choisi. Autrefois défriché par Champlain, le site est à nouveau retenu pour son accès facile et son caractère défensif. En effet, cette langue de terre située au confluent du fleuve et de la Petite Rivière, isolée à l'ouest par des marécages, offre une protection naturelle et permet en même temps de contrôler les allées et venues sur le fleuve. Pour cette raison, et en dépit des crues saisonnières, la pointe deviendra un lieu privilégié de l'administration officielle.

Au lendemain de leur arrivée, les colons s'activent à la construction d'une palissade de fortune aménagée avec les arbres autrefois coupés par Champlain sur le même site. Des artisans comme Gilbert Barbier, charpentier, sont mis à contribution, tout comme le père de Mathurine, qui est menuisier, et sans doute ses deux grands frères. Les premiers colons savent qu'ils doivent se protéger. À Québec, où par ailleurs l'on apprécie peu ce projet de colonie autonome, on a cherché à les dissuader en évoquant la menace iroquoise. La plupart des nations iroquoises sont alliées des Hollandais, puis des Anglais, et l'île de Montréal se trouve sur leur territoire de chasse qu'ils défendront avec ténacité. Une première attaque en 1643 sera suivie de nombreuses périodes d'hostilité. Les colons comptent se protéger en attirant des membres des nations alliées. En juillet, un premier groupe algonquin (onontchataronon) arrive pour quelques semaines. Un enfant de ce groupe sera le premier baptisé de la mission. Tous les colons survivent au premier hiver, ce qui est un exploit en soi. L'année suivante, on entreprend de construire un nouveau fort bastionné et de plus solides bâtiments, travaux qui se poursuivront jusqu'en 1646.

Il subsiste dans le Vieux-Montréal l'un des plus fascinants vestiges issus de cette époque : le premier cimetière catholique de Montréal. Les fouilles archéologiques menées à la pointe à Callière à la fin des années 1980 (**fig. 19**) ont permis de découvrir une portion importante du cimetière que l'on présumait, d'après de rares descriptions anciennes, contigu à l'établissement initial de 1642 à l'extrême limite de la pointe. Les résultats des fouilles combinés au patrimoine archivistique qui nous est parvenu permettent de dresser un portrait intéressant. Sur les 38 sépultures inscrites au registre de la paroisse Notre-Dame durant l'existence du cimetière (1643-1654), sept fosses ont été examinées. La sépulture la plus complète a révélé les restes d'un coffre à quatre côtés en pin blanc abritant le corps d'un Français mort dans la jeune trentaine. Quant à la présence autochtone dans le cimetière, elle s'est avérée importante, 12 des 38 inhumations étant amérindiennes (**fig. 20**). On suppose que seuls des enfants ou des adultes baptisés ont pu être inhumés dans le cimetière. La présence d'une clôture intérieure laisse croire aux archéologues qu'une ségrégation physique existait entre les sépultures des colons et celles des autochtones. Entouré d'une clôture de pieux, le cimetière occupait alors l'extrémité de la pointe.

L'expérience militaire du sieur de Maisonneuve est sans doute un atout dans l'organisation du premier complexe défensif construit par les Français en sol montréalais. Le fort, dont la construction est entreprise en 1644 par le lieutenant et ingénieur Louis d'Ailleboust de Coulonge, comporte un bâtiment principal que l'on appellera familièrement le château. On sait que le bâtiment était doté d'une galerie côté fleuve et qu'il devait comporter des composantes en pierre. Hormis ces détails, les aménagements du château et du fort demeurent malheureusement peu connus. Dans son *Histoire du Montréal* rédigée en 1672-1673, le supérieur des sulpiciens de Montréal, François Dollier de Casson, mentionne le remplacement des mauvais pieux par un fort à quatre bastions. Maison seigneuriale et principal noyau communautaire, le château est un havre pour les Montréalais, un refuge pour leurs alliés amérindiens, mais aussi un centre administratif où Maisonneuve rédigera la plupart des contrats de concession aux colons. C'est encore au château que se déroulent les rencontres diplomatiques avec les Amérindiens. Dollier de

19 ▸

Fouilles sur le site
du premier cimetière
catholique de Montréal
en 1989. Pointe-à-Callière,
musée d'archéologie
et d'histoire de Montréal.

Photographie :
Marc Laberge/Vidéanthrop inc. ;
Société du Vieux-Port
de Montréal.

20 ▸

Offrandes funéraires
trouvées dans le premier
cimetière catholique
de Montréal : une pipe
à effigie de hibou
de facture huronne,
un fragment de poterie
et une dent d'ours.

Collection archéologique
de la Ville de Montréal.

Casson signale aussi la présence de quelques « maisons fort commodes »,
sans plus de précisions. Sont-elles à l'intérieur ou hors du fort ? La question demeure. Le site archéologique correspondant à l'emplacement présumé du fort (**B**) a livré des fondations (**fig. 21**) d'un bâtiment érigé tôt au
XVIIᵉ siècle, de même que des artefacts d'origine française et d'autres de
facture amérindienne. Un plan de 1647 retrouvé au XXᵉ siècle (**fig. 22**)
représente une place fortifiée sur une pointe qui n'est pas sans parenté
avec la Ville-Marie des débuts ; plusieurs détails, toutefois, permettent de
douter de l'association avec le fort montréalais. Il s'agit néanmoins d'une
implantation coloniale française en Amérique, typique de l'époque.

Moins de un an après son arrivée, la famille Godé assiste à un événement solennel : le baptême et le mariage de Tessouat, chef algonquin
descendant en titre du chef Tessouat dit Le Borgne rencontré par
Champlain en 1613. En 1643, les *Relations* des jésuites nous en rappor-
tent les circonstances : « Le 9. jour de mars, le Borgne de l'île premier
capitaine de tous ces pays, et sa femme [algonquine] reçurent [le bap-
tême]. Monsieur de Maisonneuve avec Mademoiselle Mance, le nom-
mèrent Paul, et sa femme fut nommée Madeleine [...] Après qu'ils eurent
reçu la bénédiction du mariage, Monsieur de Maisonneuve donna une
belle arquebuse à Paul avec les choses nécessaires pour s'en servir, les fit
dîner avec nous, et après dîner fit un grand festin à tous les Sauvages où
tous les Français assistèrent [...] » L'acte de mariage rédigé en latin par le

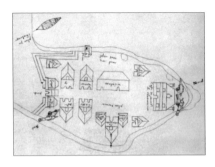

22 ▲

Plan présumé du fort
de Ville-Marie attribué
à Jean Bourdon, daté de
1647. Ce plan, considéré
comme une possible
représentation de Ville-
Marie, pourrait cependant
représenter une autre
colonie d'Amérique.

Bibliothèques de l'Université
McGill, Division des livres
rares et collections spéciales.

père Poncet est conservé dans le premier registre de l'église Notre-Dame de Montréal. Au terme de cette célébration, Maisonneuve met à la disposition de Tessouat un champ et deux hommes pour y travailler. Pour la seule année 1643, on procède chez les autochtones à 79 baptêmes, cinq mariages et deux enterrements. À plusieurs reprises par la suite, des groupes d'Algonquins ou d'autres groupes viendront trouver refuge au fort, ce qui explique les inhumations d'Amérindiens convertis dans le cimetière catholique. La présence autochtone se fait davantage sentir en périodes de confrontation avec les Iroquois, lesquelles ramènent invariablement à Ville-Marie des familles venues y chercher refuge. Les colons connaîtront au moins trois périodes de guerre intense (entre 1647 et 1653, puis de 1657 à 1667 et de nouveau à partir de 1684) suivies d'accalmie.

Dès 1645, Jeanne Mance, qui est non seulement la cofondatrice de Montréal, mais participe activement à la direction générale des affaires, fonde l'Hôtel-Dieu, comme elle en avait fait la promesse à sa bienfaitrice à Paris, Mme de Bullion (**fig. 23**). C'est donc l'hôpital, avantageusement installé sur un vaste terrain de l'autre côté de la Petite Rivière (**C**), non loin de l'actuelle place Royale, qui deviendra bientôt le centre du bourg en formation.

23 ▶

Mortier et pilon en bronze
fabriqués en France
au XVIIᵉ siècle et utilisés à
l'Hôtel-Dieu de Montréal.

Musée des Hospitalières
de l'Hôtel-Dieu de Montréal.
Photographie : Gilbert Langlois.

LE BOURG AGRICOLE

Au cours des trois premières années, les Montréalais se consacrent essentiellement aux tâches communautaires de construction de même qu'au défrichement et à l'ensemencement des terres aux environs du fort. Les premiers champs de « blé d'Inde » et de pois font peu à peu place aux récoltes de blé français à compter de l'été 1644. Avec une cinquantaine de bouches à nourrir et l'objectif avoué de retenir au fort des Amérindiens par le moyen de l'agriculture, on comprend l'urgence de travailler la terre pour qu'elle livre ses fruits. Maisonneuve, en tant que gouverneur et seigneur de l'île de Montréal, obtient, au nom de la Société de Notre-Dame, la permission de concéder des terres aux colons établis depuis plus de trois ans. La toute première concession est faite en 1648 à Pierre Gadoys, l'oncle maternel de Mathurine venu rejoindre les Godé à Ville-Marie avec sa femme et ses grands enfants. La rue Saint-Pierre actuelle marque la limite est de la terre de Gadoys (**D**). Une borne en granit rose (**fig. 24**), installée en 1992 place d'Youville, montre l'emplacement approximatif du pont qui franchissait alors la Petite Rivière et à partir duquel la mesure officielle a été prise pour situer l'emplacement de cette première concession (**E**).

La majorité des contrats de concession soulignent que le propriétaire se voit accorder un lot de ville dans ce que Maisonneuve désigne comme le « lieu destiné pour Bourg ou Ville » ou encore « lieu destiné pour la construction de la ville » ainsi qu'une terre dans la campagne environnante. Cette réserve de ville prévue par Maisonneuve, de près de deux kilomètres de longueur, englobe en fait tout le vaste rectangle compris entre les cours d'eau au sud, à l'ouest et au nord, ainsi que la butte (**F**) à l'est (voir fig. 4). Au début, seul un grand carré à l'intérieur de cette réserve, situé juste en face du fort de la pointe et incluant le grand site de l'Hôtel-Dieu de Jeanne Mance, est découpé en lots de ville par ailleurs assez grands pour y faire de bons jardins. Le reste de la réserve de ville est distribué en grandes propriétés qui peuvent être cultivées en attendant le développement urbain. Il est cependant prévu qu'elles seront éventuellement réquisitionnées pour les besoins de développement de Ville-Marie. La partie la plus à l'ouest de la réserve de ville, la plus éloignée du fleuve, restera hors des limites de la ville et accueillera plus tard la formation de faubourgs.

Les premiers terrains occupés par les colons vont se situer dans la portion ouest, entre les rues McGill et Saint-François-Xavier actuelles, où se trouvent les surfaces les plus planes, donc les terres les plus propices à l'agriculture. Certains colons reçoivent des lots urbains d'une superficie importante, ce qui souligne leur statut. Françoise Godé, la sœur aînée de Mathurine, et Jean Desroches, qu'elle épouse en 1647, reçoivent à leur tour une concession en 1648 : une terre qui s'étend au nord de la réserve de ville. Ils auront aussi un lot, et même éventuellement plusieurs, à l'intérieur de l'espace urbain, tout comme les parents de Mathurine qui prennent officiellement possession en 1649 d'un emplacement de ville parmi les mieux situés ; il occupe le côté nord de ce qui deviendra la rue Saint-Paul, à l'angle de l'actuelle rue Saint-François-Xavier. Ils y construisent une maison de deux étages d'environ 40 mètres carrés. Mathurine n'y vivra pas longtemps, car déjà en 1651, à l'âge de 14 ans, elle épouse le notaire de 33 ans Jean de Saint-Père.

À l'occasion du mariage, Saint-Père reçoit du gouverneur une terre de 40 arpents à la pointe Saint-Charles, en périphérie de la ville, à côté de celle des parents de Mathurine. Mathurine apporte 500 livres en dot pour son mariage, une somme considérable. Saint-Père n'est pas non plus dépourvu de biens matériels ; il fait construire sur sa terre une maison en pierre de dimension imposante pour l'époque. On trouve à l'intérieur une cave pour la conservation des aliments et un puits. Les fenêtres sont garnies de barreaux, ce qui donne l'impression que l'habitation peut servir de redoute bien que les documents d'archives ne mentionnent pas de meurtrières.

Tout au long de ces années et pour des raisons de sécurité, le bourg s'organise peu à peu autour de l'Hôtel-Dieu (**C**) transformé en fortin assorti de bastions et d'une palissade, alors que des fermes et des moulins des alentours sont renforcés afin de servir de redoutes. Malgré la

24

Borne commémorative installée place d'Youville à l'occasion du 350ᵉ anniversaire de la fondation de Montréal.

EMPLACEMENT DU PONT QUI
ENJAMBAIT LA PETITE RIVIÈRE
EN 1648
PAUL DE CHOMEDEY
DE MAISONNEUVE S'EN SERVIT
COMME POINT DE DÉPART
DU TERRIER DE MONTRÉAL

présence de quelques Algonquins et Hurons au fort et à l'hôpital, où Jeanne Mance les loge et les nourrit et qui doivent en retour protéger l'établissement montréalais, les Iroquois se font toujours aussi menaçants. Le problème devient particulièrement aigu après la destruction de la Huronie en 1649. Il est difficile d'évaluer le nombre d'Amérindiens vivant alors à Ville-Marie, mais on peut supposer qu'il fluctue et demeure bien en deçà des attentes des Français. Au printemps 1651, tous les Montréalais se voient forcés de trouver refuge au fort. Jeanne Mance est probablement alors la première à établir un constat d'échec de la politique de la Société de Notre-Dame de faire cohabiter Français et Amérindiens. Dix ans après la fondation, en trop petit nombre pour faire face à ses ennemis, la colonie songe à abdiquer devant l'impossible mission qu'on lui a confiée. La solution de Jeanne Mance sera de recruter de nouveaux colons. Afin de lever cette recrue en France, elle remet à Maisonneuve une somme de 22 000 livres que Mme de Bullion souhaitait consacrer à l'Hôtel-Dieu. Ce sacrifice touchera durement l'institution, mais il sauvera néanmoins Montréal de la ruine totale. La recrue de 1653 sera composée d'une centaine d'hommes et de quelques femmes dont Marguerite Bourgeoys, qui jouera un rôle important dans le développement de la ville. Ce sera une bouffée d'oxygène pour cette colonie en voie d'étouffer sous la pression des Iroquois.

Au début des années 1660, une trentaine de colons comme Mathurine et son mari exploitent des terres agricoles tout en possédant des propriétés en ville. D'autres ménages n'ont qu'une propriété rurale ; d'autres encore, ne possédant aucune propriété, louent des maisons en ville ou à la campagne. Des maisons sont construites sur la plupart des lots urbains, mais certains colons préfèrent habiter la campagne tout en mettant en location leur propriété de ville. On peut supposer que certaines familles se divisent le travail, alors que d'autres partagent leur vie selon les saisons : travail agricole en été et vie dans le bourg en hiver. En 1657, après six ans de mariage, le couple Saint-Père–Godé a deux enfants, un fils de trois ans, Claude, et une fille, Agathe, née en février. La famille habite la grande maison de pointe Saint-Charles, mais on sait que le lot de ville qu'elle possède est aussi cultivé. En effet, une découverte archéologique récente dans le Vieux-Montréal, dans le jardin actuel des sulpiciens où se trouvait un lot d'un arpent concédé à Jean de Saint-Père en 1654, démontre que l'endroit a fait l'objet d'une mise en culture. Une petite cabane en bois y a été construite, et la découverte de pollens laisse penser qu'on a cultivé du blé dans le secteur. En octobre 1657, Mathurine perd son mari et son père, tués par des Iroquois. Elle se remariera en 1658 à Jacques LeMoyne. Son nouveau mari et elle auront plus tard une grande maison au cœur de la ville, mais elle conservera sa propriété à la campagne.

Maisonneuve poursuit entre-temps le développement de la ville. En 1651, une bande de terre large de 10 perches – près de 60 mètres – qui longe la Petite Rivière et la rive du fleuve jusqu'à la hauteur de la butte sera réservée comme pâturage pour le cheptel des habitants de Ville-Marie : la commune (**fig. 25**). Maisonneuve se réserve le droit de morceler la commune pour concéder des lots aux habitants de la ville ou encore afin d'y établir « pour le bien public [...] des places de marché ou de faire un port pour mettre les barques et Chalouppes ». Aujourd'hui, la rue Saint-Paul reprend en partie le tracé sinueux de l'ancien chemin qui bordait au nord la commune, qui elle-même s'adaptait aux berges du fleuve, alors que la rue de la Commune, une création plus récente, évoque aujourd'hui l'emplacement de l'ancien pâturage communautaire (**G**).

L'isolement périodique de Montréal du reste de la Nouvelle-France, en particulier l'hiver, et la nécessité de développer une forme d'autarcie afin d'assurer la survie de la colonie forcent les habitants à cultiver leur lot de terre et à y élever une ou deux bêtes à cornes, parfois quelques poules. Dès les débuts, les Montréalais apprennent à compléter leur alimentation avec le gros et le petit gibier, la faune ailée et les ressources aquatiques dont la région est si richement pourvue. Dans le secteur du château de Maisonneuve, de récentes fouilles archéologiques ont mis au jour de nombreux ossements d'animaux sauvages, en particulier d'ours noir, de castor et de cervidés, mélangés avec du matériel de traite. Il est

25 ◄

La rue de la Commune, entre le Vieux-Montréal et le Vieux-Port, dont l'emprise correspond en partie à celle de la commune du Montréal d'origine. Cette dernière occupait au début tout l'espace entre la berge et les lots concédés du côté nord de ce qui deviendra la rue Saint-Paul.

difficile de distinguer les habitudes alimentaires des premiers colons de celles des Amérindiens, mais si l'on en croit le témoignage de la religieuse hospitalière Marie Morin qui publiera plus tard l'histoire de sa congrégation, les Français n'hésitent pas à chasser l'orignal ou à cultiver des citrouilles et du maïs pour équilibrer la diète quotidienne. Mathurine a certainement dû se familiariser avec la cuisine des viandes sauvages et des poissons du Saint-Laurent comme l'anguille, l'alose ou l'esturgeon, puisque son mari avait obtenu le droit de chasse et de pêche avec sa concession de la pointe Saint-Charles.

L'HÉRITAGE RELIGIEUX DE VILLE-MARIE

Vers 1660, il devient de plus en plus clair que si la ville doit survivre, ce sera sous les traits d'une ville française d'Amérique vouée au commerce et non comme un haut lieu de métissage. Toutefois, si le projet apostolique des premiers fondateurs a en partie échoué, le patrimoine religieux que Ville-Marie nous a légué n'en est pas moins impressionnant. Aujourd'hui encore, un groupe de prêtres et deux communautés de religieuses ayant participé au projet de la Ville-Marie d'antan restent présents dans ce qui est devenu le Vieux-Montréal.

Les sulpiciens arrivent en Nouvelle-France en 1657 à la demande pressante de Maisonneuve et de Jeanne Mance. Les messieurs de Saint-Sulpice établissent leur premier séminaire à mi-chemin entre l'hôpital et le fort (**H**). Aujourd'hui, une impasse que l'on emprunte depuis la rue Saint-Paul, près de la place Royale, conduit à cette ancienne propriété maintenant occupée par un bâtiment du XIXe siècle (**fig. 26**). Ce premier séminaire est stratégiquement installé dans la basse ville, dans ce quartier en voie de devenir le centre du commerce en Nouvelle-France. On y loge en 1667 cinq sulpiciens et des domestiques.

La proximité de l'hôpital constitue un atout pour les prêtres qui assument les offices quotidiens à ce qui est encore la seule église du bourg, la chapelle de l'Hôtel-Dieu dite de Saint-Joseph. Cette chapelle érigée près

26 ▲

Vue prise depuis la place Royale montrant, à l'arrière-plan, la petite impasse qui menait à l'origine au premier séminaire des sulpiciens.

d'une plus ancienne est construite en 1656 grâce à une collecte de fonds qui a été organisée par Maisonneuve, avec l'aide du défunt Jean de Saint-Père. Peu après le décès de son mari, Mathurine a remis au gouverneur le cahier de souscriptions tenu par Saint-Père. Dans ce document de huit pages conservé aux Archives nationales du Québec, le notaire a inscrit le nom des donateurs et les aumônes reçues entre 1654 et 1657 (**fig. 27**). Certains font des aumônes en espèces ou en nature, alors que d'autres

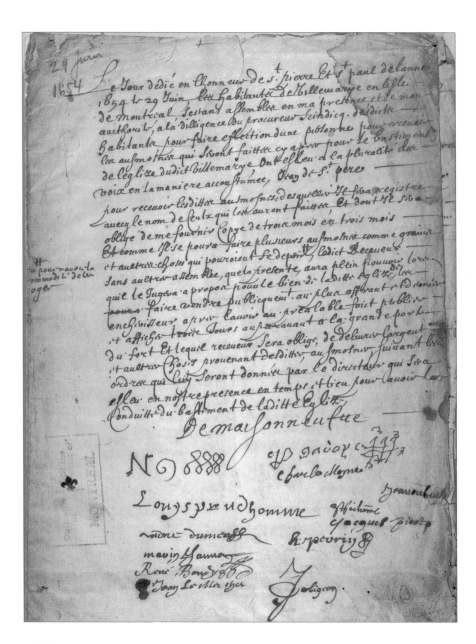

27 ▲

Première page du cahier de souscriptions
des aumônes pour la construction
de l'église paroissiale, tenu par
Jean de Saint-Père entre 1654 et 1657.

Archives nationales du Québec,
Centre de Montréal, 06M-CD1-2/1.30.

offrent plutôt des journées de travail, comme Jean Chapleau qui donne deux journées en mai 1655 pour paver la place de la croix dans le cimetière. À cette époque, on a délaissé le cimetière de la pointe au profit de celui de l'Hôtel-Dieu. L'exiguïté de l'ancienne chapelle obligeait les fidèles à assister à la messe quotidienne en deux temps, les hommes très tôt le matin, à 4 h en été, et les femmes à 8 h. La nouvelle chapelle en bois de 50 pieds de long (15 mètres) permet de résoudre ce problème. En 1659, les sœurs hospitalières de Saint-Joseph viennent prêter main-forte à Jeanne Mance à l'Hôtel-Dieu. Cette congrégation est encore active dans le Vieux-Montréal par le biais des œuvres de commémoration, tout particulièrement en ce qui concerne son fondateur, Jérôme Le Royer de La Dauversière (**fig. 28**).

En 1657, Marguerite Bourgeoys accepte la concession d'une étable et d'un terrain d'un demi-arpent. L'ancienne étable en pierre située sur la commune, de biais avec l'hôpital, devient alors la première école de Montréal (**1**) ; elle accueillera les jeunes Montréalaises et des Amérindiennes. Une plaque à l'angle des rues Saint-Dizier et Saint-Paul en rappelle aujourd'hui l'emplacement (**fig. 29**). Marguerite Bourgeoys, originaire de Troyes en Champagne, sera la première enseignante de Montréal. Elle fonde la Congrégation de Notre-Dame, une communauté de religieuses enseignantes non cloîtrées, la première du genre en

28 ▼

Religieuses hospitalières de Saint-Joseph photographiées au Cours Le Royer, site de l'ancien Hôtel-Dieu, devant un vitrail à la mémoire de Jérôme Le Royer de La Dauversière, fondateur de la communauté.

29 ▼

Religieuses de la Congrégation de Notre-Dame photographiées devant la plaque commémorant le lieu de la première école de Montréal créée par Marguerite Bourgeoys, fondatrice de la Congrégation.

Amérique. Elle lance également le projet d'une chapelle de pèlerinage dédiée à la Vierge au lieu aujourd'hui occupé par Notre-Dame-de-Bon-Secours, mais le chantier reste en plan. On y construit toutefois une sorte de niche dans laquelle on dépose une statuette de la Vierge. Pendant de longues années, l'endroit accueille les pèlerins de Ville-Marie.

Dans les années 1660, plusieurs événements marquants vont modifier en profondeur la physionomie de la ville. À la veille de se dissoudre, la Société de Notre-Dame cède la seigneurie de l'île de Montréal aux prêtres de Saint-Sulpice en 1663. Maisonneuve est rappelé en France deux ans plus tard. Maintenant âgée de 28 ans, Mathurine, remariée au marchand Jacques LeMoyne, a déjà mis au monde six enfants et six autres suivront au fil des ans. Elle n'est pas la seule à voir s'agrandir ainsi sa famille car depuis quelques années le nombre des naissances surpasse le nombre d'immigrants à Ville-Marie.

Le départ de Maisonneuve coïncide avec l'arrivée en Nouvelle-France du régiment de Carignan-Salières, fort de 1 200 hommes, lequel va « s'attaquer » au problème iroquois et mettre un terme à l'état de guerre qui fragilise la colonie, entrave les activités commerciales et limite le peuplement. En 1665, on compte à Montréal 23 maisons établies dans le périmètre urbain, une soixantaine si l'on inclut la campagne immédiate. La ville fait figure de hameau auprès des colonies anglaises où vivent des dizaines de milliers d'habitants : en 1642, 8 000 colons peuplent déjà la Virginie, alors que tout le Canada n'en compte que 900 ! Si la menace iroquoise n'explique pas tout, loin de là, elle n'a pas peu contribué au lourd climat d'insécurité qui prévaut. L'effort de résistance contre l'ennemi a certainement accentué l'effet de cohésion sociale à Montréal. Deux ans avant l'arrivée du régiment de Carignan-Salières, Maisonneuve avait mis sur pied la milice de la Sainte-Famille qui regroupait la majeure partie des hommes en âge de se battre.

La riposte française en pays iroquois se tourne en direction des Agniers, le groupe des Cinq Nations qui a mené la lutte la plus acharnée aux Français. Cette riposte cinglante force les chefs à conclure une paix par soumission (1667-1684). La défaite des Agniers provoquera un mouvement migratoire des factions mohawks profrançaises qui trouveront refuge dans les missions jésuite et sulpicienne de la région montréalaise, au sault Saint-Louis (1667) près de La Prairie, et à la mission de la Montagne (1676) au pied du mont Royal.

Dans ce nouveau contexte pacifique, le château déserté par son fondateur et la pointe dont le principal intérêt était son aspect défensif sont progressivement délaissés. Les tâches de gouverneur et de seigneur sont désormais séparées. Le successeur de Maisonneuve au poste de gouverneur de Montréal, François-Marie Perrot, préférera s'établir en ville.

Cette dernière, en contrepartie, se développe à un rythme soutenu. Les institutions, l'Hôtel-Dieu, le séminaire des sulpiciens et l'école de

Marguerite Bourgeoys, circonscrivent maintenant le cœur de l'espace urbain. En fait, le séminaire s'ouvre sur ce qui semble être déjà la première place publique, lieu d'échanges et de commerce (**J**). Face à cet espace, côté fleuve, le port auquel pensait Maisonneuve prend forme. Il y a peu de monde à Montréal, mais il y a un peu de tout. On y trouve des commerçants, grands et petits ; on y rencontre aussi des bouchers, des tailleurs, un aubergiste, de nombreux artisans, des religieux, bien sûr, avec leurs nombreux engagés, quelques officiers et soldats, des administrateurs et plusieurs agriculteurs ou laboureurs, il va sans dire. Il y a deux cimetières, des maisons en pierre et d'autres en bois, quelques-unes à colombage, ce type de construction à charpente apparente et à maçonnerie légère, plusieurs jardins privés et beaucoup de bêtes, déjà : bœufs, vaches, poules, moutons, pigeons, cochons... Cette habitude des Montréalais de garder les animaux de la basse-cour autour de la maison survivra encore longtemps malgré les règlements promulgués à maintes reprises par les autorités royales et civiles.

Le changement de mains de la seigneurie de l'île de Montréal au profit des sulpiciens signifie la fin d'une époque marquée par la menace iroquoise et le lotissement aléatoire de l'espace urbain. La ville est bien dotée de quelques chemins, mais leur existence résulte souvent d'initiatives particulières. Les sulpiciens, en plus de voir à l'établissement de missions amérindiennes, s'attelleront à la planification structurée de la ville : traçage d'une grille de rues, construction d'une église, création officielle d'une place du marché et lotissement systématique de la commune où se déroule la foire aux fourrures annuelle. Entre-temps, l'intensité croissante du commerce avec les Amérindiens engendre une part importante de changements sociaux et urbains.

 VILLE-MARIE, CENTRE DES ÉCHANGES

Les activités et les façons de faire en matière de commerce subiront une évolution assez rapide à Ville-Marie. Les groupes qu'on appelle communément les Outaouais ont pris le relais des Algonquins et des Hurons comme intermédiaires principaux des Français pour la traite des fourrures (**fig. 30**). Leur visite annuelle à Montréal, conjuguée à la fréquentation des Amérindiens domiciliés dans les missions et au passage des marchands forains venus des campagnes, de Trois-Rivières, de Québec et même de France – quelques intrépides viennent tenter fortune en faisant l'aller-retour la même année ! –, confère à la ville un air cosmopolite digne des grands centres commerciaux d'Europe. Pourtant, à observer le Montréal de 1660, encore peu développé, sans église paroissiale, sans place du marché officielle, sans rues tracées, on a du mal à croire en une rapide métamorphose urbaine.

À l'origine, les Montréalais avaient pour habitude de traiter non pas sur la place publique, alors inexistante ou embryonnaire, mais à la maison, chez les particuliers qui recevaient la visite d'Amérindiens par petits groupes. Plusieurs actes notariés signés par Jean de Saint-Père ou par son successeur, Bénigne Basset, font foi de la nature répandue de cette activité : les inventaires après décès abondent en « brasselets de porcelayne », c'est-à-dire en wampums ou bracelets de coquillages, en « rassades » ou perles de traite en verre, en petits miroirs, bagues de laiton, couteaux, tissus, parfois en peaux de castor ou d'orignal. Lors du paiement de services en nature, les fourrures font souvent partie de l'échange. Ainsi, Jean Milot, forgeron rompu aux activités de traite et installé à Lachine en 1672, passe un marché de construction avec Urbain Brossard et Michel Bouvier qu'il s'engage à rémunérer de la somme de 75 livres en pelleteries, précise le contrat, « supposé que [les Outaouais] arrivent en flotte en ce lieu L'année présente & qu'ils y fassent leur traite, sinon en marchandises de France, ou bled froment ». Mais les échanges en viennent peu à peu à se dérouler sur la place centrale de la ville, sur cette partie de la commune qui est directement au nord de la pointe (**J**). En 1663, la Communauté des habitants fait construire à cet endroit, qu'on ne nommera officiellement place du Marché qu'en 1676, un hangar pour y loger les Amérindiens de passage. Dix ans plus tard, ce hangar sera vendu par la Communauté aux sulpiciens qui en tireront un revenu de location.

À quelques pas du secteur du havre, à portée du lieu de déchargement des canots et des embarcations légères, le centre du commerce se développe donc à proximité du lieu où se déroulent les activités d'échanges avec les autochtones. À compter des années 1660, la foire aux fourrures attire chaque été à Montréal des centaines d'Amérindiens venus de la région des Grands Lacs : une flottille d'environ 150 canots, chacun mené par deux ou trois autochtones et portant 40 paquets de peaux de castors, accoste à la pointe. Les principaux intermédiaires commerciaux des Canadiens et des Français appartiennent à la nation outaouaise, constituée de plusieurs groupes qui occupent les territoires des Grands Lacs. L'intendant Jacques Duchesneau dira même que « les Sauvages outaouais sont ceux qui nous apportent le plus d'utilité parce que nous avons le castor par leur moyen ». Mais on retrouve aussi des Hurons et des Algonquins parmi les commerçants amérindiens

30 ▼

Reconstitution d'une scène d'échange de marchandises entre Amérindiens et Français.

Illustration :
Francis Back, 2001.

43

qui fréquentent Montréal. Cette tradition estivale, dont la popularité atteint son apogée dans les années 1670, ne s'estompera qu'au cours de la décennie suivante avec la mise en place d'un réseau de postes de traite desservis depuis Montréal vers l'intérieur du continent par une armada de coureurs des bois.

Durant l'été, le temps des échanges, Montréalais et Amérindiens se mêlent autour de la place centrale, la place Royale actuelle (**fig. 31**). Mathurine et son mari, Jacques LeMoyne, sont au cœur même de cette lucrative activité. LeMoyne a obtenu des sulpiciens un vaste terrain à l'angle des rues Saint-Paul et Saint-François-Xavier. Il y bâtit une résidence – Mathurine s'installe donc au cœur de la ville – ainsi que neuf cabanes en bois appelées « boutiques volantes ». Ces baraques qui mesurent environ 10 pieds sur 10 (3 mètres sur 3) sont convoitées par les locataires de passage et fréquentées par les Amérindiens qui y échangent au plus offrant leurs fourrures. Le frère de Jacques, Charles LeMoyne, de même que son beau-frère, Jacques LeBer, possèdent aussi des terrains dans ce secteur, à proximité du vieux hangar des habitants. Les découvertes archéologiques des années 1980 à la place

31 ▼

Plan anonyme et non daté du secteur de la première place publique de Montréal, vers 1675. À gauche de la place, un « hangard », trois allées qui étaient bordées de « boutiques volantes » et la propriété de Jacques LeMoyne. En bas, la pointe à Callière avec le « château » du fort appelé à disparaître. En haut, trois bâtiments, dont le premier séminaire des sulpiciens et la maison LeMoyne-LeBer.

Archives des Prêtres de Saint-Sulpice de Montréal.

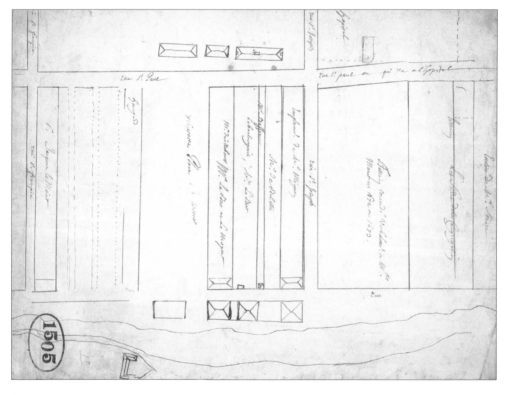

32 ▶

Objets de traite
retrouvés sur les sites
archéologiques du secteur
de la place Royale :
perles, bagues, pointe
et pendeloques.

Collection archéologique de la
Ville de Montréal.

33 ▶

La ruelle Chagouamigon
qui, au XVIIe siècle,
était une allée bordée
de boutiques volantes
en bois.

Royale, qui ont mis au jour différents niveaux de sols où s'entremêlaient
objets de traite (**fig. 32**), objets français et artefacts amérindiens en un
mélange difficile à départager, traduisent une concentration des activités
d'échanges à cet endroit, peut-être même depuis une époque précédant l'arrivée de Champlain.

Un remarquable vestige urbain issu de cet âge d'or de la foire aux fourrures subsiste encore aujourd'hui : la ruelle Chagouamigon (**fig. 33 ; K**).
Au XVIIe siècle, trois allées ou petites rues relient la rue Saint-Paul au
chemin longeant le fleuve. Baptisées Outaouaise (nation amérindienne),
Chagouamigon (poste de traite au lac Supérieur) et Michillimakinac
(poste de traite au lac Huron), elles sont en plein centre du secteur de la
foire. Chaque été, ce quartier prend les allures d'un bazar achalandé où se

mêlent les marchands amérindiens, les vendeuses et les vendeurs montréalais et les simples badauds. Alignées les unes à côté des autres, les
petites boutiques sont garnies d'étoffes de laine, d'articles de métal, de
fusils de traite. Méconnue des Montréalais eux-mêmes, cette ruelle reste
certainement l'un des secrets les mieux gardés de l'époque de Ville-Marie.

L'un des lieux de commerce les plus actifs de ce temps se situe à l'angle des rues Saint-Paul et Saint-François-Xavier. Ici, ce sont surtout les
artisans du métal qui sont propriétaires des baraques et des boutiques ou
les louent de Jacques LeMoyne. Avec les étoffes, les articles en métal figurent en effet parmi les produits les plus convoités par les Amérindiens
qui échangent leurs fourrures contre des armes, des chaudrons, des
couteaux, des haches. Le taillandier Jean Milot est l'un des premiers à
s'installer dans le secteur et il en retire une fortune considérable. Y tiennent aussi boutique les armuriers Pierre Gadoys fils, René Fézeret et
Simon Guillory, le serrurier-taillandier Martin Massé et le taillandier
Michel Poirier dit Langevin. Entre 1675 et 1685, les artisans du métal sur-
passent en nombre tous les autres artisans de Montréal, et la plupart d'entre eux sont actifs dans le secteur de la foire et de la place du Marché où,
en plus de fabriquer, ils entretiennent et réparent les articles de métal.
À deux pas de là, non loin du séminaire, les sulpiciens ont aussi fait ériger
une forge pour leurs besoins personnels ; il est possible que certains
objets fabriqués à la forge aient été écoulés sur le marché de la traite.

34 ▼

Fouilles archéologiques
sur le site LeMoyne-LeBer
en 1999 ; le terrain est
occupé depuis 2002
par un nouveau bâtiment.

Photographie :
Ville de Montréal.

35 ▶

Sceaux de marchandises
en plomb retrouvés sur le
site LeMoyen-LeBer.

Collection archéologique
de la Ville de Montréal.
Photographie :
Ville de Montréal.

Dans ce cœur de la ville en effervescence, les familles de Charles
LeMoyne et Jacques LeBer habitent depuis les années 1660 deux résidences mitoyennes à colombage de deux étages, avec caves et greniers.
Entourées de grands jardins, les maisons partagent un puits dans la cour
et un jardin potager. L'aisance de ces propriétaires surpasse de beaucoup
le niveau de vie de la majorité des marchands montréalais. Il y a quelques années, sous le bitume d'un stationnement qui scellait plusieurs
siècles d'histoire, les archéologues ont pu mettre en lumière quelques
facettes de cette maisonnée pour le moins originale en fouillant ce qui
était jadis l'emplacement de la cour et des jardins LeMoyne et LeBer
(**fig. 34** ; **L**). En analysant les ossements découverts sur le terrain de ces
inséparables beaux-frères, les chercheurs ont relevé la présence de
plusieurs animaux de terroir comme le bœuf, la chèvre, le mouton, le
porc, le lapin. Ils ont aussi identifié quelques espèces sauvages comme
le castor, le lièvre, le canard et la tourte, de même que des poissons
locaux et de la morue de l'Atlantique. Mais la découverte inusitée
d'oiseaux de prestige comme le cygne, le paon, le faisan et le pygargue
(l'aigle à tête blanche) offre des indices d'un raffinement digne des
grandes familles de France, ce à quoi devait sans doute prétendre un
Charles LeMoyne, anobli par Louis XIV en 1668 et qui envoie ses fils
apprendre les rudiments de la marine à Rochefort, en France. Ce luxe n'a
cependant rien d'ostentatoire si l'on en juge d'après l'inventaire après
décès réalisé dans la maisonnée de Charles, qui brosse plutôt le portrait
d'un intérieur confortable mais simplement meublé. Parmi l'abondance
des objets archéologiques découverts sur le site, depuis une grande jarre
ibérique jusqu'à de fines pièces de faïence émaillée, on a dénombré une
foule de menus objets liés à l'entreposage et au commerce (**fig. 35**).
LeMoyne, tout noble qu'il est, parle couramment les langues iroquoises.
En fait, dès ses premières années d'activité au Canada, Charles LeMoyne
a établi d'intenses relations commerciales et amicales avec les groupes
amérindiens des Grands Lacs, où il s'est familiarisé avec les langues et

les coutumes autochtones. En 1665, lors des guerres franco-iroquoises, il est fait prisonnier des Iroquois, puis libéré grâce au concours de Garakontié, chef de la nation des Onontagués favorable aux Français. L'on croit qu'à partir de ce moment LeMoyne aurait été adopté par ce groupe; cette pratique culturelle amérindienne compensait les lourdes pertes démographiques découlant des guerres et des épidémies. Son nom iroquois, Akouessan, se traduit par «la Perdrix». Charles LeMoyne aurait même eu à sa disposition une maison longue en Iroquoisie, sorte de domicile familial pour lui et ses fils canadiens pendant leurs séjours en territoire iroquois. Ils y seront tous tenus en haute estime par leurs parents et amis amérindiens. L'inverse se vérifie également. On sait, par exemple, qu'à l'époque de la Grande Paix de Montréal, à l'été 1701, l'un des fils de Charles, Paul LeMoyne de Maricourt, accueillera une délégation de 200 Iroquois à sa propriété pendant toute la durée de l'événement.

Jouant de leur prérogative de seigneurs, les sulpiciens, bien établis place du Marché, contrôlent l'octroi des boutiques volantes sur la commune pendant la foire aux fourrures. On s'en doute maintenant, les familles LeMoyne et LeBer, très proches des sulpiciens, figurent parmi les groupes les plus favorisés de l'espace commercial montréalais. Si les seigneurs confirment ainsi leur mainmise sur la gestion du secteur commercial, leur intérêt à développer une ville agréable et attrayante ne s'en trouve aucunement diminué, ni leur désir de pourvoir aux services paroissiaux de leurs ouailles. En cette matière, beaucoup reste à faire...

 ## LE BOURG URBANISÉ

La ville se déploie tout autour du centre où s'intensifient les échanges entre Français et Amérindiens, à l'intérieur de l'espace urbain réservé par Maisonneuve depuis les années 1650. Montréal se développe à la manière d'une ville européenne: pour occuper un terrain, on doit d'abord en être propriétaire et cette propriété doit être dûment consignée. Seigneurs et particuliers ont recours aux notaires, dont la pratique est encadrée par la loi, pour la rédaction des nombreux actes dont il faut assurer la pérennité. Très rapidement, des centaines de documents s'accumulent dans les greffes des notaires. Ces documents, soigneusement conservés jusqu'à aujourd'hui, nous permettent maintenant de reconstituer avec précision le parcellaire ancien, nous offrant ainsi un portrait de la ville au jour le jour (**fig. 36**).

Jusqu'au début des années 1670, une certaine anarchie règne toutefois dans l'organisation de la ville, faute d'un bon système d'arpentage et, surtout, en l'absence d'un véritable plan d'ensemble. L'espace ne manque pas, mais l'organisation de la ville se ressent vite de ce défaut de planification. Les actes notariés et l'appropriation effective de chaque

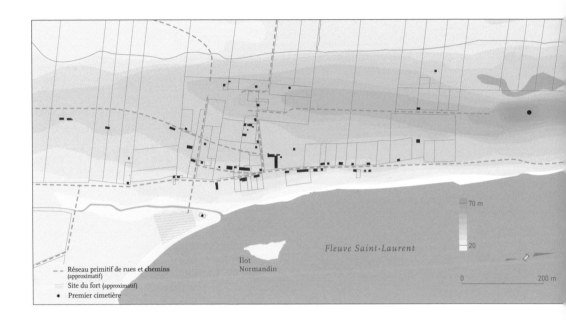

70 m

20

Fleuve Saint-Laurent

Îlot
Normandin

- - - Réseau primitif de rues et chemins
(approximatif)
Site du fort (approximatif)
❋ Premier cimetière

0   200 m

36 ▲

Plan de la ville de Montréal en 1670 montrant
le parcellaire, les bâtiments et le réseau original
des rues et chemins reconstitués à partir des actes
notariés et des documents seigneuriaux.

Cartographie : Richard Bachand et Léon Robichaud, à partir
des données informatisées du Groupe de recherche sur
Montréal du Centre Canadien d'Architecture.
Géomorphologie : Pointe-à-Callière, musée d'archéologie
et d'histoire de Montréal.

parcelle – chacun tenant à son bien – assurent
malgré tout un partage bien défini de l'espace
dans la ville. Il n'existe cependant pas de véritable grille de rues. Les limites des propriétés et les
accidents du terrain permettent quelques voies
d'accès, généralement consacrées par l'usage.

C'est un ecclésiastique, Francois Dollier de
Casson, qui en 1672 va changer cette situation.
Casson, supérieur du séminaire de Saint-Sulpice
depuis 1670, possède des connaissances d'architecte et d'ingénieur acquises en France. En se penchant sur le projet
d'établissement de la nouvelle église paroissiale, il se trouvera à doter
Montréal de son premier « plan d'aménagement ». Dès 1669, en effet,
les sulpiciens ont entrepris la construction d'une église paroissiale dans
la basse ville, sur le terrain de Saint-Père. Par contre, le site est vite jugé
inadéquat. De plus, les sulpiciens cherchent un lieu plus tranquille,
éloigné de l'activité bruyante du commerce. Ils finissent par fixer leur
choix sur un grand site de la haute ville, dans l'axe du chemin qui mène
à la butte. Toutefois, pour rendre ce choix acceptable aux yeux des membres de la fabrique, il faut assurer que la population pourra se rendre
facilement à la nouvelle église. Il devient donc nécessaire de créer et
d'homologuer un système de rues qui relieront la basse ville à la haute
ville. Pour ce faire, Dollier de Casson s'adjoint les services du notaire
Bénigne Basset, qui lui sert de greffier et d'arpenteur.

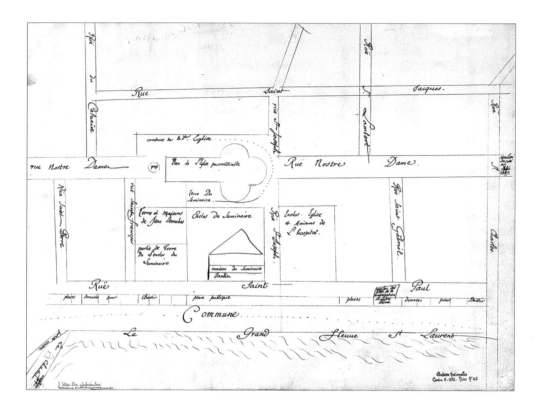

Un tracé de rues dessiné dans le contexte du projet rend compte de façon schématique des intentions du séminaire (**fig. 37**). Le plan situe simplement les rues, les places et les principaux bâtiments, existants ou à réaliser, les uns par rapport aux autres, selon une grille orthogonale qui embellit quelque peu la réalité mais ne tient pas compte des proportions réelles, ni des orientations géographiques. Les projets de Dollier de Casson n'en sont pas moins clairs, ce que confirme par ailleurs la description détaillée qu'en fait Basset dans le procès-verbal du bornage des rues qu'il réalise en juillet 1672. On y apprend que le tracé des rues est jalonné à intervalles réguliers de bornes, «sous lesquelles il y a du Machefer, et Un estampe de plomb ou sont gravées les armes dud Seminaire». Chaque rue est officiellement nommée et sa largeur fixée.

Le plan de Dollier de Casson témoigne, à maints égards, d'une efficace économie de moyens. Cette délimitation et ce bornage des voies publiques officialisent un découpage déjà présent à l'état embryonnaire. Le sulpicien structure le développement de la ville en s'appuyant sur ce qui existe. Il transforme en rues dûment bornées des sentiers ou des chemins déjà utilisés, et il tire astucieusement profit de certaines caractéristiques. Ainsi, sur le plan, un puits est bien identifié devant ce qui sera l'église Notre-Dame. Voilà qui ne peut mieux tomber : dorénavant,

37 ▲

Plan de Montréal de 1672 attribué à François Dollier de Casson et Bénigne Basset, tracé en vue de l'établissement d'un réseau officiel de rues et d'une église paroissiale dans la haute ville de l'époque.

Archives nationales du Canada, Ottawa, NMC 0001483.

les Montréalais qui viennent puiser de l'eau se rassembleront en fait près du parvis de l'église !

La nouvelle rue Notre-Dame, la plus large avec ses 30 pieds (10 mètres), occupe le sommet de la crête du Vieux-Montréal, formant ainsi l'axe central d'une haute ville séparée du secteur du commerce situé en contrebas. La nouvelle église paroissiale est placée au milieu de cet axe, bien en vue au sommet de la crête, sa façade principale tournée vers l'ouest (**M**). Cette église, qui ne sera complétée qu'en 1683 – puis démolie en 1830 ; ses fondations subsistent sous la rue Notre-Dame actuelle – occupe ainsi le cœur de la ville. Mathurine, peu de temps avant sa mort, se trouvera bien malgré elle mêlée à ce projet de la plus haute importance pour l'avenir de Montréal. Pour bâtir leur église et établir un grand domaine juste à côté, les sulpiciens acquièrent une portion de la propriété que Mathurine et sa fille Agathe ont héritée de Jean de Saint-Père. Ce sera la dernière fois que figurera le nom de Mathurine sur un contrat notarié, puisqu'elle meurt en juillet 1672, à l'âge de 35 ans, en donnant naissance à son douzième enfant. Beaucoup d'autres citadins seront touchés par ce nouvel aménagement. Les sulpiciens font signer aux propriétaires de tous les terrains visés par le bornage des rues un engagement à ne plus semer ni entraver le passage sur la voie publique.

La nouvelle grille urbaine de 1672, solidement établie, constitue l'ossature fondamentale du quartier actuel qui conserve encore de manière presque intégrale l'organisation et la toponymie d'origine (**fig. 38**). La trame de rues que nous connaissons aujourd'hui témoigne donc des intentions de Dollier de Casson et de Bénigne Basset d'organiser l'espace à partir d'une occupation des lieux préexistante, sans trop bouleverser l'usage établi mais tout en rectifiant les « accidents » attribuables à la topographie ou aux abus de certains propriétaires. Les photographies

38 ▼

L'ossature fondamentale de la trame de rues actuelle du Vieux-Montréal correspond à celle établie en 1672, qui reprenait en partie le réseau original créé entre 1642 et 1672.

Cartographie :
Richard Bachand.
Photographie aérienne :
Hauts-Monts.

aériennes montrent aujourd'hui la très rectiligne rue Notre-Dame qui s'étire sur le sommet de la crête. Parallèle à cette dernière, la portion de la rue Saint-Jacques homologuée en 1672 traverse de part en part le lot de ville de Jacques Archambault, ce qui justifie le nom de la rue. D'autres rues du Vieux-Montréal portent depuis leur création les noms des saints patrons de divers propriétaires touchés par le nouvel aménagement.

La rue Saint-Paul, qui paraît bien droite sur le plan de 1672, a toujours été légèrement sinueuse. Première voie de circulation de la ville, elle est nommée en hommage à Paul de Chomedey de Maisonneuve, qui vit alors à Paris mais dont la mémoire demeure présente à Montréal. Elle borde la lisière nord de la commune, qui finira par disparaître au fil des années 1670 et 1680 au profit de concessions à de nouveaux résidants montréalais. Vers la fin du siècle, la portion de la rue Saint-Paul menant à la chapelle Notre-Dame-de-Bon-Secours deviendra le cœur du premier faubourg de la ville. Par contre, entre les rues Saint-François-Xavier et Saint-Joseph, secteur toujours dominé par les LeMoyne, LeBer et autres marchands, elle devient bientôt la principale artère commerciale de Montréal. Les sulpiciens qui, on l'a vu, y sont bien installés et y exploitent une forge, soumettent à l'intendant Jacques Duchesneau un plaidoyer convaincant pour y fixer officiellement l'emplacement du marché. Un règlement du conseil souverain consacre officiellement en 1676 l'actuelle place Royale comme première place du Marché à Montréal (**J**).

39 ▼

Plan de la ville de Montréal en 1685 montrant le parcellaire et les bâtiments reconstitués à partir des actes notariés et des documents seigneuriaux. Le réseau officiel de rues établi en 1672 transparaît clairement dans le parcellaire.

Cartographie : Richard Bachand et Léon Robichaud, à partir des données informatisées du Groupe de recherche sur Montréal du Centre Canadien d'Architecture. Géomorphologie : Pointe-à-Callière, musée d'archéologie et d'histoire de Montréal.

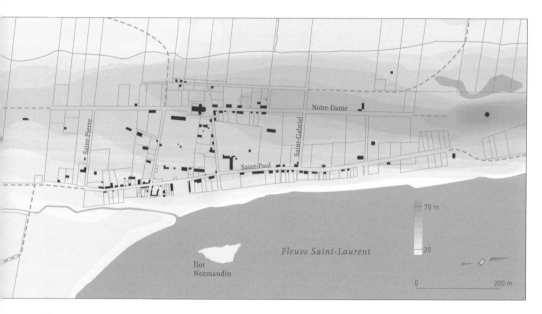

Un véritable plan orthogonal ne présenterait que des rues se coupant à angle droit, ce qui est manifestement le projet théorique de Dollier de Casson. Cependant, sur le terrain, la situation s'avère différente. Le chemin de l'Hôpital qui relie en diagonale, en suivant les déclivités naturelles du terrain, la terre des Gadoys à l'Hôtel-Dieu et à la chapelle Saint-Joseph se joue drôlement de la grille de rues... Dollier tente de faire disparaître cette voie si bien adaptée à la topographie, mais il n'y réussit qu'à demi, puisqu'un tronçon de la rue de l'Hôpital subsiste aujourd'hui à l'ouest du séminaire (**N**). La portion qui menait directement à l'hôpital disparaît cependant en 1672 quand les sulpiciens réunissent, pour la construction de leur nouvelle propriété dans la haute ville, les lots de feu Nicolas Godé et de sa fille, feue Mathurine Godé, entre la rue Saint-Paul et la rue Notre-Dame. Les sulpiciens détiennent encore cette propriété dans le Vieux-Montréal, où se trouve aujourd'hui le Vieux Séminaire entouré de ses jardins.

Les rues transversales qui relient la haute et la basse ville correspondent aussi à d'anciennes limites de propriétés. Le cœur de la ville est occupé par les deux axes qui forment le véritable centre urbain, de part et d'autre de la place Royale actuelle. Depuis la rue Saint-Paul, ces chemins rejoignent symétriquement le centre de la haute ville en formation (**fig. 39**, voir aussi 38). La rue Saint-Joseph, devenue Saint-Sulpice, longe la propriété de l'Hôtel-Dieu alors que la rue Saint-François, devenue Saint-François-Xavier, contiguë à la propriété du séminaire, est nommée en l'honneur de François Dollier de Casson lui-même. La rue Saint-Joseph était utilisée bien avant son homologation en 1672, comme le précise Bénigne Basset dans son procès-verbal qui la décrit comme « une ruë alignée seulement », c'est-à-dire non homologuée. Plus à l'ouest, on croise la rue Saint-Pierre qui longe la propriété de Pierre Gadoys et de Robert le Cavelier ; à l'est, ce sont les rues Saint-Gabriel – en l'honneur de Gabriel Souart, un sulpicien grand propriétaire terrien à Montréal – et Saint-Charles – en l'honneur de Charles d'Ailleboust, qui est baillif, c'est-à-dire juge.

La grille des rues que nous parcourons aujourd'hui dans le cœur du Vieux-Montréal est un héritage intact de cet immense plan tracé au sol en 1672, du temps de Ville-Marie, et qui constituera la genèse de l'urbanisation montréalaise. L'espace urbain couvre à cette époque environ

4 0 ▼

Centre de Montréal des Archives nationales du Québec, où sont conservés les milliers de documents notariés du XVIIᵉ siècle.

un kilomètre de long entre les deux artères principales de la ville désignées par Dollier de Casson, soit un espace plus petit que celui prévu à l'origine par Maisonneuve. Une telle envergure étonne néanmoins quand on sait que la ville comptait environ 50 maisonnées pour quelque 300 personnes ! C'est que les citadins cultivent de grands jardins et potagers urbains, espaces qui vont caractériser encore longtemps la ville. Les communautés religieuses aménagent aussi des potagers, des vergers et même des jardins d'agrément sur les grandes parcelles qu'elles occupent au cœur de la ville.

L'immense corpus documentaire que nous ont légué les notaires (**fig. 40**) de Ville-Marie permet de suivre à la trace l'évolution de la ville après l'instauration de la nouvelle grille de rues officielle, et même de situer approximativement l'emprise au sol des bâtiments que l'on construira dans les années subséquentes. Bénigne Basset à lui seul, pendant 42 ans de pratique, produira 2 525 actes notariés. En 1685, 13 ans après l'instauration du plan de Dollier de Casson, la prépondérance de la place du Marché et de l'église comme pôles structurants se précise encore davantage. La superficie des propriétés des communautés religieuses, toutes pourvues de grands jardins, ne cesse par ailleurs de croître. Aux extrémités de la grille de rues établie par Dollier de Casson, on trouve de nouvelles maisons, surtout le long de la rue Saint-Paul, mais de nombreuses propriétés font encore partie intégrante de la couronne rurale de Ville-Marie.

La population de la ville a doublé depuis 1672, mais cela ne fait pas pour autant de Montréal une ville d'affluence. L'ensemble de la Nouvelle-France ne peut toujours pas soutenir la comparaison avec les colonies anglaises, déjà 15 fois plus peuplées sur un territoire réduit ! La faible densité de la population montréalaise sur l'île de Montréal est compensée par l'arrivée des Amérindiens en été et par les familles autochtones qui vivent dans les missions près de Montréal. En 1685, 904 personnes – des Iroquois convertis, des Algonquins et des Népissingues notamment – habitent dans les maisons longues de la mission de la Montagne (**fig. 41**).

Toutefois, dans la ville même, le mode de vie reste inspiré de la vieille France. Tout dans la manière de construire et d'habiter les lieux reste de tradition française, même si on cherche à s'adapter tant bien que mal aux rigueurs de l'hiver. Les deux tiers des maisons, généralement séparées les unes des autres, ne possèdent qu'un rez-de-chaussée et des combles qui servent le plus souvent de grenier. Le tiers des maisons sont construites en pierre, les autres en bois. En somme, Montréal offre l'allure d'une modeste petite ville coloniale malgré l'intensité des échanges avec les Amérindiens de l'intérieur du continent.

Car l'âme et le véritable ressort de cette ville, c'est le commerce des fourrures. En 1685, le baron de Lahontan décrit l'arrivée d'un convoi de 50 canots hurons à Montréal. « Premièrement ils se campent à cinq ou six cens pas de la Ville. Le jour de leur arrivée se passe tant à ranger leurs Canots & débarquer leurs Marchandises, qu'a dresser leurs tentes, lesquelles sont faites d'écorce de bouleau. Le lendemain ils font demander au Gouverneur Général une audience, qu'il leur accorde le même jour en place publique [...] Le jour suivant chaque Sauvage fait porter ses peaux par ses Esclaves chez les Marchands qui leur donnent à meilleur prix les hardes qu'ils demandent. » Toutefois, le séjour des autochtones est bref, quatre ou cinq jours tout au plus. Pendant ces années, les activités commerciales demeurent intenses à Montréal, surtout dans les périodes de guerre avec les Iroquois, mais la foire estivale commence à décliner au profit des expéditions de traite des Canadiens et des Français vers les Grands Lacs. La traite n'est plus une activité pratiquée par tous comme par le passé ; elle est de plus en plus concentrée entre les mains de quelques marchands prospères dont font partie les familles LeMoyne et LeBer. Les boutiques volantes sont encore érigées place du Marché, mais certains artisans comme les armuriers et les forgerons n'y tiennent plus commerce. Ces derniers se rendent maintenant dans les postes de traite, tel qu'il est stipulé dans les contrats d'engagement qui les lient désormais aux équipeurs. Au cours de ces années, la présence amérindienne à Montréal est motivée autant par la nécessité des pourparlers diplomatiques que par les échanges commerciaux. Chez les alliés autochtones des Français, la menace iroquoise et les discordes internes suscitent des inquiétudes que les Français partagent, en raison de leur rivalité avec les Anglais. On tente donc de trouver des terrains d'entente avec les nations ennemies. On tient, par exemple, en 1683, un « grand conseil [...] avec les Iroquois dans l'église neuve dudit lieu », mais il ne résoudra pas les difficultés entre les parties.

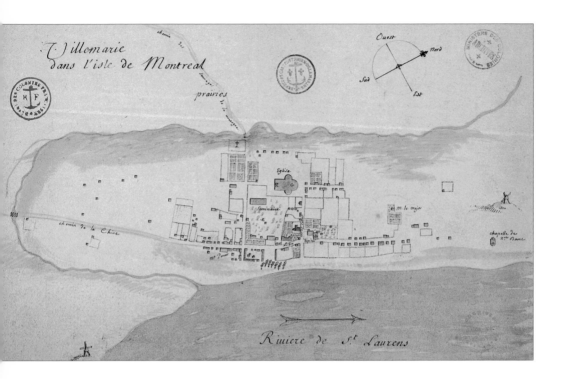

42 ▲

Ville-Marie dans l'isle de Montréal, 1685.
Lorsque le gouverneur Denonville envoie ce plan en France, il s'excuse de sa piètre qualité. L'ingénieur Robert de Villeneuve, à qui on attribue souvent à tort ce plan anonyme, aurait sûrement produit un meilleur document.

Centre des archives d'outre-mer, Aix-en-Provence, Archives nationales, France (DFC Amérique Septentrionale 466C).

L'année 1685 correspond, comme 1672, à des changements que l'on prépare d'abord sur papier. Puisqu'on envisage la défense de la ville pour contrer les attaques iroquoises – c'est le début de la troisième période de guerre –, on dresse d'abord un état de situation. Le projet d'une palissade ceinturant l'ensemble de la ville est soulevé pour la première fois. Sur ce front, tout reste à faire à Montréal. Mis à part les bâtiments fortifiés en périphérie, rien ne protège la ville. Selon le gouverneur général Brisay de Denonville, les poudres sont entreposées « dans le haut d'une petite chapelle où le peuple a grande dévotion », Notre-Dame-de-Bon-Secours. Un plan de Montréal dressé en novembre **(fig. 42)** est envoyé en France par Denonville pour attirer l'attention de la métropole sur cette ville exposée aux attaques iroquoises. On y voit l'église, aux dimensions exagérées, et le séminaire en position centrale. Sur la pointe le fort a disparu, ses matériaux recyclés par les sulpiciens pour la construction de l'église. La pointe, qui ne fait pas partie intégrante de la réserve de ville prévue par Maisonneuve, se trouvera exclue du périmètre de la palissade comme elle le sera plus tard des fortifications. Dès 1685, un contrat est accordé pour la coupe des cèdres dont on tirera les pieux de l'enceinte, qui sont plantés peu après. Il existe encore un vestige de cette première enceinte que l'on peut voir à Pointe-à-Callière et qui correspond aux fondations de ce qui était la porte du Marché.

Le plan de 1685 ne donne pas une idée juste de l'environnement rural. Le réseau hydrographique intérieur y est cependant illustré pour la première fois depuis l'époque de Samuel de Champlain. On remarque aussi, à l'extrémité est, le moulin fortifié au sommet de la butte et, près du fleuve, la chapelle de pèlerinage Notre-Dame-de-Bon-Secours. Marguerite Bourgeoys, qui en a entrepris la mise en œuvre en 1657 avec le soutien de Maisonneuve, a dû reporter son projet de plusieurs années faute d'autorisation ecclésiastique. La petite chapelle n'a finalement été inaugurée qu'en 1675. Peu de temps auparavant, Marguerite avait aussi reçu du baron de Fancamp une statuette en bois de la Vierge à l'Enfant à laquelle on accordait des vertus miraculeuses. Elle choisit de l'exposer à Notre-Dame-de-Bon-Secours. Un incendie détruira complètement la chapelle en 1754 mais, comme par miracle, il épargnera la statuette retrouvée intacte dans les cendres. Il y a quelques années, les archéologues ont mis au jour dans le soubassement de Notre-Dame-de-Bon-Secours les fondations de la première chapelle de pierre, à peine dégagée des traces de l'incendie... Aujourd'hui, au musée Marguerite-Bourgeoys, rue Saint-Paul, on peut visiter le site archéologique (**fig. 43**). La petite Vierge à l'Enfant est de nouveau exposée dans la chapelle (**O**). Les vestiges archéologiques comprennent également des artefacts amérindiens antérieurs ou contemporains à l'occupation française. Bien que les sœurs de la Congrégation de Notre-Dame continuent d'en avoir la charge, la chapelle a été annexée à perpétuité à la paroisse Notre-Dame en 1678, passant ainsi sous la responsabilité des sulpiciens.

43 ▸

Vestiges des fondations de la première chapelle de Notre-Dame-de-Bon-Secours, complétée en 1675, dans la crypte archéologique sous la chapelle du XVIIIᵉ siècle.

Musée Marguerite-Bourgeoys. Photographie : Rachel Gaudreau.

■ LE SÉMINAIRE DE SAINT-SULPICE

En 1685, de nombreux artisans montréalais travaillent à un chantier de grande importance, le deuxième séminaire de Saint-Sulpice, rue Notre-Dame, aujourd'hui l'unique élément bâti conservé de l'époque de Ville-Marie (**P**). En 1684, les sulpiciens entreprennent en effet de reconstruire leur séminaire près de la nouvelle église paroissiale, dans la haute ville, au nord des vastes jardins qu'ils ont récemment plantés. Le corps principal du séminaire est l'œuvre de François Dollier de Casson. Cet homme exceptionnel, ancien capitaine de cavalerie en France avant de se consacrer à la prêtrise, a contribué à maints égards à la construction de la société montréalaise. Il a connu de près la plupart des pionniers fondateurs comme Mathurine, son époux Jacques LeMoyne, sa fille Agathe. Il a aussi pris part aux expéditions militaires à titre d'aumônier, et encouragé l'éducation des jeunes autochtones. Après avoir réalisé le premier aménagement de la ville, il s'attellera au projet de l'église paroissiale. Il a aussi des talents de conteur, révélés dans son *Histoire du Montréal*, sorte de chronique historique. Enfin, il fera percer un canal reliant le lac Saint-Pierre à la Petite Rivière – qu'on n'arrive toutefois pas à prolonger jusqu'au lac Saint-Louis, au-delà des rapides de Lachine –, réalisation préfigurant tout de même, avec quelques siècles d'avance, le canal de Lachine. À compter de 1672, par sa contribution à l'architecture et à ce qui ne s'appelle pas encore l'aménagement urbain, Dollier de Casson sera l'instigateur des plus spectaculaires transformations de la ville.

À l'origine, le corps principal du séminaire (**fig. 44** et **45**) mesure 186 pieds sur 29 (60 mètres sur 9). À l'époque, l'édifice en maçonnerie de pierre brute est surmonté d'un comble à toit mansard recouvert de tuiles d'ardoise. Depuis, le toit a été modifié, des tours d'escaliers et des ailes ajoutées aux XVIIIe et XIXe siècles. Toutefois, le corps du bâtiment, qui comporte trois étages de caves voûtées superposées en plus des étages hors sol et des combles, demeure pratiquement inchangé. L'emplacement de la porte centrale et les arcs de décharge en pierre brute surmontant les ouvertures datent aussi de la construction initiale.

L'aménagement intérieur présente plusieurs traits distinctifs dignes de mention. Au rez-de-chaussée, Dollier de Casson inclut un long corridor appelé « courroir », qui rompt avec la tradition des pièces en enfilade. Au sous-sol, les espaces voûtés superposés sur trois niveaux constituent une véritable curiosité (**fig. 46**). Le caveau inférieur en terre battue, appelé « jambonnier », comporte également un puits en pierre qui permettait d'approvisionner en eau les cuisines des étages supérieurs. Les espaces voûtés du niveau supérieur du sous-sol servent aujourd'hui aux messieurs de Saint-Sulpice, qui habitent encore les lieux, à entreposer les archives du séminaire et de la seigneurie de Montréal, les documents relatifs aux missions amérindiennes, des dictionnaires franco-amérindiens,

44 ▶

Élévation du séminaire de Saint-Sulpice, par François Dollier de Casson, 1684.

Archives des Prêtres de Saint-Sulpice de Montréal, P1:E1/2.

45 ▶

Façade arrière du séminaire de Saint-Sulpice, 1684-1687. François Dollier de Casson, p.s.s, architecte. Il s'agit du plus ancien bâtiment de Montréal toujours en place.

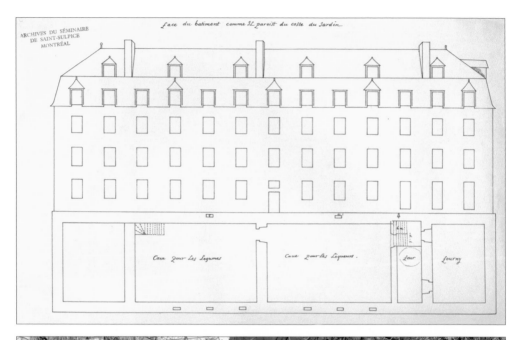

46 ◄

La plus profonde
des caves voûtées
du séminaire
de Saint-Sulpice.

47 ◄

Tomettes (hexagonales)
et carreaux d'argile
recouvrant le plancher des
combles du séminaire ;
ils servaient à réduire
le danger de propagation
du feu. Les traces de pas
d'animaux domestiques
témoignent du processus
de séchage en plein air.

des cartes et des plans de même que des documents d'archives de la Société de Notre-Dame. Au grenier, le plancher a été anciennement recouvert de tomettes et de carreaux en terre cuite pour protéger les étages inférieurs en cas d'incendie (**fig. 47**).

La propriété des sulpiciens constitue à l'époque l'ensemble architectural le plus imposant que Montréal ait connu jusqu'alors. Rue Notre-Dame, l'entrée principale de cette maison seigneuriale s'ouvrira bientôt sur la nouvelle place d'Armes. Du côté de la rue Saint-François-Xavier, un portail permet d'accéder aux immenses potagers et aux jardins d'agrément (**fig. 48**). Un enclos de pieux d'abord, puis un mur de pierre construit entre 1697 et 1699 ceinturent ce repaire tranquille et le protègent des propriétés voisines et des regards indiscrets. Après l'installation des prêtres dans leur nouveau logis, l'ancien séminaire de la basse ville sera loué comme résidence à l'intendant de la Nouvelle-France, et il servira également de magasin et d'armurerie du roi.

48 ▶

Le jardin privé du séminaire de Saint-Sulpice de Montréal. Sa composition a évolué au fil des époques, mais il trouve son origine au XVIIᵉ siècle.

En 1685, le caractère français de Montréal ne fait aucun doute. D'ailleurs, ce nom de Montréal, qui jusqu'alors désignait l'île, est utilisé concurremment avec celui de Ville-Marie pendant une période, puis il deviendra le nom de la ville au début du XVIIIe siècle. Doit-on s'étonner de constater que la ville française a pris appui sur les mêmes pôles d'attraction qui autrefois ont accueilli les ancêtres des Amérindiens ? La place du Marché et la chapelle Notre-Dame-de-Bon-Secours, encore aujourd'hui, conservent toutes ces strates d'histoire dont on a encore du mal à saisir toute la profondeur...

Si Montréal n'est pas devenue la ville métissée que souhaitaient les fondateurs de Ville-Marie, elle est en 1685 une ville française dont l'activité économique intense repose sur le lien fondamental à l'Amérindien. Et si la présence amérindienne s'y fait de plus en plus discrète, c'est toutefois sur la traite des fourrures, fruit du savoir-faire des nations autochtones, que se construisent les bases économiques de la ville en devenir. À ce titre, Montréal, comme Ville-Marie, reste française *et* amérindienne.

Ville-Marie, 1642 • 1685

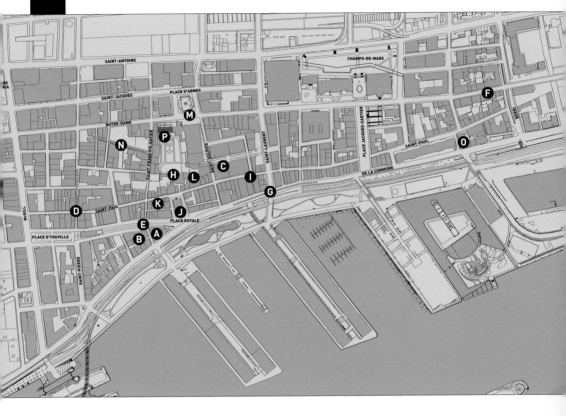

A Site de fondation de Ville-Marie et emplacement du premier cimetière catholique

B Site du fort de Ville-Marie

C Emplacement de l'ancien Hôtel-Dieu

D Rue Saint-Pierre, limite de la première concession

E Emplacement du premier pont sur la Petite Rivière

F Emplacement de la butte (arasée en 1819-1820)

G Emplacement de la commune

H Site du premier séminaire de Saint-Sulpice

I Emplacement approximatif de la première école ; plaque commémorative

J Lieu de la première place de marché ; place Royale actuelle

K Ruelle Chagouamigon

L Site LeMoyne-LeBer ; un immeuble recouvre l'emplacement

M Site de la première église Notre-Dame

N Rue de l'Hôpital

O Chapelle Notre-Dame-de-Bon-Secours ; vestiges de la première chapelle ; Vierge à l'Enfant

P Séminaire de Saint-Sulpice et ses jardins

49 ▲

Vestiges mis en valeur
de l'escarpe et de la contrescarpe
des fortifications sur l'esplanade
du champ de Mars.

Alan M. Stewart

La ville fortifiée
construite et reconstruite

1 6 8 5 · 1 8 0 0

S i l'on se tient aujourd'hui place Vauquelin, entre l'hôtel de ville et le vieux palais de justice, et qu'on regarde vers le nord, on ne peut s'empêcher de remarquer la géométrie particulière des murets de maçonnerie et du fossé qui traversent la pelouse du champ de Mars (**fig. 49 ; A**). Ce sont là les vestiges des remparts de pierre qui ont entouré Montréal des années 1730 jusqu'au début du XIXᵉ siècle et qui remplaçaient la palissade érigée à la fin des années 1680. Menacée ou successivement en guerre contre les Amérindiens, les Britanniques et les Américains, Montréal, ville française, sera pendant plus d'un siècle une ville fortifiée.

Trait d'union entre le fleuve Saint-Laurent et l'intérieur du continent, la ville se transforme en une tête de pont militaire et se consolide comme un centre commercial stratégique pour le commerce des fourrures, double fonction qu'elle conservera dans la seconde moitié du XVIIIᵉ siècle, quand l'enceinte fortifiée perdra sa raison d'être. Deuxième ville en importance après Québec, Montréal devient également un siège administratif et judiciaire, un centre religieux et une ville-marché desservant l'ensemble des paroisses rurales en rapide expansion sur l'île de Montréal et dans les régions avoisinantes.

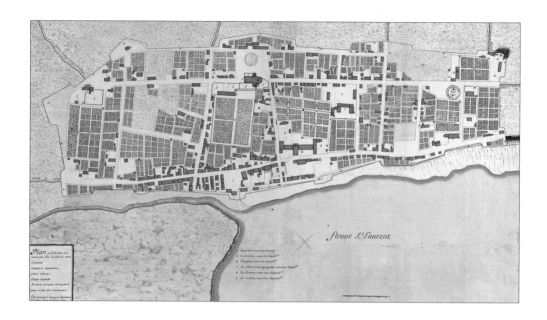

La ville fortifiée connaîtra des bouleversements politiques et sociaux majeurs : la guerre, suivie de la Conquête britannique en 1760, puis l'invasion américaine. Toutefois, si le changement de régime transformera profondément la société, il ne changera pas fondamentalement le visage de la ville fortifiée qui, jusqu'à la fin du siècle, conservera son allure de ville typique de Nouvelle-France. Peu a peu, sous le Régime français comme après la Conquête, la pierre remplace le bois et les bâtiments aux dimensions modestes font place à des constructions plus imposantes.

50 ▲

Jacques Levasseur de Néré, *Plan de la ville de Montréal levé en 1704.*

Centre des archives d'outre-mer, Aix-en-Provence, Archives nationales, France (DFC Amérique septentrionale 468A).

LA VILLE MURÉE

Jusqu'en 1685, on l'a vu, Ville-Marie reste une ville ouverte. Cependant, le début des hostilités contre les Iroquois un an auparavant ainsi que des attaques de plus en plus fréquentes aux alentours de la ville montrent jusqu'à quel point les habitants de l'île sont devenus vulnérables. Entre 1685 et 1689, le gouverneur de Montréal, Louis-Hector de Callière, embauche des soldats et des citadins pour ériger une palissade. Des pieux de cinq mètres sont assemblés en sections et plantés dans des tranchées peu profondes, dont les traces sont encore visibles aujourd'hui à la place Royale, dans la crypte archéologique de Pointe-à-Callière.

La première palissade entoure une enceinte – entre le fleuve Saint-Laurent et la Petite Rivière au sud, l'actuelle rue McGill à l'ouest, le ruisseau au nord et les environs de l'actuelle place Jacques-Cartier à l'est – qui sera peu à peu augmentée du tiers de sa superficie. En 1699, on pro-

51 ▶

Gaspard-Joseph Chaussegros de Léry, *Plan de la ville de Montréal,* 10 septembre 1725, détail montrant l'emplacement de l'hôtel de Callière et de l'Hôpital général.

Centre des archives d'outre-mer, Aix-en-Provence, Archives nationales, France (DFC Amérique septentrionale 475B).

longe la palissade une première fois vers l'est, jusqu'à la hauteur de l'actuelle rue Saint-Claude (**fig. 50**). Le deuxième prolongement, en 1709, englobera la chapelle Notre-Dame-de-Bon-Secours et rejoindra la redoute construite par Callière en 1693 sur la butte. On peut voir, encore aujourd'hui, des trous de pieux de cette palissade dans la crypte archéologique de la chapelle. Bien que de taille modeste, la nouvelle ville fortifiée acquiert un nouveau rôle : elle devient un entrepôt militaire servant de base aux autres postes français de l'intérieur. Cette nouvelle fonction façonne le tissu urbain, en particulier dans la basse ville autour de la place du Marché, l'actuelle place Royale. C'est là que les principaux représentants du roi établissent leurs résidences et louent les magasins, la boulangerie et la forge indispensables à l'approvisionnement militaire.

À la fin du XVIIᵉ siècle, l'espace *intra muros* héberge l'ensemble de la population de Montréal, soit environ 1 500 habitants parmi lesquels on compte une garnison d'environ 200 soldats. Des gens de toutes conditions vivent et travaillent en étroite proximité. La plupart des maisons sont en bois ; toutefois, dans la basse ville où la population est plus dense, le court tronçon de la rue Saint-Paul entre Saint-François-Xavier et Saint-Sulpice se distingue par une concentration de maisons en pierre construites par les principaux marchands de la ville. Les communautés religieuses, auxquelles se joignent les jésuites et les récollets en 1692, possèdent plus du quart des actifs immobiliers à l'intérieur des murs. À l'exception des hospitalières de l'Hôtel-Dieu, installées rue Saint-Paul (**B**) et qui viennent de remplacer leurs installations modestes par un couvent et un hôpital en pierre, les ensembles conventuels occupent de vastes parcelles le long de la rue Notre-Dame, dans la haute ville.

Bien que la pointe de terre au sud de la Petite Rivière – où les premiers colons ont érigé le fort de Ville-Marie – ait été abandonnée depuis les années 1670, ce secteur acquiert de nouveau une certaine notoriété avec la réalisation de deux constructions importantes au cours des

années 1690 : la résidence de Callière et l'Hôpital général (**fig. 51**). Pour augmenter la sécurité de la basse ville et du port, le gouverneur Louis-Hector de Callière installe sa résidence, une grande maison de pierre pourvue de quatre pavillons d'angle formant bastions, sur le terrain situé immédiatement à l'ouest de ce qui constitue aujourd'hui la rue Callière (**C**). La pointe à Callière a désormais un nom qui lui restera. Jusqu'en 1703, le bâtiment servira de domicile au gouverneur. Il sera ensuite occupé par de nombreux propriétaires et locataires, y compris par l'intendant entre 1716 et 1719, jusqu'à ce qu'il soit détruit par le feu en 1765.

Un peu plus à l'ouest, sur neuf arpents (quatre hectares) cédés par les seigneurs, le marchand François Charon de la Barre fonde l'Hôpital général, hospice offrant des soins aux vieillards, aux infirmes et aux orphelins. Les bâtiments originaux de l'institution ont survécu et constituent aujourd'hui la plus ancienne construction du Vieux-Montréal après le Vieux Séminaire (**D**).

Érigés entre 1692 et 1694 grâce à la fortune personnelle de Charon, la résidence des frères Charon – la communauté fondée par le marchand – et l'hospice pour les indigents sont disposés perpendiculairement l'un par rapport à l'autre et comportent à l'origine deux étages surmontés d'un toit mansardé recouvert d'ardoises. Une chapelle est ajoutée à l'ensemble en 1696. À l'époque, l'Hôpital général compte parmi les édifices les plus imposants de Montréal. Aujourd'hui, la cave voûtée de la plus ancienne partie du bâtiment donne une idée de l'envergure originale de la construction. La voûte en anse de panier s'élève au-dessus d'un sol de terre battue d'environ 9 mètres sur 20 : il s'agit du plus vaste espace voûté datant du Régime français auquel on ait encore accès aujourd'hui (**fig. 52**).

Les Amérindiens continuent de fréquenter la pointe à Callière et la ville, mais avec certaines restrictions. Après l'attaque iroquoise de Lachine, près de Montréal, en 1689, des Amérindiens alliés viennent se réfugier dans l'enceinte. Par la suite, des autochtones construisent leurs cabanes le long de la palissade, et c'est là que se font les échanges commerciaux avec les citadins, comme l'attestent aujourd'hui de nombreux artefacts archéologiques. À l'intérieur de la ville, il n'est pas rare de voir arriver une délégation pour assister à un conseil de guerre, cimenter une alliance ou obtenir des provisions.

La palissade se révélera insatisfaisante en raison de son entretien coûteux et constant. De plus, de nouveaux enjeux stratégiques apparaissent au début du XVIIIe siècle. En effet, les Iroquois ne représentent plus un danger après la Grande Paix de Montréal, signée en 1701 avec 39 nations amérindiennes lors d'un grand rassemblement haut en couleur qui a lieu sur la pointe. Par cette entente, les Français s'assurent de la neutralité des Iroquois et raffermissent leurs alliances avec plusieurs autres nations autochtones de la région des Grands Lacs. Toutefois, un an après cet accord éclate en Europe la guerre de Succession d'Espagne (1702-1713) ; les colonies françaises et anglaises d'Amérique sont donc en guerre, ce qui laisse planer une nouvelle menace. La ville se trouve exposée aux assauts de l'ennemi, le fort Chambly, au sud, étant le seul ouvrage défensif entre elle et la colonie de New York.

En 1713, le roi ordonne la construction d'une muraille de pierre pour remplacer la palissade, mais en l'absence de financement royal pour le projet et d'un plan combinant adéquatement les besoins défensifs à la topographie, seule une petite partie du mur est d'abord réalisée au sud de la place du Marché. En 1716, il devient impératif de faire inspecter les bâtiments publics et les fortifications déjà en chantier en Nouvelle-France et d'évaluer les travaux projetés. Le Conseil de Marine confie ce mandat à Gaspard-Joseph Chaussegros de Léry (**fig. 53**). Né à Toulon en 1682, ce dernier est le fils d'un ingénieur architecte. Entré à un âge précoce dans l'armée, il a obtenu le grade de capitaine dans l'infanterie après avoir participé à diverses campagnes militaires. Dès 1714, il a rédigé un traité portant sur les fortifications. Au printemps 1717, huit mois après avoir débarqué en Nouvelle-France, il arrive à Montréal. Au nombre de ses fonctions, il a la charge de concevoir et de mettre en œuvre un nouveau plan pour la construction de remparts autour de Montréal.

52 ▼

Cave voûtée, en forme d'anse de panier, Hôpital général, 1693-1694.

Après avoir inspecté les ouvrages défensifs de la ville, effectué des relevés topographiques et consulté les autorités militaires en place, Chaussegros rédige ses plans et devis. La construction des remparts commence le long de l'axe de l'actuelle rue McGill dès l'été 1717, année où est entrepris le seul autre chantier semblable en Nouvelle-France, celui de la forteresse de Louisbourg sur l'Atlantique. Tributaire de la topographie du site, le tracé des murs de Chaussegros ne se démarque de manière significative de celui de la palissade qu'au nord-ouest et à l'est. Dans ces deux secteurs, il étend les fortifications pour former un rectangle qui s'amincit d'ouest en est, intégrant la butte et sa redoute, le petit faubourg Bonsecours et la canoterie du roi (**fig. 54**). Établie au milieu des années 1690, la canoterie sert d'abord à construire, réparer et entreposer les canots et les bateaux utilisés pour le transport des soldats, du matériel et des vivres. Elle devient ensuite un important dépôt d'approvisionnement pour l'armée. Côté campagne, trois portes percent les murs. L'une d'elles donne à l'est, du côté de la route de Québec, une autre sur le chemin de Saint-Laurent menant vers le cœur de l'île, et une troisième au sud-ouest, près du couvent des récollets, dans l'alignement de la rue Notre-Dame. Du côté du fleuve et de la pointe à Callière, Chaussegros prévoit cinq grandes portes pour faciliter l'accès au fleuve, notamment la porte du Port au sud de la place du Marché, la porte du Gouvernement au sud de la place Jacques-Cartier actuelle, et la porte de la Canoterie là où commence la rue Berri actuelle.

Optimiste, Chaussegros prévoit que les remparts seront réalisés en moins de cinq ans. Son mandat initial terminé, il retourne en France en novembre 1717, peu de temps après avoir épousé, à Québec, une jeune fille issue de l'éminente famille Legardeur.

53 ▲

Portrait de Gaspard-Joseph Chaussegros de Léry (1682-1756), peint en France par un artiste inconnu vers 1745.

Musée national des beaux-arts du Québec, 67.101.

Il revient pendant l'été 1719, chargé cette fois d'une commission permanente à titre d'ingénieur des fortifications du Canada. À l'exception des années 1726 et 1727 au cours desquelles il supervise la construction d'un nouveau fort et d'un magasin du roi à Niagara, il passe chaque année de trois à cinq mois à Montréal jusqu'en 1736. Il reste alors quelques portes à construire et des travaux de finition à effectuer, ce qui demandera encore deux ans. En 1738, Montréal devient donc la première ville fortifiée française en Amérique du Nord. En 1744, à la veille de la guerre, des travaux d'amélioration sont effectués, alors que Louisbourg est complétée et qu'on entreprend les travaux de construction des remparts de Québec.

Les fondations mises au jour sur l'esplanade du Champ-de-Mars correspondent à une section du double mur de fortification côté campagne

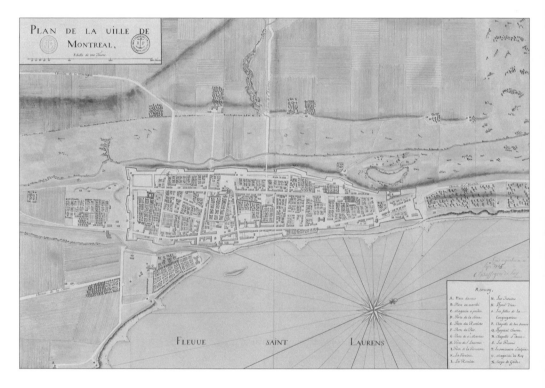

54 ▲

Gaspard-Joseph Chaussegros de Léry,
Plan de la ville de Montréal, 10 septembre
1725. Entre 1717 et 1740, Chaussegros
soumet de nombreux rapports et de
magnifiques plans en couleurs montrant
l'évolution des travaux des fortifications.

Centre des archives d'outre-mer, Aix-en-Provence,
Archives nationales, France (DFC Amérique
septentrionale 475B).

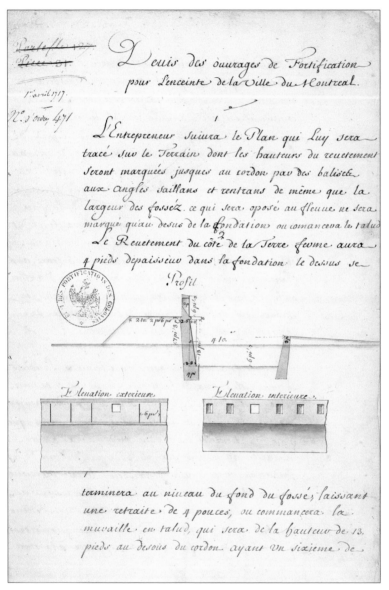

55 ◄

Coupe et élévation des murs de la fortification côté campagne, détail de *Devis des ouvrages de fortification pour l'enceinte de la ville du Montréal*, page 1, Gaspard-Joseph Chaussegros de Léry, 1er avril 1717.

Centre des archives d'outre-mer, Aix-en-Provence, Archives nationales, France (DFC Amérique septentrionale 471).

(voir fig. 49 ; **A**). Le mur intérieur ou escarpe est construit à cet endroit en 1730 par plus de 50 hommes, maçons, ouvriers manœuvres et soldats, sous les ordres de Chaussegros. Une fois terminés, l'escarpe et le parapet qui la surmonte s'élèvent à 19 pieds (un peu plus de 6 mètres) de hauteur (**fig. 55**), soit à peu près au niveau des avant-toits des maisons de deux étages de l'époque. Le parapet est percé de meurtrières et d'embrasures à canon. À l'intérieur, l'escarpe est précédée d'un rempart en terre servant de chemin de ronde le long du parapet. En 1735, on érige le mur de contrescarpe, de trois mètres de hauteur, qui forme l'autre face d'un fossé sec de 10 mètres de largeur. Appuyé à ce mur vient ensuite le glacis, une simple pente de terre. Pour atteindre la ville, un éventuel assaillant devrait donc traverser l'obstacle naturel que représente le ruisseau, gravir le glacis et franchir le fossé avant d'atteindre enfin l'escarpe, le tout sous un feu nourri, car les angles complexes des bastions et des courtines – les avancées en pointe et les murs droit entre elles – font en sorte que l'assaillant est toujours dans la mire des défenseurs. On appelle « front défensif » une section complète entre les pointes, ou capitales, de deux bastions : c'est ce que l'on voit au champ de Mars (voir fig. 49). Les fortifications de Montréal sont conçues pour résister à l'attaque éventuelle de fantassins appuyés par une artillerie légère, mais pas à un siège en règle soutenu par des canons, ce qui aurait demandé des investissements beaucoup plus considérables. C'est que l'on estime à l'époque qu'une armée des colonies anglaises ne pourrait se rendre jusqu'à la ville avec de l'équipement lourd. On ne considère pas non plus l'attaque éventuelle d'une flotte armée : côté fleuve, on se contente donc d'une muraille de maçonnerie avec banquette, sans fossé ni glacis.

La construction des fortifications offre l'occasion de proposer d'autres aménagements urbains. Chaussegros recommande en 1717 que la place adjacente à l'église Notre-Dame soit convertie en place d'Armes. Il faudra toutefois attendre le terrible incendie de juin 1721, qui détruit la basse ville autour du marché, pour que les autorités donnent suite à sa proposition (**fig. 56** ; **E**). Bien que l'ingénieur prévoie ériger des casernes du côté nord de cette nouvelle place, celles-ci ne seront jamais construites et les soldats continueront d'être logés dans les maisons de particuliers pendant tout le Régime français. Chaussegros propose aussi l'ouverture d'une nouvelle voie de circulation de largeur presque équivalente à celle des rues Notre-Dame et Saint-Paul réunies et qui s'étendrait parallèlement à ces deux rues au centre de la ville, mais le projet ne se réalise pas. Par ailleurs, à partir de 1741, on aménage un terrain de manœuvres dans le bastion des Jésuites, là où se trouve encore le champ de Mars.

Toutes les décisions ayant trait à la construction des fortifications sont prises par les autorités militaires, mais ce sont les citoyens qui assument la majeure partie des coûts des travaux. En 1730, les sulpiciens, espérant accroître les revenus provenant des droits seigneuriaux, lesquels sont plus élevés dans la ville fortifiée, demandent que la pointe à Callière et les terrains de l'Hôpital général soient inclus à l'intérieur des murs, ce qui, par ailleurs, en assurerait mieux la protection.

56 ▼

Détail du plan de Gaspard-Joseph Chaussegros de Léry de 1725, montrant la nouvelle place d'Armes et les casernes projetées au nord.

Centre des archives d'outre-mer, Aix-en-Provence, Archives nationales, France (DFC Amérique septentrionale 475ᴮ).

Les autorités n'accèderont pas à leur demande. La même année, les marchands de la ville établis près du fleuve protestent contre la construction d'un rempart de plus de 6 mètres de hauteur qui bloquera l'accès au fleuve et la vue sur le Saint-Laurent (**fig. 57**). Ils proposent plutôt de construire un quai le long de la rive. Chaussegros refuse et le ministre lui donne raison. Pour accéder au fleuve, les marchands sont donc contraints d'utiliser l'une des cinq portes principales.

UNE ARCHITECTURE DE PRESTIGE

La construction des fortifications en pierre s'effectue pendant une longue période de paix avec la Grande-Bretagne. Pendant qu'elles s'élèvent, la ville à l'intérieur des murs se refait un nouveau visage : de petit bourg construit en bois, elle devient une ville en pierre de plus en plus dense. Les institutions se donnent des bâtiments prestigieux, alors que militaires et riches commerçants construisent de grandes résidences. La reprise du commerce des fourrures, après des années de stagnation et de guerre, et la prospérité urbaine qui en découle se traduisent par l'apparition d'une architecture plus raffinée. Les nombreuses mesures que l'on prend à la suite d'incendies dévastateurs contribuent aussi à donner à Montréal son nouvel aspect.

Les chantiers du roi supervisés par Chaussegros, de même que la construction institutionnelle et résidentielle, garantissent des emplois et une formation à un nombre croissant d'artisans. Parmi ces derniers se trouvent des maçons comme Pierre Couturier ainsi que l'équipe formée par Pierre Janson dit Lapalme et son fils Dominique, qui se distinguent par leurs grandes compétences, en particulier pour des projets très ambitieux sur le plan architectural comme les façades d'églises et les portes principales de la ville.

57 ◄

*Vue de la Ville du Montréal
en Canada*, 1721.

Newberry Library, Chicago,
Edward E. Ayer Collection,
Cartes marines 105,
Ayer MS Map 110.

58 ▼

A : Gaspard-Joseph Chaussegros de Léry.
Élévation de l'hôtel de Vaudreuil, construit
en 1723 ; dessin réalisé en 1727, après la
construction de l'hôtel, pour accompagner
une proposition de vente au roi de France.

Archives nationales, Paris, Fonds de la Marine
C 7, 340, dossier Vaudreuil, 43.

B : Assiette de faïence trouvée sur le site
archéologique de l'hôtel de Vaudreuil.
Elle comporte les armoiries de Charles de
Beauharnois, gouverneur de 1727 à 1747.

Collection archéologique de la Ville de Montréal.

À titre d'ingénieur en chef du roi, Chaussegros conçoit bon nombre des principaux bâtiments de la ville entre 1717 et 1730. La construction de la prison et des cours de justice rue Notre-Dame et la reconstruction du magasin, de la boulangerie et du corps de garde du roi, place du Marché, après l'incendie de 1721, s'inscrivent clairement dans son mandat d'ingénieur du roi, alors que d'autres projets font simplement appel à sa formation d'architecte. Ainsi, Chaussegros est vraisemblablement l'architecte de la résidence privée du gouverneur Philippe de Rigaud de Vaudreuil, rue Saint-Paul (**fig. 58** ; **F**). Construite en 1723 mais détruite par un incendie 80 ans plus tard, la maison occupait une parcelle qui se trouve aujourd'hui place Jacques-Cartier : des dalles noires indiquent à cet endroit l'emplacement de vestiges archéologiques dans le sous-sol. « Gracieuse et très bien distribuée », la résidence est entièrement conçue dans le style classique d'un hôtel particulier français ; c'est l'un de ces bâtiments montréalais auxquels, depuis le XIXe siècle, on se plaît à donner le nom de « château ». L'hôtel de Vaudreuil se compose d'un corps de logis à deux étages, flanqué d'ailes ; deux escaliers semi-circulaires donnent accès à une terrasse surélevée et à une entrée. Les terrains rattachés à la propriété comprennent de grands jardins à l'arrière ainsi qu'un lot de l'autre côté de la rue Saint-Paul, volontairement laissé sans bâtiment pour assurer une vue agréable. Vaudreuil lui-même n'habitera cette maison que deux ans avant de mourir en 1725. Louée au roi, elle devient par la suite un lieu de résidence semi-permanent pour le gouvernement royal à Montréal. Quand les fortifications du côté fleuve seront construites pendant les années 1730, la porte du Gouvernement, située

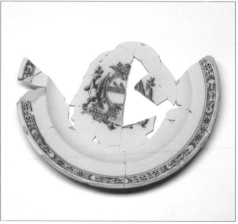

devant la résidence, deviendra l'entrée officielle des dignitaires arrivant par le Saint-Laurent.

L'augmentation de la population crée un besoin croissant des services assurés par les communautés religieuses : enseignement aux garçons et aux filles, soins des pauvres et des malades et ministère auprès des paroissiens. Ce phénomène les incite à achever des projets de construction ou à en entreprendre de nouveaux. L'architecture monumentale de la ville, à l'exception de l'hôtel de Vaudreuil, fait largement appel aux techniques de construction traditionnelles : toute ornementation stylistique coûteuse est généralement réservée aux façades. En 1706, la paroisse approuve des plans qui permettraient d'agrandir l'église Notre-Dame en avançant la façade de 20 pieds (6 mètres), mais qui proposent aussi un campanile central dont la base empiéterait sur une bonne partie de l'espace gagné. Même si les travaux progressent rapidement sur la façade, aucune décision n'est prise quant au campanile. En 1722, les marguilliers de la paroisse décident finalement de faire appel aux services de Chaussegros. L'architecte conçoit une solution intégrant deux tours flanquant de part et d'autre la façade, mais seule la tour nord sera érigée (**fig. 59** ; **G**). Au cours des années 1730, alors que la population de la ville s'élève au-delà de 2 500 habitants, l'addition de bas-côtés permet d'accroître le nombre de places assises dans l'église.

59 ◄

A : Gaspard-Joseph Chaussegros de Léry, Plan et élévation de la façade de l'église Notre-Dame, 20 juin 1722. Le dessin ne montre que l'une des deux tours projetées, mais ce sera l'autre qui sera construite !

Archives des Prêtres de Saint-Sulpice de Montréal, voûte 1, tiroir 5, nº 1521.

B : Les fondations de la tour-clocher de l'ancienne église Notre-Dame mises au jour en 2001.

Photographie : Paul Labelle.

60 ▲

Le Vieux Séminaire,
1684-1687 (corps princi-
pal), François Dollier de
Casson, architecte et
supérieur du séminaire ;
agrandissement, 1704-1713,
François Vachon de
Belmont, architecte et
supérieur du séminaire.
Le bâtiment était symé-
trique avant les modifications de 1848-1850.
130, rue Notre-Dame
Ouest.

En tant que titulaires de la paroisse et seigneurs de l'île, les sulpiciens contribuent non seulement aux rénovations de l'église Notre-Dame, mais aussi à l'agrandissement de leur propre résidence située immédiatement à l'ouest (**H**). Entre 1704 et 1713, ils ajoutent à leur bâtiment deux ailes perpendiculaires pourvues de tours d'escaliers aux deux angles, ce qui double la surface du séminaire et permet une meilleure distribution des fonctions (**fig. 60**). L'aile orientale, qui sera démolie durant les années 1840 pour faire place au nouveau presbytère, loge la procure et le parloir au rez-de-chaussée et des chambres aux deux étages supérieurs, tandis que l'aile ouest abrite la chapelle et l'infirmerie ainsi qu'une bibliothèque aux deux étages du dessus. Il est fort probable que le toit mansardé surmontant le corps central ait été remplacé à cette époque par un toit en pente afin de donner un aspect uniforme à l'ensemble. On attribue la conception de ces ajouts au supérieur des sulpiciens, François Vachon de Belmont, qui, à l'instar de son prédécesseur Dollier de Casson, a lui aussi des connaissances en architecture.

En 1730, la galerie qui, depuis 1690, relie le séminaire à la sacristie de l'église est reconstruite en pierre. Pour compléter la rénovation, les sulpiciens refaçonnent l'entrée principale de leur séminaire en 1740. Le portail ouvragé (**fig. 61**) est constitué de pilastres ioniques en pierre de taille supportant un entablement : il s'agit du seul élément d'architecture classique datant du Régime français à subsister encore aujourd'hui dans le Vieux-Montréal. Selon l'observation de l'historien jésuite Pierre-François-Xavier de Charlevoix, qui visite Montréal en 1721 avant que les travaux soient achevés, le séminaire est « solide & commode [plutôt que] magnifique ; on ne laisse pourtant pas de sentir que c'est la Maison Seigneuriale ». Son appréciation de l'église paroissiale adjacente est moins équivoque : elle « a bien plus l'air d'une Cathédrale que celle de Québec » !

Ailleurs dans la ville, les autres communautés religieuses se lancent elles aussi dans des projets de construction. Elles remplacent des structures rasées par le feu ou, quand les finances le permettent, agrandissent et embellissent des bâtiments. Détruits par les flammes en 1695, en 1721 et en 1734, l'Hôtel-Dieu et le couvent des hospitalières sont reconstruits chaque fois, la priorité allant aux « salles royales » où sont soignés les soldats du roi (**B**). Plus chanceuses que leurs voisines, les sœurs de la Congrégation de Notre-Dame sont épargnées par le feu et peuvent ériger une nouvelle chapelle et un pensionnat à mesure que se développent leurs activités d'enseignement (**I**). L'Hôpital général des frères Charon est quant à lui presque à l'abandon quand il est repris en main en 1747 par les sœurs de la Charité, ou sœurs Grises, congrégation nouvellement fondée par Marguerite Dufrost de Lajemmerais, veuve d'un marchand de fourrures qui sera connue sous le nom de mère d'Youville. En plus de redonner vie à l'institution, les sœurs en rénovent les immeubles (**D**).

À l'est, le long de la rue Notre-Dame, sur l'emplacement de la place Vauquelin, les jésuites, alors la plus petite communauté religieuse de la ville mais l'une des mieux dotées, occupent un ensemble de bâtiments qui incluent la chapelle de la Congrégation de la Très-Sainte-Vierge, une résidence à deux étages et une église. D'abord projetée en 1709, l'église ne sera achevée qu'une dizaine d'années plus tard et la façade en pierre de taille exécutée par Dominique Janson dit Lapalme ne sera terminée qu'en 1731 (**fig. 62** ; **J**). À l'extrémité ouest de la rue Notre-Dame, près de la rue Sainte-Hélène, les récollets, aumôniers des troupes françaises, sont largement tributaires des dons des citadins pour construire leur ensemble conventuel (**K**). Bâti sur une période de 20 ans, celui-ci est complet lorsque Chaussegros séjourne une première fois à Montréal en 1717. Il comporte la résidence des religieux ainsi que leur chapelle ouverte au public, pourvue d'une nouvelle façade en pierre de taille.

61 ◄

Portail du Vieux Séminaire, 1740. Un cartouche au-dessus de la porte indique l'année.

62 ►

Chapelle, résidence et église des jésuites dont la construction était achevée en 1731. Dessin attribué à William Bent Berczy, v. 1839.

Musée de la civilisation, Fonds d'archives du Séminaire de Québec, 1993.233.11.

■ MAISONS BOURGEOISES ET TRAITE DES FOURRURES

63 ▲

Chez les marchands ou les officiers militaires qui ont bénéficié des privilèges associés au commandement d'un poste dans les pays d'en haut, la richesse transparaît plus sobrement dans la dimension de la résidence et l'utilisation de certains ornements en pierre de taille comme les chaînages d'angle et les encadrements de portes et de fenêtres. L'hôtel de la Compagnie des Indes (**fig. 63 ; L**) en est l'exemple le plus représentatif.

Fondée en 1717 en vertu d'une charte royale, la Compagnie des Indes bénéficie de privilèges particuliers, notamment d'un contrôle absolu sur

Hôtel de la Compagnie des Indes (aujourd'hui Musée du Château Ramezay), reconstruit en bonne partie à partir de l'hôtel de Ramezay de 1705 par le maçon Paul Tessier dit Lavigne en 1754-1756.

les exportations de peaux de castor et du droit exclusif d'importer certains textiles fabriqués en Grande-Bretagne et indispensables à la traite avec les Amérindiens. Les principaux marchands de la ville protestent contre la création de ce monopole qui contrôle les prix tant en amont qu'en aval, mais en vain. La Compagnie, qui se développe et s'étend, occupe d'abord de grands locaux loués rue Saint-Paul, près de la chapelle Notre-Dame-de-Bon-Secours, puis elle achète en 1745 les terrains et la résidence de Claude de Ramezay, rue Notre-Dame.

L'hôtel de Ramezay, construit en 1705 par un ancien gouverneur de Montréal, est l'un des plus imposants édifices non institutionnels de la ville. Entre 1726 et 1745, il a été loué au roi par la famille Ramezay pour loger l'intendant. La Compagnie des Indes limite les améliorations initiales à la construction d'un entrepôt en pierre, séparé de la résidence et situé sur son côté ouest. Toutefois, à la suite d'un incendie en 1754, la Compagnie engage le maçon Paul Tessier dit Lavigne pour rebâtir presque complètement le bâtiment principal. Lorsque les travaux sont achevés en 1756, la structure occupe le double de la superficie au sol par rapport au bâtiment d'origine. Le sous-sol, qui donne sur une cour arrière, est aménagé en cave voûtée (**fig. 64**).

64 ▶

Cave voûtée de l'ancien hôtel de la Compagnie des Indes (aujourd'hui Musée du Château Ramezay).

Le nouvel hôtel de la Compagnie des Indes signale la position dominante qu'occupe l'entreprise dans le commerce des fourrures et au sein de la classe marchande montréalaise. Cette dernière a dû s'adapter et se réorganiser en fonction des restrictions commerciales et des guerres qui sévissent dans les pays d'en haut depuis les années 1680. Les années 1684 à 1715 ont été particulièrement difficiles pour les marchands-voyageurs et les équipeurs. En 1684, la guerre éclate contre les Iroquois, suivie en 1696 de l'interdiction presque complète de faire la traite dans les pays d'en haut en raison d'une saturation du marché de la fourrure de castor.

En 1715, les autorités réinstaurent le système de permis de traite à l'intérieur du continent. Cependant, même à Michillimakinac et à Detroit, au cœur des Grands Lacs, où le commerce est censé être rouvert, les commerçants se voient contraints de conclure des arrangements financiers avec le commandant du poste. Dans les postes plus éloignés ou plus rentables, le commandant exerce un monopole en concédant des droits de traite à des particuliers ou à des groupes ou, souvent, en établissant directement un partenariat avec un commerçant de Montréal qui lui fournit les marchandises de traite et supervise le commerce. C'est cette dernière méthode qu'emploieront Pierre de La Vérendrye et ses fils, sous l'appellation non officielle de Compagnie de la mer de l'Ouest, pour financer leurs explorations jusqu'au pied des Rocheuses.

65

Présentoir du Musée du Château Ramezay dans lequel sont exposés un livre de comptes (1715-1716) d'Alexis Lemoine dit Monière, une balance (1706) pour peser l'or et l'argent avec la boîte de poids qui l'accompagne et un sablier (vers 1725) servant au séchage de l'encre des écritures.

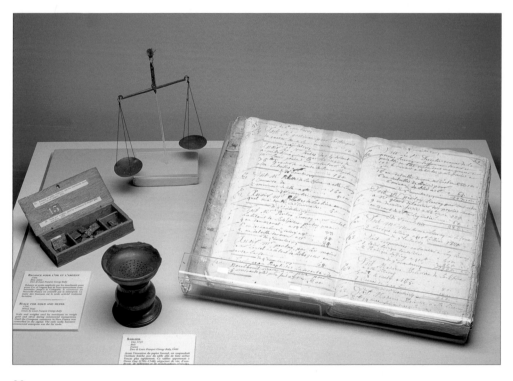

Des documents nous permettent de comprendre comment l'économie montréalaise et la traite des fourrures sont imbriquées l'une dans l'autre. Le premier est un livre de comptes du marchand Alexis Lemoine dit Monière qui ouvre un magasin général à Montréal, rue Saint-Paul, en 1715 (**fig. 65**). Entre 1715 et 1750, Monière équipe et finance 43 partenariats différents de marchands voyageurs des Grands Lacs. Le marchand ne tire de son magasin qu'un revenu d'appoint qui l'aide à compenser les déséquilibres saisonniers de la traite des fourrures. On relève dans ses comptes une entrée datée du 22 juillet 1736 pour une facture relative à des fournitures (**fig. 66**) qu'il a livrées à son beau-frère René Godefroy de Linctot, alors commandant du poste d'Ouiatanon, aujourd'hui dans l'État américain de l'Indiana. Cette cargaison est constituée principalement de textiles, de poudre à fusil, de brandy, de vin, de tabac et de menus articles. On trouve également dans cette liste des articles préparés par le tailleur Joseph Durocher, des barils fabriqués par les tonneliers de la ville et un canot d'écorce acheté à la canoterie du roi.

La comptabilité minutieuse de Monière indique aussi comment le réinvestissement des gains du commerce des fourrures contribue à soutenir les échanges de biens et services essentiels à l'économie montréalaise. Le 26 juillet 1731, Monière et les maçons Guillaume et Jean-Baptiste Valade se présentent devant le notaire Jean-Baptiste Adhémar pour officialiser un marché de construction relativement à la maison en pierre de deux étages que le marchand veut faire bâtir à l'intersection des rues Saint-Paul et Saint-Sulpice, au cœur du secteur du commerce. La maçonnerie coûte 4 300 livres mais, comme l'indiquent clairement les comptes du marchand, seulement 1 500 livres seront versées en argent. Le reste du montant sera acquitté au cours des deux années suivantes sous la forme d'échanges de biens et services couvrant : la nourriture et les articles de maison achetés dans le magasin de Monière par les frères Valade ; l'achat et l'expédition des matériaux de construction retenus par les Valade, y compris le paiement des funérailles du jeune fils d'Étienne Blot qui leur vend la chaux utilisée dans le mortier ; les salaires ainsi que le boire et le manger de leurs manœuvres et, finalement, le règlement de diverses dettes contractées par les deux frères.

66 ▾

« Facture des marchandises vendues et livrées à Mr Linctot père », 22 juillet 1736, Livre de comptes d'Alexis Lemoine dit Monière, 1733-1739.

Ville de Montréal, Gestion de documents et archives, boîte 108-3-5-4.

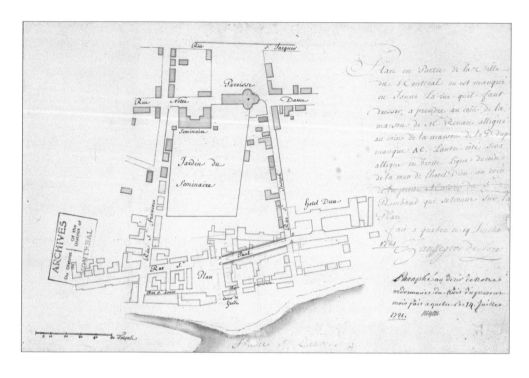

RECONSTRUCTION EN PIERRE ET PERSISTANCE DES JARDINS

67 ▲

Plan tracé en 1721 par Gaspard-Joseph Chaussegros de Léry montrant le secteur de la ville détruit par le feu; les bâtiments détruits sont indiqués en rouge, de même que le réalignement proposé de la rue Saint-Paul.

Archives nationales du Québec, Montréal, P 1000-50/188-4.

La maison de Monière remplace deux maisons de dimensions plus petites, construites à peine dix ans plus tôt, après l'incendie de 1721 qui a détruit 112 maisons – dont plus de la moitié étaient en bois – situées entre les rues Saint-Nicolas et Saint-Dizier (**fig. 67**). Chaussegros, qui arrive à Montréal peu de temps après la catastrophe, reçoit de l'intendant Bégon l'ordre d'élargir la portion de la rue Saint-Paul entre le marché et la rue Saint-Sulpice. Cette modification n'aura qu'un effet restreint si on la compare aux nouveaux règlements du bâtiment que proposera l'ingénieur en 1721. Ceux-ci, révisés en 1727, auront une grande incidence à long terme sur la trame urbaine.

Les ordonnances de 1721 et 1727 établiront de nouvelles règles en matière de protection contre l'incendie. Celle de 1721 stipule que toutes les maisons doivent dorénavant être construites en pierre et comporter deux étages. Les propriétaires ne sont plus autorisés à construire des toits mansardés, ni à utiliser de bardeaux de cèdre. Les cheminées doivent être ramonées tous les mois, et des échelles posées contre la façade et sur le toit pour faciliter ce travail. En outre, les planchers des greniers doivent être recouverts d'un mélange de briques (ou de pavés) et de mortier pour empêcher le feu de se propager du toit au reste de la maison. L'ordonnance de 1727 reprend ces mesures, mais elle autorise la construction de maisons à un étage pourvu que cet étage soit posé sur une cave et s'élève au moins à 12 pieds (4 mètres). Les caves doivent être voûtées afin d'éviter la pourriture des poutres. L'ordonnance interdit également l'utilisation du bois en façade, notamment dans les encadrements de portes et de fenêtres. Finalement, elle rend obligatoire une pratique déjà courante, celle qui consiste à prolonger les murs pignons au-dessus de la ligne faîtière pour en faire des coupe-feu. Les incendies, s'ils n'engendrent pas de développement urbain, contribuent ainsi, quoique de manière tragique, au processus de transformation continuelle de la ville.

Bien qu'il semble qu'un plan ait servi de ligne directrice aux maçons embauchés par Monière, il n'en subsiste aucune trace aujourd'hui et nous ne possédons pas d'autres représentations de la maison. Cependant, il existe un dessin détaillé en plan et en élévation d'une résidence bourgeoise similaire construite à proximité par le marchand François Soumande Delorme (**fig. 68**). La maison Soumande, qui a été reconstruite après l'incendie de 1721, sera l'une des 46 maisons rasées par une autre conflagration en 1734. Rebâtie par le maçon Paul Tessier dit Lavigne en 1735, elle comporte des éléments propres aux techniques de construction établies : des murs extérieurs porteurs massifs, percés de fenêtres à meneaux espacées régulièrement. Elle présente des caractéristiques en lien avec les mesures de prévention contre les incendies : murs coupe-feu et pierre de taille autour des ouvertures. Enfin, elle remplit des fonctions commerciales : une boutique au rez-de-chaussée et une cave voûtée pour l'entreposage. La maison Soumande se distingue par sa voûte en brique au deuxième étage, qui fournit un autre lieu d'entreposage à l'épreuve du feu pour les marchandises de traite et les fourrures.

68 ▶

Détail d'un dessin montrant la maison de François-Marie Soumande Delorme, 1735.
Cette élévation a souvent été identifiée à tort comme celle de l'hôtel de la Compagnie des Indes de Montréal ou de Québec.

Centre des archives d'outre-mer, Aix-en-Provence, Archives nationales, France (DFC Amérique Septentrionale 452B).

Malgré les divers règlements visant à prévenir la naissance et la propagation des incendies, le danger persiste. Durant l'hiver 1748-1749, Élisabeth Bégon née Rocbert note dans son journal que les journées froides, rendues encore plus rigoureuses par les vents du nord, lui font craindre qu'un feu se déclare dans une cheminée ou un foyer mal entretenu. En septembre 1754, un incendie détruit tout le secteur s'étendant de la résidence des jésuites à la chapelle Notre-Dame-de-Bon-Secours, y compris l'hôtel de la Compagnie des Indes. Deux autres incendies majeurs surviennent en 1755 et 1756, chaque fois durant les mois d'hiver.

Le processus de reconstruction entraîne une certaine densification du bâti, et la trame de la ville, à l'intérieur des murs, se complexifie de plus en plus. Historiquement, trois facteurs y contribuent. D'abord, en 1688, alors que la menace iroquoise invite à concentrer la population à l'intérieur de la palissade, une ordonnance interdit d'y posséder des terrains de plus de un arpent. Puis, en 1709, on intègre à la ville le faubourg Bonsecours qui comporte déjà un certain nombre de rues. D'autres voies sont ensuite créées pour faciliter l'exploitation de petits lotissements : c'est le cas des rues Vaudreuil, Sainte-Thérèse, Saint-Éloi et Saint-Alexis. Après ces ajouts, la trame urbaine de la ville fortifiée ne changera plus.

Cependant, un processus encore plus déterminant que la densifica-tion est en train de s'amorcer. À l'intérieur du périmètre fortifié, certains secteurs tendent à se spécialiser : les commerces se regroupent autour de la place du Marché, les institutions et les résidences des citadins les mieux nantis s'installent rue Notre-Dame, alors qu'un secteur adminis-tratif et militaire se développe autour des résidences du gouverneur et de l'intendant, puis des bureaux de la Compagnie des Indes à l'est de la rue Saint-Vincent. Cette spécialisation accrue des activités au sein de la ville, conjuguée à la hausse du coût du logement qu'a provoquée l'adoption de la pierre comme matériau de construction, favorise par ailleurs la crois-sance des faubourgs au XVIIIe siècle. Ceux-ci se développent le long des routes principales qui prennent naissance aux trois portes de la ville à l'ouest, au nord et à l'est – respectivement les faubourgs Saint-Joseph, Saint-Laurent et Sainte-Marie (ou Québec) – et, dans le cas du petit faubourg Saint-Louis, sur la bande de terre qui s'étend au nord-est, vis-à-vis de la butte, entre les fortifications et le ruisseau. Dans les faubourgs où s'installent en grand nombre artisans, journaliers, charretiers et autres gagne-petit, ce sont les maisons en bois, moins coûteuses, qui prédominent.

L'une de ces habitations en bois, la maison Brossard, a survécu rue Saint-Louis, dans l'ancien faubourg du même nom (**fig. 69 ; M**). Construite au cours des années 1750, puis agrandie au début du XIXe siè-cle, elle a retrouvé, lors d'une restauration effectuée en 1986, ses carac-téristiques architecturales d'origine. La maison est bâtie en pièce sur pièce, c'est-à-dire de pièces de bois équarries déposées les unes sur les autres puis recouvertes d'un revêtement. Le rez-de-chaussée est soutenu par des troncs massifs en cèdre, et l'ensemble de la structure repose sur des fondations en pierre à partir desquelles les cheminées s'élèvent au centre des murs pignons.

Au milieu du XVIIIe siècle, la population de Montréal atteint quelque 4 000 personnes dont les deux tiers vivent à l'intérieur des murs. Tous ceux qui occupent des fonctions de prestige dans l'administration de la colonie ou dans l'armée ainsi que l'ensemble des familles les plus aisées sont regroupés dans la ville fortifiée.

Malgré cette spécialisation progressive et l'augmentation de la valeur des terrains qui en résulte, on trouve encore de nombreux jardins dans le centre fortifié. Toujours enclos, il sont de plusieurs types, utilitaires ou d'agrément. En dépit des critiques de Chaussegros qui, pour des raisons de sécurité militaire, aimerait voir la ville se densifier, ils subsistent pen-dant toute la première moitié du XVIIIe siècle. Les ensembles des com-munautés religieuses, qui représentent toujours plus du cinquième de la superficie de la ville, renferment de grands jardins qui comprennent potagers et vergers ainsi que des sections conçues pour favoriser le recueillement et la méditation. L'un de ceux-ci, celui du séminaire, existe

69 ◄

Maison de faubourg
construite vers 1750.
Joseph Brossard,
propriétaire-constructeur ;
restaurée en 1986.
433-435, rue Saint-Louis.

toujours (**H**). Il passera au cours du siècle d'un jardin à caractère plutôt monastique, fait d'alignements de petits carrés, à un jardin formel beaucoup plus élaboré, mais il restera toutefois d'esprit français (**fig. 70**). Jusqu'à la fin du siècle, des portions y demeurent consacrées à la culture des fruits et légumes destinés à la consommation des prêtres.

Les familles Vaudreuil et Ramezay possèdent aussi des jardins d'agrément ainsi que des potagers dont elles consomment les produits. Les propriétaires moins fortunés qui ont à leur disposition des parcelles de bonne dimension cultivent des aliments frais pour leur consommation domestique ou pour les vendre au marché. Durant les années 1740 et 1750, Antoine Chéroux et sa compagne Charlotte Duret sont parmi les jardiniers les plus dynamiques de la ville. À compter de 1743 et pendant au moins dix ans, ils louent deux parcelles de jardins rue Saint-Paul près de la rue Saint-Pierre et, au début des années 1750, ils deviennent également exploitants jardiniers de trois lots à proximité, dont le plus grand, à la pointe à Callière, appartient à Paul Jourdain dit Labrosse. Comme Chéroux et Duret sont généralement obligés de payer un loyer en espèces et en nature, les documents notariés qui nous sont parvenus donnent une bonne idée de l'éventail des plantes cultivées et consommées à l'époque : ciboulette et autres herbes d'assaisonnement, choux, céleri, chicorée, légumes verts, oignons, ail, carottes, betteraves, haricots verts et groseilles.

À l'aube de la Conquête, la ville fortifiée s'est continuellement reconstruite à l'intérieur des murs. Beaucoup de bâtiments autrefois en bois sont maintenant en pierre. La ville se solidifie, se consolide. De plus, on y note un raffinement architectural accru, en particulier sur les façades des chapelles et des églises et dans les finitions en pierre de taille aux portes des fortifications. Depuis 1727, les maisons doivent être alignées en bordure de la rue, une mesure conforme à ce que l'on conçoit alors en France comme une ville bien ordonnée. Tous les bâtiments en pierre de la ville témoignent par ailleurs du savoir-faire des artisans qui ont su créer ici une architecture typique à la Nouvelle-France. Bien qu'ayant ses caractéristiques propres, cette architecture de pierre donne à Montréal l'allure d'un chef-lieu français de province. Malgré les bouleversements qui s'annoncent, c'est cette allure qu'elle conservera jusqu'à la fin du siècle.

70 ▾

Louis Guy, *Plan de la ville de Montréal*, 1794 ; détail montrant le jardin du séminaire.

Archives des Prêtres de Saint-Sulpice, Montréal, P1 : E.20/5.

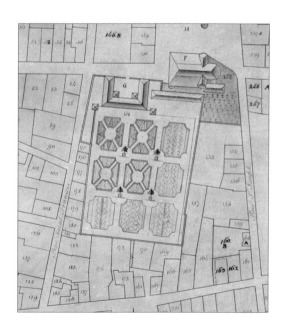

CHANGEMENT D'EMPIRE ET ADAPTATIONS

Dès le début des années 1750, la guerre entre la France et la Grande-Bretagne paraît de plus en plus imminente. Durant une inspection de l'ensemble du système défensif au Canada en 1752 et 1753, l'ingénieur royal Louis Franquet émet des commentaires défavorables concernant l'état des ouvrages fortifiés de Montréal. Il souligne en particulier que les fortifications n'ont pas été conçues pour résister à une canonnade, alors que l'on sait désormais que des troupes régulières appuyées par de l'artillerie lourde pourraient arriver des colonies britanniques.

L'éclatement de la guerre en 1754 amorce, pour la grande majorité de la population, une période trouble marquée par de nombreuses difficultés : perturbations dans le commerce des fourrures, rareté des vivres, inflation galopante et épidémies. En septembre 1759, après un long siège, Québec tombe aux mains des forces britanniques et Montréal devient alors la capitale provisoire de la colonie. Durant les mois d'été de 1760, trois armées britanniques convergent vers Montréal avec des forces nettement supérieures à celles qui sont repliées dans la ville. Le 8 septembre, devant la perspective d'une défaite certaine, Montréal capitule sans qu'un seul coup de feu soit tiré. Contrairement à Québec, la ville est matériellement épargnée.

Les décennies qui suivent la cession du Canada sont marquées par l'incertitude sur les plans institutionnel, politique et économique et par les profondes transformations sociales qu'apporte le changement de régime. Quelques semaines après la capitulation, de nombreux administrateurs, officiers et soldats sont renvoyés en France. Un second exode, moins important et constitué principalement de familles de militaires, survient en août 1764, date jusqu'à laquelle, en vertu du traité de Paris, les anciens sujets français de la colonie sont autorisés à vendre leurs biens – souvent à perte – pour quitter la province et retourner en France en toute sécurité.

Les marchands britanniques, d'abord peu nombreux, détiennent des capitaux et des relations. Pour eux, le changement de régime représente l'occasion d'acquérir des propriétés urbaines à bas prix. En août 1764, William Grant, de Québec, fait l'acquisition, en même temps, de l'hôtel de la Compagnie des Indes rue Notre-Dame et de l'ancienne propriété des LeMoyne à l'angle des rues Saint-Paul et Saint-Sulpice. Les marchands locaux, eux, s'en tirent souvent en contractant des alliances avec des Britanniques fraîchement débarqués. C'est ce que feront, par exemple, le jeune Canadien Pierre Foretier – le mot Canadien continuera longtemps à désigner la population d'origine française – et Pierre Du Calvet, un huguenot arrivé à Montréal en 1762, qui s'est lancé dans l'exportation de fourrures et de céréales. Tous deux établissent des relations privilégiées avec des maisons de commerce de Grande-Bretagne.

Dorénavant, les articles ménagers et autres marchandises de fabrication britannique remplacent ceux qu'on importait de France.

Pendant 15 ans, seuls des protestants, choisis parmi les quelques immigrants britanniques ou les huguenots, auront le droit d'occuper des postes administratifs. Ainsi, Du Calvet est nommé juge de paix par le gouverneur en 1767, fonction qu'il assume pendant huit ans. C'est l'entrée en vigueur de l'Acte de Québec en 1775 qui modifiera cette situation. Cette loi, adoptée par le Parlement de Londres, maintient le droit civil français ; elle confirme le maintien des droits de propriété et la liberté de religion des Canadiens. Contrairement à ce que souhaitaient beaucoup de Britanniques, elle ne crée pas d'assemblée législative ici comme il en existe dans les Treize colonies. Enfin, elle stipule que le territoire situé entre l'Ohio et le Mississippi, au sud des Grands Lacs, reste sous le contrôle administratif de Québec, ce qui enflamme les susceptibilités des Treize colonies.

La dégradation d'une œuvre publique à cette époque montre l'étendue des bouleversements culturels et politiques que provoque le changement de régime. Durant les années 1760, des marchands britanniques envoient à Montréal le premier buste connu du souverain George III (**fig. 71**), un geste visant à encourager la fidélité à la Couronne chez les « nouveaux sujets britanniques ». On peut imaginer quels sentiments l'œuvre, placée bien en vue au milieu de la place d'Armes, suscite chez les Canadiens. Il semble toutefois que ce soient d'« anciens » sujets britanniques nouvellement arrivés des Treize colonies qui l'utiliseront pour exprimer leur mécontentement. En 1775, à la veille de l'entrée en vigueur de l'Acte de Québec, des vandales couvrent de suie l'effigie du roi et y suspendent un panneau sur lequel on peut lire : « Voilà le pape du Canada ou le sot anglais. »

En 1775, les colonies américaines, qui se dirigent vers une rupture du lien colonial avec la Grande-Bretagne, entreprennent l'une de leurs premières grandes campagnes militaires et envahissent la province dans l'espoir de gagner la population à la cause de l'indépendance ou, à tout le moins, de neutraliser ceux qui pourraient éventuellement y faire obstacle. Après une avancée où ils ne rencontrent que peu de résistance, le général Richard Montgomery et l'Armée continentale demandent la reddition de Montréal en novembre 1775. Pierre Du Calvet est l'un de ceux qui aident à négocier les conditions de la capitulation. Durant l'hiver 1775-1776, les Américains poursuivent leur campagne militaire dans la province jusqu'au pied des remparts de Québec. Pour tenter de rallier les Canadiens, le Congrès continental envoie à Montréal trois délégués, avec à leur tête l'éminent Benjamin Franklin. Néanmoins, à la fin d'avril, lorsque la délégation décide d'occuper le siège du gouvernement – l'ancien hôtel de la Compagnie des Indes qui a été acquis depuis peu par la Couronne et abrite la résidence du gouverneur –, la position américaine

71 ▸

Joseph Wilton, *Buste de
George III*, vers 1765.
Jeté dans un puits devant
l'église Notre-Dame au
cours de l'occupation
américaine de 1775-1776,
le buste sera récupéré
60 ans plus tard.

Musée McCord d'histoire
canadienne, Montréal, M15885.

est peu prometteuse. L'armée de libération en est devenue une d'occupation. À court de vivres et d'argent, elle doit réquisitionner les provisions de citoyens et les stocks de marchands comme Pierre Foretier et
Pierre Du Calvet. Seule une poignée de loyaux sympathisants restent
fidèles à la cause des rebelles, mais ils devront battre en retraite avec les
Américains au cours des premières semaines de juin, après l'arrivée de
la flotte britannique à Québec.

Étrangement, c'est à l'occupation américaine que les Montréalais
doivent une de leurs institutions culturelles. L'imprimeur Fleury
Mesplet, Français d'origine installé à Philadelphie, accompagnait le
groupe de Franklin à Montréal. Après le retrait des troupes américaines,
il décide de rester et est emprisonné pendant un mois. Peu après, il
ouvre une imprimerie-librairie rue Capitale, près de la place du Marché.
En juin 1778, il lance, avec Valentin Jautard, un compatriote avocat, l'hebdomadaire *Gazette du commerce et littéraire*. Jautard soutient Pierre Du
Calvet dans ses démêlés avec le pouvoir colonial et la justice, et la *Gazette*
publie des lettres ouvertes condamnant le « despotisme judiciaire ».
Après diverses péripéties, Mesplet, Jautard et Du Calvet sont emprison-
nés, pour n'être relâchés qu'en 1783. Du Calvet, qui ne s'en remettra
jamais, mourra accidentellement en 1786. Fleury Mesplet, quant à lui,
relancera en 1785 un hebdomadaire bilingue, la *Gazette de Montréal –
Montreal Gazette*, l'ancêtre du quotidien *The Gazette* qui aura pignon sur
rue dans le Vieux-Montréal jusqu'en 2003. À l'époque, outre les nouvelles venues d'ailleurs et les sujets locaux de l'heure, on y trouve de la
publicité et des annonces de maisons à vendre ou à louer.

Parmi les enjeux culturels majeurs de ces années turbulentes, les affaires religieuses occupent une place très importante et les ensembles conventuels de Montréal attirent les convoitises. Les difficultés financières et les problèmes de recrutement que doivent affronter les institutions catholiques auront des répercussions sur l'utilisation de leurs bâtiments. Après la Conquête, la méfiance des Britanniques s'exerce surtout à l'égard des communautés religieuses masculines, et principalement des jésuites dont l'ordre, par ailleurs supprimé par le pape en 1773, ne sera rétabli que 40 ans plus tard. À l'instar des récollets, ils ne sont pas autorisés à recruter de nouveaux membres. Dès 1765, les autorités britanniques transforment le rez-de-chaussée de leur monastère, rue Notre-Dame, en un lieu de détention. Quant à l'église des récollets à l'extrémité ouest de la rue Notre-Dame, elle est partagée à compter des années 1760 entre les catholiques, les anglicans et les presbytériens, un arrangement qui sera de plus en plus difficile à maintenir en raison de l'expansion que connaissent les deux dernières confessions. En 1789, l'église des jésuites devient un lieu de culte réservé à l'usage exclusif de la congrégation de l'Église d'Angleterre, alors que les presbytériens construisent leur propre église en 1792, rue Saint-Gabriel, là où se trouve aujourd'hui l'annexe du vieux palais de justice (**fig. 72** ; **N**). Le père Bernard Well, dernier jésuite à résider à Montréal, meurt en 1791. Peu de temps après, les autorités confisquent la portion des terrains des jésuites situés directement en face de la maison du gouverneur et entourent cette parcelle d'une clôture de fer forgé pour en faire le jardin privé de la résidence. À la mort du dernier récollet à Montréal en 1796, la Couronne britannique s'approprie la résidence et les jardins de la communauté, dans la partie ouest du périmètre fortifié, et elle réaménage les lieux pour y installer des casernes militaires et une cour à bois. Ces nouvelles installations militaires font pendant aux installations royales à l'est, sur l'ancien terrain de la canoterie, qui sont consolidées et entièrement militarisées.

Les sulpiciens, quant à eux, se trouvent moins menacés puisque, en tant que titulaires de la paroisse, ils offrent les services religieux aux paroissiens catholiques de Montréal. Toutefois, il leur faudra des décennies pour surmonter les nombreuses difficultés qui les assaillent eux aussi. En 1764, la Compagnie des prêtres de Saint-Sulpice, à Paris, cède les titres de toutes ses propriétés canadiennes au séminaire montréalais. Toutefois, pour la Couronne

72 ▲

L'église presbytérienne St Gabriel, 1792, photographiée par Alexander Henderson vers 1865.

Archives photographiques Notman, Musée McCord d'histoire canadienne, Montréal, MP-0000.10.145.

73 ▶

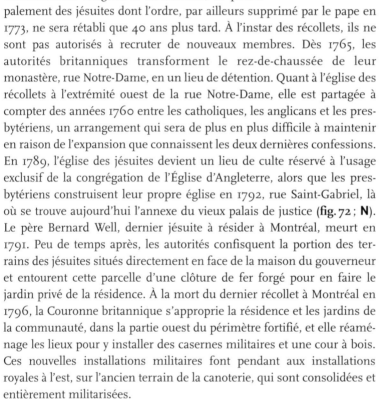

A : Chapelle Notre-Dame-de-Bon-Secours avant les rénovations des années 1880. À partir de 1847, des échoppes construites par la paroisse s'adossent à la façade ouest.

Archives nationales du Canada, Ottawa, C-024183.

B : Structure encore existante du toit d'origine de la chapelle. On discerne en bas, à l'arrière-plan, l'oculus de la façade du XVIIIe siècle ; il est masqué à l'extérieur par la façade ajoutée dans les années 1880.

britannique, ce transfert de propriété soulève d'épineuses questions qui ne seront résolues qu'en 1840. En outre, comme les sulpiciens préfèrent recruter en France, le nombre de religieux décline en raison de la disposition britannique qui interdit aux Français d'immigrer dans la colonie. La situation ne s'améliorera que dans les années 1790 quand 12 sulpiciens réfugiés en Angleterre pour fuir la Révolution française seront autorisés à venir à Montréal.

Les bâtiments et les jardins du séminaire restent en place et ne seront ni modifiés, ni consacrés à d'autres usages (**H**). L'église paroissiale desservie par les sulpiciens, rue Notre-Dame, demeure inchangée depuis les agrandissements des années 1730. À la fin des années 1750, à la suite de l'incendie de la chapelle Notre-Dame-de-Bon-Secours – qui n'en a laissé que les fondations –, les marguilliers ont projeté de bâtir une plus grande église pour accueillir la masse des fidèles, mais la guerre et la cession de la colonie ont mis fin à ces plans. En 1771, ils adoptent d'importantes mesures afin de remédier au manque d'espace : plutôt que d'agrandir encore l'église Notre-Dame, ils décident de reconstruire la chapelle et d'en tripler les dimensions. Achevée en 1773, la nouvelle chapelle Notre-Dame-de-Bon-Secours évoque la simplicité typique des églises de paroisses qui parsèment le Québec rural du XVIIIe siècle (**fig. 73 ; O**). La nef allongée est éclairée de chaque côté par quatre fenêtres en plein cintre. L'entrée, située au centre de la façade, est entourée de trois grandes fenêtres cintrées, alors qu'un oculus placé dans le pignon fournit un

éclairage supplémentaire. Cette façade existe encore, mais elle est dissimulée par la façade ornée qui a été ajoutée dans les années 1880.

Les communautés religieuses féminines – les sœurs Grises de l'Hôpital général, les sœurs enseignantes de la Congrégation de Notre-Dame et les hospitalières de l'Hôtel-Dieu – continuent d'offrir à la population des services à caractère social. Comme elles recrutent localement, elles ne sont pas touchées par les restrictions britanniques portant sur l'immigration française. Toutefois, la cession du Canada met fin aux subsides royaux auxquels elles avaient droit, et la Révolution française entraîne un gel des capitaux que les religieuses avaient investis en France. Grâce aux dons, aux revenus de leurs biens fonciers et à des travaux de couture et de blanchissage, les sœurs parviendront néanmoins à soutenir leurs communautés, à poursuivre leur mission auprès de la population locale et à reconstruire leurs installations après des incendies majeurs. Ainsi, les sœurs Grises reconstruisent en moins de un an l'Hôpital général incendié en 1765 en utilisant les murs extérieurs encore en place (**fig. 74**; **D**). Un étage supplémentaire recouvert d'une toiture à deux versants remplace l'ancienne mansarde. La Congrégation de Notre-Dame reconstruit aussi son bâtiment incendié en 1768.

74 ◀

Religieuses de la congrégation des sœurs de la Charité (sœurs Grises) de Montréal devant l'ancien Hôpital général. D'anciens arcs de charge sont encore visibles au-dessus de fenêtres munies plus tard de jambages et de linteaux. Il est probable que la pierre a été recouverte d'un crépi blanc, comme c'était l'usage pour les bâtiments en mœllons.

Le changement de régime a provoqué une période trouble pour les Montréalais, marquée par de profonds bouleversements sociaux et politiques. Tous ces changements n'ont toutefois pas transformé radicalement l'architecture de la ville. Les nouveaux pouvoirs politiques et militaires utilisent et adaptent des immeubles existants, ce qui contribue au maintien du profil urbain hérité de la Nouvelle-France. Il en est de même des nouveaux édifices religieux. La chapelle Notre-Dame-de-Bon-Secours reste fidèle à l'architecture du Régime français, et la nouvelle église presbytérienne reflète elle aussi des pratiques locales adaptées.

 ## LA VILLE MARCHANDE DENSIFIÉE

Les incendies de 1765 et 1768 évoqués plus haut sont dévastateurs. Montréal, qui a été épargnée par les canons britanniques, est cette fois durement éprouvée. L'incendie de mai 1765 se propage dans le secteur commercial de la ville autour de la place du Marché, détruisant environ 110 maisons, puis s'étend au-delà des murs jusqu'à la pointe à Callière où il réduit en cendres l'ancien hôtel de Callière et l'Hôpital général. En avril 1768, un autre incendie rase, en plus du couvent de la Congrégation de Notre-Dame, la prison et 88 maisons situées entre la rue Saint-Jean-Baptiste et l'hôtel de Vaudreuil. Ainsi, en trois ans à peine, le feu dévore près de la moitié de la ville fortifiée. Au cours des décennies suivantes, la ville sera rebâtie, cette fois de manière beaucoup plus dense.

C'est dans un contexte économique d'abord incertain, puis dans celui d'une économie réadaptée que la ville se transforme. Les années d'après-guerre sont difficiles à plusieurs égards. Le commerce des fourrures, perturbé, est graduellement réorienté vers le nord-ouest du continent. Par ailleurs, la guerre de l'Indépendance américaine (1776-1783) fait fuir des Treize colonies ceux qui demeurent fidèles à la Couronne. Beaucoup de ces Loyalistes s'installent dans ce qui deviendra le Haut-Canada, la province d'Ontario actuelle, ce qui ouvre un nouveau débouché pour les marchands et, indirectement, pour les artisans et fabricants. Les marchands montréalais vendent des produits fabriqués ici – bottes et souliers, savon, chandelles, tonneaux – ou importés de Grande-Bretagne et reçoivent en échange potasse et perlasse, blé, farine et douves.

En 1770, la maison de trois étages que fait bâtir Pierre Du Calvet à l'intersection des rues Saint-Paul et Bonsecours est représentative des habitations que construisent marchands et artisans prospères après les grands incendies (**fig. 75 ; P**). Elle respecte intégralement les techniques de construction adoptées sous le Régime français, à tel point qu'on peut aujourd'hui décrire cette maison comme un archétype de la maison urbaine de la Nouvelle-France... construite sous le Régime britannique !

75 ◀

Maison Du Calvet,
1770-1771. Construite
pour Pierre Du Calvet,
négociant.
401, rue Saint-Paul Est.

L'importance de la protection contre le feu explique en grande partie la persistance de cette façon de faire. Les ordonnances du Régime français, toujours en vigueur, sont respectées avec le plus grand zèle après les incendies des années 1760. Conformément à la réglementation, la maison Du Calvet est en pierre. Les murs pignons, devenus des coupe-feu, intègrent les cheminées et séparent l'avant-toit de ceux des immeubles voisins, pratique qui se généralise et qu'on utilise même quand il n'y a pas de maison mitoyenne. Toujours selon la réglementation, le pourtour des ouvertures est en pierre de taille et le plancher du grenier est recouvert d'un assemblage de briques et de mortier. À l'origine, une échelle était installée sur le toit pour permettre le ramonage mensuel obligatoire.

La maison Du Calvet témoigne de diverses autres pratiques traditionnelles qui restent en usage après la Conquête. Construits dans une pierre calcaire grise locale grossièrement taillée, les murs font plus de deux pieds (0,65 mètre) d'épaisseur au rez-de-chaussée, mais ils s'amincissent progressivement à chaque étage. Pour les empêcher de se déformer vers l'extérieur sous le poids, des tirants en fer sont ancrés dans des poutres et se terminent par des esses en façade. Le toit à forte pente – sa hauteur est égale à près de la moitié de la profondeur de la maison – permet la pleine utilisation des combles comme grenier et empêche la neige de s'accumuler. Le chaînage d'angle est aussi en pierre de taille. Enfin, les fenêtres à deux vantaux, à la française, sont garnies de petits carreaux et leur hauteur se réduit depuis le rez-de-chaussée jusqu'au dernier étage. Au niveau de la rue, elles éclairent la boutique du marchand, tout en lui assurant une visibilité accrue du fait que la maison est construite en bordure de la rue. Cet alignement réglementaire des façades le long des voies publiques permet en plus à ce prospère marchand de faire une utilisation optimale de son terrain.

D'autres caractéristiques du Régime français sont non seulement maintenues mais amplifiées à la fin du siècle. La pierre, déjà dominante avant 1760, devient omniprésente dans la ville fortifiée. De plus, on note toujours une grande mixité dans l'usage des bâtiments. Ils abritent à la fois le lieu de résidence et l'espace consacré à une activité artisanale, commerciale ou professionnelle, ou encore à l'entreposage. Cette mixité, toutefois, se traduit différemment. Certaines pratiques évoluent : alors qu'on entreposait dans les caves voûtées des bâtiments, on construit maintenant de plus en plus d'entrepôts, soit à côté des maisons, avec façade sur rue, soit dans les cours. Beaucoup de marchands ajoutent des étages à leur bâtiment.

Les deux bâtiments construits rue Saint-Vincent pour Edward William Gray, shérif de Montréal à partir de 1764, forment un ensemble résidentiel et commercial utilisant toute la largeur du lot, ce qui ne laisse qu'un passage vers l'arrière (**fig. 76** ; **Q**). Alors que le plus grand bâtiment abrite la résidence, Gray utilise le plus petit comme entrepôt pour les biens qu'il doit parfois saisir dans le cadre de ses fonctions, ou encore pour les marchandises qu'il importe en tant que négociant-commissionnaire et commissaire-priseur. On reconnaît par ailleurs clairement l'esprit Nouvelle-France dans ces deux bâtiments mitoyens.

76 ▶

Entrepôt (à gauche) et maison adjacente construits respectivement en 1773 et 1785 pour Edward William Gray au 427-437 rue Saint-Vincent. Après un incendie en 1968, les deux bâtiments restaurés ont retrouvé leur apparence du XVIIIᵉ siècle.

77 ◄

Maison McTavish, construite pour Richard Dobie, 1786, et louée au négociant Simon McTavish de 1786 jusque vers 1793. 417-425, rue Saint-Jean-Baptiste.

78 ▼

Entrepôt (à droite) construit pour Forsyth Richardson and Company en 1793 (rehaussé plus tard), près de l'angle des rues Notre-Dame et Saint-Gabriel.

Université McGill, Bibliothèque d'art et d'architecture Blackader Lauterman, Collection d'architecture canadienne, Archives Traquair, 101353.

Rue Saint-Jean-Baptiste, le négociant Richard Dobie fait construire au milieu des années 1780 un autre ensemble constitué à l'origine d'une résidence spacieuse de deux étages et d'un entrepôt distinct. Les deux bâtiments séparés ont façade sur rue, et un passage entre les deux donne accès à la cour arrière. Dobie loue la maison pendant huit ans au baron de la fourrure Simon McTavish qui deviendra l'un des associés à la tête de la Compagnie du Nord-Ouest. McTavish achète la propriété en 1795 et engage, quatre ans plus tard, le maçon François Barsalou pour l'agrandir jusqu'à l'entrepôt afin de ne faire qu'une grande résidence de l'ensemble, les bureaux et entrepôts de la Compagnie du Nord-Ouest étant situés rue Saint-Gabriel. Le passage qui séparait les deux anciens bâtiments est réduit à une porte cochère (**fig. 77 ; R**).

McTavish devient ainsi l'un des premiers marchands montréalais à dissocier son lieu de résidence de son lieu de travail, qui n'est toutefois qu'à cinq minutes de marche. Créée à la fin des années 1770, la Compagnie du Nord-Ouest est un regroupement de particuliers et d'entreprises

commerciales faisant le commerce des fourrures dans la vaste région à l'ouest des Grands Lacs. Elle est établie de manière permanente durant l'hiver 1783-1784 afin de supprimer la ruineuse concurrence et les coûts élevés auxquels font face les marchands qui travaillent à leur compte. Les premiers dirigeants de la Compagnie – ceux dont l'entreprise commerciale domine le regroupement –, les frères Benjamin et Joseph Frobisher, sont bientôt à la tête d'une entreprise de grande envergure engageant plus de 250 voyageurs et nécessitant des capitaux et un crédit considérables.

Après le décès de Benjamin en 1787, Simon McTavish devient l'associé de Joseph Frobisher. Sous sa direction, la Compagnie du Nord-Ouest connaîtra un essor fulgurant. Elle absorbera ses concurrents montréalais et étendra son territoire au-delà des Rocheuses. Selon certaines estimations, ses exportations annuelles se chiffreront à la fin du siècle à plus de 150 000 £, une somme colossale. À l'origine, la société des frères Frobisher dirigeait le regroupement depuis des bureaux et des magasins construits sur une parcelle de terrain relativement petite, à l'angle des rues Saint-Gabriel et Sainte-Thérèse. Au début du XIXᵉ siècle, le regroupement, maintenant sous la conduite de McTavish, Frobisher & Company, est propriétaire d'un immense terrain délimité par les rues Saint-Paul, Saint-Gabriel, Sainte-Thérèse et Vaudreuil. Au 94 de la rue Sainte-Thérèse s'élève encore aujourd'hui un vestige de cette vaste entreprise commerciale (**S**).

Les cours arrière des propriétés des commerçants accueillent de plus en plus fréquemment des bâtiments conçus pour des besoins spécifiques. C'est le cas, par exemple, du vaste entrepôt de deux étages construit en 1793 pour Forsyth Richardson and Company à l'arrière d'un lot, à l'angle des rues Notre-Dame et Saint-Gabriel (**fig. 78**; **T**). Cette entreprise concurrence la Compagnie du Nord-Ouest, mais elle n'atteindra jamais sa taille, même après la fondation, en 1798, de la Nouvelle Compagnie du Nord-Ouest, dite la « XY », dont elle est l'un des fournisseurs. Parallèlement aux marchands de fourrures, d'autres commerçants font aussi construire de plus en plus d'entrepôts à l'arrière de leurs immeubles, qui généralement logent à la fois leur entreprise et leur résidence. Certains artisans dont les activités connaissent une croissance font construire des ateliers spécialisés comme des forges, des boulangeries ou, plus rarement, des distilleries ou des brasseries dans les arrière-cours.

La densification de la population et l'essor économique obligent à maximiser l'utilisation de l'espace (**fig. 79**). Celui qui était jusque-là alloué aux jardins et vergers diminue rapidement à

79 ▼

Détail d'un plan attribué à Jacques Viger, vers 1810, établi à partir d'un original tracé par Louis Charland en 1805, lui-même une version augmentée d'un plan produit par Charland en 1804 pour les commissaires responsables de la démolition des fortifications.

Musée de la civilisation, Fonds d'archives du séminaire de Québec, X-29.

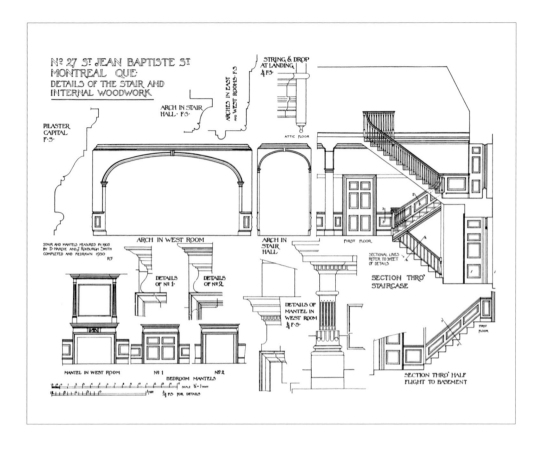

80 ▲

Planche de dessins
représentant les détails
décoratifs intérieurs de
la maison McTavish.

Tiré de l'ouvrage de Ramsay
Traquair, *Old Architecture of
Quebec*, 1947, p. 124.

l'intérieur de la ville fortifiée. La culture maraîchère se pratique surtout
sur les parcelles plus vastes des faubourgs et dans les fermes établies sur
les flancs du mont Royal. On ne trouve plus à l'intérieur des murs qu'une
soixantaine de jardins de bonne dimension, tous encore privés, aux
extrémités est et nord-ouest de la ville.

À la fin du XVIIIe siècle, la ville fortifiée devient de plus en plus une
enclave commerciale où cohabitent les citoyens les mieux nantis. Bien
que la population civile de la ville fortifiée atteigne maintenant
3 000 habitants, elle ne représente qu'à peu près le tiers de la population
totale de la ville et de ses faubourgs et se compose principalement de
négociants, de marchands, de professionnels et de maîtres artisans aisés.
Le tissu urbain s'est resserré. Hormis les espaces institutionnels qui
restent, presque toute la ville à l'intérieur des murs est couverte de bâtiments, dont plus de 90 % sont en pierre.

INNOVATIONS DISCRÈTES

Des signes d'un nouveau « goût anglais » apparaissent dans la ville, surtout dans des ouvrages de menuiserie intérieurs ou extérieurs disséminés ici et là. Ainsi, la maison rénovée de Simon McTavish qui présentait des caractéristiques héritées du Régime français (voir fig. 77) possédait aussi à l'époque un portail ornementé s'ouvrant sur un hall central, disposition très présente dans l'architecture géorgienne (**fig. 80**). Rue Notre-Dame, la résidence du marchand William Maitland, construite en 1796 par François-Xavier Daveluy dit Larose, était ornée d'un portail néoclassique.

Les boiseries, les marbres des cheminées, certains autres éléments de la décoration intérieure et du mobilier dénotaient également l'arrivée de nouvelles modes européennes, surtout britanniques (**fig. 81**). On peut aisément supposer que la famille du major Campbell, officier britannique responsable des Affaires indiennes qui se fait construire une maison rue Bonsecours en 1785, meuble cette dernière dans le goût anglais (**fig. 82 ; U**). En revanche, lorsqu'ils font appel au maître maçon Jean-Baptiste Cérat dit Coquillard, les Campbell adoptent les traditions du Régime français.

81 ▶

Horloge grand-père portant l'inscription « Montréal, 1791, Atkinson & Peterson ». On ne trouve dans les documents d'époque que des références aux marchands associés Atkinson et Pattinson.

Musée du Château Ramezay.

Le pouvoir colonial britannique instaure par ailleurs de nouvelles pratiques de gestion et d'aménagement de la ville. À partir de 1764, les juges de paix, en plus d'assumer leurs fonctions d'officiers de justice, formulent et exécutent les ordonnances qui finissent par englober une foule de réglementations particulières. Ces dernières, qui concernent autant les marchés et tavernes que les mendiants ou la réfection des rues, constituent les rouages essentiels de l'administration de la ville. Toutefois, malgré ces responsabilités administratives croissantes, les magistrats ne perçoivent, jusqu'à la fin du siècle, aucun impôt qui leur permette de financer des améliorations aux installations publiques.

Les premières installations portuaires sont aménagées à partir des années 1780 à la pointe à Callière, où un hangar à canots construit par les Labrosse est déjà utilisé par les marchands de la ville. Ce sont des particuliers comme Gabriel Franchère et Maurice Blondeau qui y construisent des quais permanents en bois et des entrepôts en pierre. Le pavage des rues, même si on tente de le faire réglementer par les

juges de paix, repose encore sur l'initiative individuelle ou l'action concertée de propriétaires. Depuis le Régime français, les particuliers sont responsables d'entretenir un trottoir devant leurs propriétés. Vers la fin du siècle, on commence à les faire en larges dalles de pierre, mais ce sont encore les propriétaires des maisons bordant les rues qui doivent s'en charger. En 1786, une souscription publique permet de paver la place du Marché. Vers 1790, ce sont encore des particuliers qui font paver des tronçons des rues Notre-Dame et Saint-Paul. Les juges de paix, désireux d'encourager ces initiatives mais n'ayant aucun moyen financier à leur disposition, tentent d'assurer une certaine uniformité en passant, en 1790, un règlement qui oblige à «faire tirer une ligne de niveau» avant de paver un bout de rue.

Dès les années 1760, des propriétaires se regroupent pour fonder une société de secours mutuel contre l'incendie et acquièrent les premières pompes à feu de la ville, des modèles manuels fabriqués en Angleterre. À la toute fin du siècle, le risque croissant de contamination de l'eau potable incite quelques personnes à mettre sur pied une compagnie qui entreprend la construction d'un aqueduc devant conduire l'eau du mont Royal jusqu'à la ville. Par mesure d'hygiène et à l'instigation des pouvoirs publics, les autorités de la paroisse et les congrégations protestantes déplacent vers les faubourgs les cimetières aménagés à l'intérieur des murs depuis la fin du XVIIe siècle. En 1796, les juges de paix se voient accorder des pouvoirs accrus. La création d'un impôt foncier leur donne enfin la possibilité d'agir plus efficacement, mais les effets de cette nouvelle mesure ne se feront vraiment sentir que dans les décennies suivantes.

82 ◄

Maison, vue de l'arrière, construite
rue Bonsecours pour John Campbell,
1785, par Jean-Baptiste Cérat dit
Coquillard, maçon.
Achetée et transformée plus tard
à l'avant par la famille Papineau,
elle est connue sous le nom de
maison Papineau. Cette façade n'est
visible qu'à partir d'une cour privée.

Jusqu'à la Conquête, la ville était construite suivant des traditions et des savoir-faire français, adaptés aux conditions locales. Ainsi, en 1760, les Britanniques prennent possession d'une ville qui présente des caractéristiques propres à la Nouvelle-France. Au cours des 40 années qui suivent, la ville à l'intérieur du périmètre fortifié est plusieurs fois reconstruite, à la fois pour répondre aux besoins croissants de la population et pour remédier à la destruction provoquée par les incendies. La trame de rues demeure toutefois la même, tout comme les méthodes de construction, et cela est apparent surtout dans la maçonnerie. Les importations britanniques supplanteront vite les articles et produits français dans les maisons. De la même façon, les ébénistes nouvellement arrivés seront à la source de nouvelles façons de faire parfois visibles sur les immeubles ; toutefois, les maçons formés à l'école de Nouvelle-France garderont le haut du pavé jusqu'à la fin du siècle, ce qui contribuera à conserver son caractère propre à la ville fortifiée.

Les fortifications, quant à elles, fournissent alors un important sujet de discussion à propos de la nature même de la ville et de son développement. Depuis la fin de l'occupation américaine, il n'est plus question que de les démolir. Au cours des années 1790, beaucoup de citadins exercent des pressions en ce sens sur les autorités coloniales. La démolition des remparts au début du XIXᵉ siècle marquera une nouvelle étape dans le développement du Vieux-Montréal.

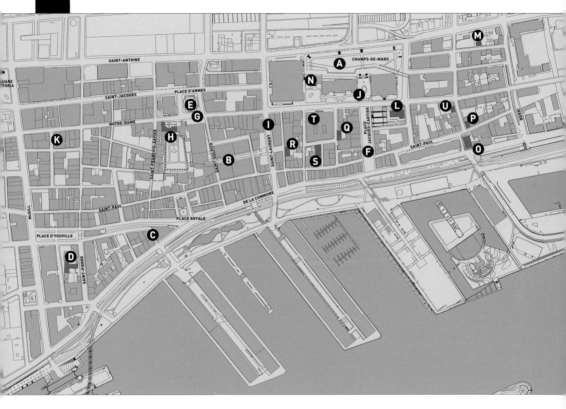

A Vestiges des fortifications sur l'esplanade du Champ-de-Mars

B Site de l'Hôtel-Dieu ; maintenant ensemble dit Cours le Royer

C Site de la résidence de Callière ; rue de Callière

D Hôpital général des frères Charon, pris en charge par les sœurs Grises

E Place d'Armes

F Site des vestiges de l'hôtel de Vaudreuil ; dallage noir

G Emplacement de la première église Notre-Dame

H Séminaire de Saint-Sulpice et ses jardins

I Site du couvent de la Congrégation de Notre-Dame

J Site du couvent des jésuites

K Site du couvent des récollets

L Hôtel de la Compagnie des Indes, maintenant Musée du Château Ramezay

M Maison Brossard dans l'ancien faubourg Saint-Louis

N Emplacement de l'église presbytérienne St Gabriel

O Chapelle Notre-Dame-de-Bon-Secours

P Maison Du Calvet

Q Entrepôt et maison construits pour Edward William Gray

R Maison McTavish

S Partie restante des entrepôts de la Compagnie du Nord-Ouest

T Emplacement de l'entrepôt Forsyth Richardson and Company

U Maison Campbell (plus tard maison Papineau)

COMMERCE

83 ▲

Bas-relief illustrant le commerce qui ornait la façade
de l'ancien siège social de la Banque de Montréal, 1819.
La figure allégorique du Commerce semble confier
un document à un enfant portant les attributs du dieu
Mercure (Hermès), protecteur du commerce, des
échanges et des voyages. Hall de la Banque de Montréal ;
119, rue Saint-Jacques.

Gilles Lauzon, Alan M. Stewart

Le centre bourgeois
nouvelle façade de la ville

1800 · 1850

Les fortifications de Montréal sont démolies au début du XIXe siècle. Le centre de la ville, libéré de ses murs, sera encore reconstruit mais, cette fois, son image et sa texture se modifieront. D'une part, des activités nouvelles se déroulant à plus grande échelle influent sur la forme des bâtiments et de la ville ; d'autre part, un discours architectural tout aussi nouveau commence à distinguer les façades de l'ancien centre. Une nouvelle société prend forme, dans laquelle la propriété du capital, des marchandises, des bâtiments, des moyens de production et de transport – et non plus les privilèges aristocratiques de l'Ancien régime – devient le levier le plus puissant pour accéder au pouvoir et à la reconnaissance sociale. Bref, c'est aux bourgeois que reviendront les grandes décisions. Montréal, par son appartenance à l'Empire britannique, est en contact direct avec la révolution industrielle anglaise ; néanmoins, jusqu'au milieu du siècle, son univers demeure pour l'essentiel préindustriel, encore loin de la grande industrie mécanisée. Des changements dans l'organisation sociale se manifestent pourtant. La ville entre en fait dans une période de transition et, comme pour faire contrepoids à cette situation, elle se donne des airs de pérennité, adoptant des modèles architecturaux qui puisent dans l'Antiquité.

Les immigrants qui arrivent d'Irlande, d'Angleterre et d'Écosse trouvent une société en pleine transformation. L'apport culturel britannique, porteur des courants européens de l'époque, donnera une couleur particulière à la ville, et surtout à son centre. Cet apport prend racine d'autant plus rapidement que Montréal, en plus d'être au cœur de la plaine prospère qui l'environne, constitue la porte d'entrée du Haut-Canada qui se consolide à l'ouest. La ville devient ainsi la capitale économique du Bas et du Haut-Canada (Québec et Ontario). Elle sera aussi, mais pendant cinq ans seulement, la capitale politique du Canada-Uni... Quoique modeste à l'échelle de l'Empire britannique, ce rôle de capitale politique et économique marquera le centre de façon spectaculaire.

LE PLAN DES COMMISSAIRES

84 ▶

Plan attribué à Jacques Viger, vers 1810, établi à partir d'un original tracé par Louis Charland en 1805, lui-même une version augmentée d'un plan produit par Charland en 1804 pour les commissaires responsables de la démolition des fortifications.

Musée de la civilisation, Fonds d'archives du séminaire de Québec, X-29.

En 1791, le colonel Gother Mann, ingénieur royal en chef de la colonie, comme Gaspard Chaussegros de Léry l'a été bien avant lui, dépose un rapport en vue de la démolition des fortifications de Montréal. Il propose, outre le démantèlement des murs, d'araser la butte équipée de canons, d'ouvrir de grands axes de circulation, de créer une rue en bordure du fleuve. Le projet est relancé au tout début du XIXᵉ siècle, cette fois sous la responsabilité de trois commissaires, des notables montréalais nommés à cette fin par le gouverneur du Bas-Canada. On entreprend à cette époque des travaux similaires dans plusieurs anciennes villes fortifiées d'Europe. Le plan des travaux de réaménagement, tracé en 1804 par l'arpenteur Louis Charland dans l'esprit des propositions de Mann, est mis en œuvre sous l'autorité des commissaires. Pour cette raison, il sera connu sous le nom de « plan des Commissaires » (**fig. 84**).

La démolition des murs commence dès 1804. L'espace jusque-là occupé par les murailles, les fossés et les glacis permettra d'augmenter considérablement la superficie utile du centre, qui s'approchera ainsi du kilomètre carré que couvre aujourd'hui le Vieux-Montréal. Charland, qui est aussi inspecteur des chemins, supervise les travaux jusqu'à son décès en 1813. Il est alors remplacé par un Montréalais de 26 ans, Jacques Viger. Cet homme de culture, issu d'une vieille famille montréalaise d'artisans, habite rue Bonsecours avec Marie-Marguerite La Corne, ex-veuve d'un officier britannique qu'il a épousée en 1808. Viger assumera longtemps l'importante responsabilité des travaux de voirie de la ville et il jouera bien d'autres rôles...

Le plan élaboré en 1804 est respecté dans ses grandes lignes pendant sa réalisation, sous Charland puis Viger, malgré des modifications touchant certains projets d'embellissement. La démolition des murs est à peu près terminée en 1810 ; les nouveaux aménagements, réalisées à mesure que les lieux sont dégagés, se poursuivent jusqu'en 1817.

De grandes avenues ceinturent désormais la vieille ville. Du côté du fleuve s'étend la rue des Commissaires, actuelle rue de la Commune, équipée de chemins de descente en pente douce vers la berge. Entre l'ancien espace fortifié et la pointe à Callière, on canalise la Petite Rivière ; des voies de circulation longent le canal des deux côtés. Le ruisseau au nord de la vieille ville est lui aussi canalisé au milieu de la nouvelle rue Craig, devenue depuis la rue Saint-Antoine. La rue McGill, de 80 pieds de largeur (24 mètres), marque désormais la limite ouest du centre de la ville. Ces grandes voies publiques, plus commodes que les rues centrales étroites, créent à la fois une jonction et une démarcation entre le centre et les faubourgs. Certaines rues du centre sont par ailleurs prolongées vers les faubourgs.

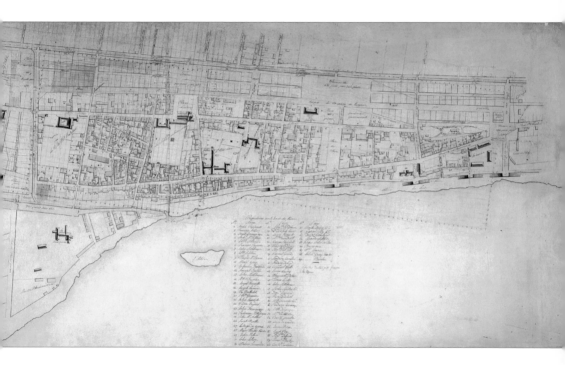

Une nouvelle place publique marque l'extrémité nord-ouest de la ville centrale : c'est d'abord le marché au foin qui s'y installe. Un projet de square décoré d'un bassin, qui aurait prolongé la place d'Armes jusqu'à la rue Craig, est abandonné. Le champ de Mars, partie intégrante du plan de 1804, est quant à lui aménagé à compter de 1813 (**fig. 85** ; **A**). Cette esplanade bordée d'arbres surplombe la nouvelle rue Craig et le nord de la ville. Le vaste espace destiné aux manœuvres et parades militaires devient également un lieu de promenade. Il est le premier espace public conçu comme un lieu d'agrément à être aménagé à Montréal. Jusque-là,

85 ◄

Dessin de John Elliott
Woolford représentant le
champ de Mars vers 1819
et montrant, de gauche à
droite : la prison, le palais
de justice et, au bout de
la rangée d'arbres,
l'église St Gabriel.

Archives nationales du Canada,
Ottawa, C-99543.

les jardins étaient privés et les espaces publics d'abord vus comme des lieux utilitaires, les contacts sociaux s'y faisant par surcroît. On va désormais au nouveau champ de Mars pour «voir et être vu».

La majeure partie de l'espace dégagé par la démolition des fortifications, entre la nouvelle rue Craig et la rue Saint-Jacques ainsi que le long de la rue McGill, est lotie et mise en vente. Les lots sont desservis par des allées de service comme la ruelle des Fortifications, ce qui est une nouveauté à Montréal. La vente des lots doit financer la réalisation de l'ensemble des projets prévus par les commissaires. Toutefois, de nombreux citadins ont intenté des poursuites pour les pertes subies lors des expropriations qui ont eu lieu près d'un siècle plus tôt, lors de la construction des remparts, et plusieurs ont obtenu gain de cause. Le nombre de lots et les perspectives de revenu étant moindres, on décide de réduire l'envergure des aménagements. Un nouveau tronçon de la rue Saint-Jacques, de 60 pieds de largeur (18 mètres), est ouvert comme prévu, avec sa ruelle, dans l'ouest du quartier, mais la rue n'est pas élargie à l'est de la place d'Armes, ni prolongée plus à l'est. Les rivières canalisées ne sont bordées que de simples talus de terre plutôt que de quais en pierre.

86 ▼

Vue de Montréal depuis
la butte équipée de canons,
dessinée par un artiste
anonyme entre 1814 et
1819. La butte sera arasée
peu après. On voit à
l'arrière-plan, à droite,
le champ de Mars récemment aménagé et,
à gauche, la rue Notre-
Dame.

Archives nationales du Canada,
Ottawa, 1970-188-354/355.

L'arasement de la butte qui domine le quartier depuis toujours a été envisagé en 1791, mais il n'a pas été intégré au plan de 1804 car elle fait encore partie, avec les casernes en bordure du fleuve, de la réserve militaire (**fig. 86**). On arasera toutefois la butte en 1819-1820, quand les militaires l'auront délaissée, ce qui permettra de prolonger la rue Notre-Dame vers le faubourg de Québec dit

aussi Sainte-Marie. Jacques Viger prépare un plan de lotissement du secteur et redessine un square prévu depuis 1804. Il fait approuver son plan par le gouverneur Dalhousie ; le square portera le nom de ce dernier. L'ancien domaine des récollets dans l'ouest de la vieille ville, non inclus dans le plan des Commissaires, est lui aussi cédé au développement urbain en 1818 quand les autorités militaires échangent avec un particulier, Charles W. Grant, ce vaste emplacement contre l'île Sainte-Hélène (voir fig. 3) où ils établissent un fort. Grant ouvre trois rues dans le secteur des récollets et met en vente près de 30 grands lots.

Un plan des *City and suburbs* de Montréal, produit en 1825 par John Adams, fournit un portrait de la ville d'une précision qui dépasse les meilleurs plans tracés antérieurement (**fig. 87**). Il donne en plus une bonne idée des transformations entraînées par le plan des Commissaires. On y distingue fort bien le centre redessiné, désormais entouré de grandes avenues, de canaux et de squares. Les faubourgs en expansion se déploient le long des grandes voies de circulation qui relient la ville à la campagne environnante, le monde rural étant encore relativement proche de ce que l'on appelle aujourd'hui le Vieux-Montréal ; la ville construite est alors entièrement au sud de l'actuelle rue Sherbrooke. Le plan d'Adams montre bien l'entrée du canal de Lachine ouvert l'année même, en 1825, et, tout près, le nouveau faubourg Sainte-Anne. Il permet de constater à quel point le premier quart du siècle a modifié en profondeur les liens concrets qui existaient entre le centre et les faubourgs.

87 ▼

John Adams, arpenteur ; James Deforrest Stout, graveur. *Map of the City and Suburbs of Montreal* [...], 1825.

Bibliothèques de l'Université McGill, Division des livres rares et collections spéciales.

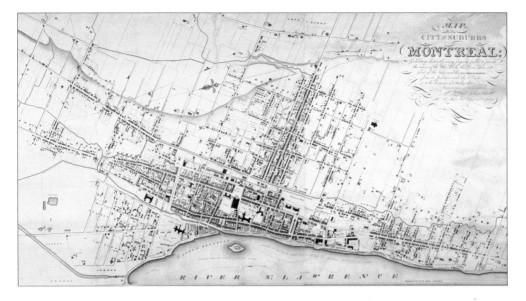

« LA VILLE » AU CŒUR DE LA VILLE

Toutefois, « la ville », comme on nomme encore l'ancien territoire fortifié même après la démolition des murs, demeure à bien des égards très
distincte des faubourgs, comme au XVIIIe siècle. Nouveauté et continuité
s'opposent ou se côtoient à mesure qu'évolue Montréal. On discerne
dans les nouvelles constructions ce mélange d'anciennes et de nouvelles
façons de faire qui est caractéristique d'une période de transition. Au
début du XIXe siècle, on continue de construire des maisons urbaines à la
manière de la Nouvelle-France, avec des murs de moellons équarris et
des ouvertures entourées de pierre taillée, mais les façades entièrement
en pierre de taille deviennent de plus en plus courantes. Deux bâtiments
construits tout près l'un de l'autre par le même maçon, Nicolas Morin,
sont achevés la même année, en 1811, rue Notre-Dame. Le premier est
construit avec une façade à l'ancienne alors que le deuxième, pour lequel
on fait appel à l'arpenteur Louis Charland à titre d'architecte, arbore des
façades nouvelle manière (**fig. 88 ; B**). Dans le deuxième cas, Antoine
Malard dit Deslauriers, bourgeois ancien manufacturier de potasse du
faubourg Saint-Laurent, a commandé à Charland les plans d'un ensemble de trois maisons contiguës à l'angle de la rue Notre-Dame et de la
nouvelle place de marché. Ce sont les façades visibles des voies
publiques qui sont construites en pierre de taille ; les murs donnant sur
cour sont érigés à l'ancienne manière. La dépense supplémentaire que
représente la pierre taillée doit être récupérée à long terme en valeur
locative. Le marchand fait construire ces maisons uniquement pour en
tirer des revenus de location, pratique de plus en plus courante dans
toute la ville en rapide croissance. Pour le reste, la forme des maisons
Malard respecte la tradition locale : toitures en pente et lucarnes. On con-

88 ◄

A : Maison construite
pour Jean-Baptiste Guillon
dit Duplessis, 1811.
Nicolas Morin, maçon.
160, rue Notre Dame Est.

B : Maison construite
pour Antoine Malard
dit Deslauriers, 1810-1811.
Nicolas Morin, maçon.
174, rue Notre Dame Est.

89 ▲

Maison construite
et occupée par Joseph
Brossard fils, maître
menuisier, vers 1830.
454, rue Saint-Louis.

tinue par ailleurs à construire en pierre dans « la ville » centrale, les règlements à cet effet étant maintenus, tandis que
l'on bâtit encore en bois dans les faubourgs (**fig. 89**).

Malard a choisi un emplacement de premier choix, au
sommet d'un grand marché dominé par un étonnant nouveau monument que l'on croirait tout droit sorti de
l'Antiquité. Toutefois, l'emplacement de ce marché a été le
fruit d'un hasard malencontreux. Dans l'après-midi du
6 juin 1803, un incendie provenant du faubourg Saint-
Laurent atteint le centre de la ville où il détruit l'ancien couvent des
jésuites occupé par l'église anglicane et la prison. Les flammes s'at-
taquent également au collège des sulpiciens pour les garçons, installé
depuis 1773 dans l'ancien hôtel de Vaudreuil, dont l'immeuble et les
jardins occupaient une grande parcelle entre la rue Saint-Paul et la rue
Notre-Dame. D'autres bâtiments sont détruits dans le secteur. Les magistrats de la ville y voient l'occasion d'établir un nouveau marché public,
plus grand que l'ancien, dans le centre. Le marché Neuf est ouvert en
1808 ; le lieu deviendra plus tard la place Jacques-Cartier (**fig. 90 ; C**). On
y prévoit d'abord un bâtiment fermé, ce qui n'existe pas encore à
Montréal, mais ce sont finalement des halles de bois, semblables à celles
de la vieille place du Marché, la place Royale actuelle, qui abritent les

90 ▶

Avant de devenir la place
Jacques-Cartier en 1847,
la place du marché Neuf
(1808) était couverte de
halles de bois.

quarante étals offerts en location aux bouchers. La promotion foncière des lots adjacents est planifiée par deux bourgeois à qui les marguilliers de Notre-Dame ont vendu la vaste propriété du collège après l'incendie : Jean-Baptiste Durocher et Joseph Périnault. Comme le stipule le contrat de vente, ces derniers cèdent d'abord gratuitement au domaine public une parcelle équivalant à près des deux tiers de l'ensemble, à condition qu'une place de marché y soit maintenue à perpétuité. Ils divisent ensuite le reste du terrain en lots qu'ils vendent en imposant une hauteur minimale de deux étages pour les nouvelles constructions ; cette exigence a pour but de maintenir une certaine valeur immobilière et donc de justifier des prix de vente relativement élevés. Les commissaires imposent la même condition rues Saint-Jacques et Craig. Cette nouvelle façon de faire à Montréal correspond aussi à une volonté d'embellissement de la ville.

En juillet 1809, on inaugure la « colonne Nelson » face à la rue Notre-Dame, au sommet de la place aménagée en pente (**fig. 91 ; C**). Après les longues années de guerre qui ont opposé la Grande-Bretagne à la France révolutionnaire puis à l'empire de Napoléon Ier, la nouvelle de la mort du vice-amiral anglais Horatio Nelson à la bataille navale victorieuse de Trafalgar, au large de l'Espagne, pousse un groupe de notables à réunir les fonds pour ériger un monument commémoratif. Le séminaire de Saint-Sulpice contribue à la collecte, histoire d'amadouer le pouvoir colonial dont dépend la reconnaissance légale de ses propriétés et de ses droits seigneuriaux. La conception du monument est confiée à l'architecte londonien Robert Mitchell. Le maçon montréalais William Gilmore le construit en pierre calcaire locale. La statue de Nelson et les bas-reliefs, dont l'un représente la bataille de Trafalgar, sont commandés à la Coade and Sealy's, entreprise anglaise qui les réalise dans une pierre artificielle imitant le calcaire anglais, la *Coade stone*. La forme du monument, directement inspirée de la Rome antique – une première au Canada –, sied par ailleurs fort bien au lien impérial que l'on veut souligner.

Depuis longtemps, les lieux du pouvoir sont concentrés dans la ville centrale, souvent le long de la rue Notre-Dame dont le rôle est consolidé. Un peu à l'est du monument à Nelson se trouve la résidence montréalaise du gouverneur du Bas-Canada et, en face, son jardin. Dès 1799, immédiatement à l'ouest du vieux couvent des jésuites, on a mis en chantier un nouveau palais de justice qui sera terminé en 1801 (**fig. 92 ; D**). C'est le premier édifice montréalais résolument construit dans le courant néoclassique alors dominant en Europe. Ce mouvement trouve ses sources d'inspiration dans l'Antiquité et dans l'interprétation qu'en a faite l'architecte Andrea Palladio pendant la Renaissance. Les arcades aveugles de l'avant-corps central sont ici la plus évidente

91 ▲

Robert Mitchell, architecte ; William Gilmore, maçon, *Monument à l'amiral Horatio Nelson, dit « colonne Nelson »*, 1809. Place Jacques-Cartier.

92 ▼

Le palais de justice de 1801.

Illustration de James Duncan tirée de Newton Bosworth, *Hochelaga Depicta*, 1839.

93 ▲

Robert Auchmaty Sproule,
*Monument Nelson et
prolongement ouest de la rue
Notre-Dame*, 1830.
On aperçoit, à gauche de la
colonne Nelson, l'une des
halles de bois du marché ;
à droite de la colonne, la
maison Malard et en face,
le corps de garde construit
devant la prison.

Musée McCord d'histoire
canadienne, Montréal,
Collection David Ross, M302.

marque de cette nouvelle architecture qui se répandra dans toute
l'Amérique du Nord britannique. Une nouvelle prison est construite
entre 1808 et 1812 dans le même esprit sur le site de l'ancien couvent.
Devant la prison, un corps de garde, lui aussi néoclassique, contribuera
encore au caractère d'autorité impériale du secteur. Le champ de Mars,
mis en chantier en 1813 à l'arrière et en contrebas du palais de justice, de
la prison et du jardin du gouverneur, complète l'ensemble.

C'est ce centre bourgeois et impérial de la ville qui intéresse les
artistes comme James P. Cockburn et Robert A. Sproule qui dessinent
des scènes de Montréal pour les vendre. La partie est de la rue Notre-
Dame représente pour eux un sujet de choix, de sorte que la maison
Malard deviendra l'un des bâtiments montréalais les mieux connus
(**fig. 93** ; **B**) ; le service d'information touristique du Vieux-Montréal s'y
installera d'ailleurs au XXᵉ siècle. Peu après sa construction, la maison est
louée à l'avocat John Boston, ce qui n'a rien d'étonnant : il s'agit d'un
secteur de prestige et, surtout, le palais de justice est à proximité.

En 1825, la majorité de la population du centre de la ville est anglophone, ce qui s'explique à la fois par le nombre d'Anglo-Canadiens nés
au pays et, surtout, nouvellement arrivés. Ce sont les plus à l'aise des
immigrants qui s'installent au centre, où ils côtoient les ménages
d'origine française les mieux nantis. Moins du quart des 22 500 habitants

de la ville habitent le centre, mais c'est le cas de la moitié des domestiques, soit 900 personnes. Les journaliers et les petits artisans habitent plutôt les faubourgs. Les ménages pauvres ne sont pas absents de la ville centrale tout comme la richesse ne l'est pas des faubourgs mais, dans l'ensemble, le clivage social entre « ville » et faubourgs reste très marqué, comme à l'époque des fortifications. Ces renseignements et bien d'autres sont alors fournis aux élites de la ville par Jacques Viger à qui on a confié le soin, avec le notaire Louis Guy, d'effectuer le premier recensement nominatif de Montréal depuis le XVIIe siècle. Les questions que Viger ajoute au questionnaire de base et la qualité exceptionnelle de ses analyses brossent un portrait social d'une rare précision.

C'est aussi dans le centre bourgeois de la ville que sont réalisés, sous la supervision de l'inspecteur des chemins Jacques Viger, la plupart des travaux publics dont rendent compte les illustrations d'époque. Les grandes voies qui relient la ville à la campagne sont recouvertes de macadam fait de pierre concassée. Les grandes rues du centre, elles, sont enfin entièrement recouvertes de pavés, comme l'avait proposé Chaussegros de Léry 85 ans plus tôt. Des trottoirs en pierre sont aussi posés, et les premiers appareils d'éclairage public à l'huile sont installés dans « la ville » en 1818, à des fins de sécurité, non sans lien avec la rapide croissance du service de guet. Une entreprise privée créée en 1801 offre par ailleurs un service d'aqueduc. La ville est bien desservie, les faubourgs très peu. Beaucoup de choses changent, mais la prépondérance de « la ville » centrale demeure, comme les clivages sociaux entre le centre et la périphérie.

 ## INNOVATION ET CONTINUITÉ

D'autres grands chantiers reliés aux services à la population sont révélateurs des rapports entre centre et périphérie et, plus encore, de la présence simultanée de nouvelles et d'anciennes façons de faire. La création d'un autre marché offrira l'occasion d'innover, alors que la reconstruction des grands ensembles conventuels combinera modèles du XVIIIe siècle et renouvellement. Dans les années 1820, on envisage de créer un autre marché dans le secteur de la Petite Rivière canalisée ; il desservira l'ouest de la ville centrale ainsi que le nouveau faubourg Sainte-Anne. Dans le projet qui est approuvé en 1827, on ne prévoit d'abord que des halles de bois, comme au marché Neuf, mais on opte finalement pour un grand bâtiment en pierre taillée. La présence de plus en plus répandue, en Grande-Bretagne, d'édifices logeant simultanément marché et autres usages et l'exemple alors récent du Quincy Market de Boston ne sont sans doute pas étrangers à ce choix. On avait gagné en superficie avec le marché Neuf, cette fois on ajoute nouveauté

94 ▶

Le marché Sainte-Anne.

Illustration de James Duncan
tirée de Newton Bosworth,
Hochelaga Depicta, 1839.

architecturale et prouesse de génie civil. Le marché Sainte-Anne conçu par l'architecte John Wells et mis en chantier en 1832 s'inscrit dans le courant néoclassique. C'est James Duncan, artiste venu d'Irlande du Nord, qui en donnera la première représentation quelques années plus tard (**fig. 94 ; E**). L'édifice est construit au-dessus de la Petite Rivière canalisée. Les 40 étals et 32 celliers mis en location occupent le rez-de-chaussée. Les déchets sont évacués par le canal que l'on a voûté, et la fraîcheur que dégage la canalisation aide à conserver les produits. Les vestiges archéologiques de ce bâtiment aujourd'hui disparu sont d'ailleurs toujours reliés au canal souterrain. Le vaste étage supérieur est conçu pour divers usages civiques et culturels. Confié à un conseil de syndics nommés parmi les juges de paix, le marché Sainte-Anne, inauguré en 1833, est le plus ambitieux des édifices publics construits jusqu'alors à Montréal.

D'autres services offerts à la population requièrent des investissements. Beaucoup de nouveaux établissements destinés aux malades, aux indigents ou aux délinquants sont situés dans les faubourgs, tout comme l'Hôpital général des sœurs Grises était autrefois hors les murs. Des écoles sont aussi construites dans les faubourgs, plus populeux que la vieille ville. En revanche, les trois grandes institutions dirigées par les religieuses dans le centre y demeurent lorsque vient le temps de faire des grands travaux, plutôt que d'être déplacées vers des propriétés rurales en périphérie de la ville. Les trois ensembles conventuels font l'objet d'agrandissements et de reconstruction quand les communautés reprennent possession, après la restauration de la monarchie des Bourbons en France, des capitaux qu'elles avaient investis là-bas avant la Révolution. Les sœurs Grises rénovent et agrandissent couvent, hospice et chapelle en deux temps, de 1820 à 1823, puis de 1831 à 1833, alors que leur ensemble (**F**) est désormais voisin du nouveau marché Sainte-Anne. Les religieuses feront les derniers agrandissements en 1847 et en 1851 (**fig. 95**). Les hospitalières de Saint-Joseph reconstruisent complètement l'Hôtel-Dieu à la fin des années 1820, et la Congrégation de Notre-Dame fait de même avec son institution d'enseignement pour jeunes filles. Les travaux permettent de moderniser et d'augmenter les installations, les besoins allant croissant pour les sœurs enseignantes comme, plus

95 ◄

L'hospice des sœurs Grises
pour les enfants trouvés,
où l'on accueillait
aussi d'autres déshérités.

Illustration de James Duncan
tirée de Jacques Viger, *Costumes
des communautés religieuses de
femmes en Canada avec un Précis
historique* [...], 1853-1854.
Bibliothèque centrale de
Montréal, 255.90097 v674cod.

dramatiquement, pour celles qui s'occupent des pauvres. Ces trois projets apparentés forment ensemble la plus importante campagne de construction que connaît la ville à cette époque. Les immeubles conservent
un style de construction proche de celui qu'on utilisait au XVIIIe siècle.
Les trois communautés louent par ailleurs des terrains pour des activités
commerciales et font construire des bâtiments locatifs en périphérie de
leur propriété, ce qui contribue à la présence accrue du commerce dans
le centre. Mais les grands travaux menés par les sœurs témoignent aussi
de la continuité des convictions religieuses, tout comme la construction
des lieux de culte.

LES NOUVELLES ÉGLISES

Le plan Adams de 1825 permet de bien situer les édifices publics et institutionnels (voir fig. 87). Il montre déjà la nouvelle église Notre-Dame, face à la place d'Armes, même si elle est encore en chantier et que l'ancienne église, qui n'est pas indiquée, occupe toujours le milieu de la rue Notre-Dame. La nouvelle église sera gigantesque pour une ville de la taille de Montréal. Il n'y a alors rien de comparable dans aucune autre ville du nord-est de l'Amérique, même à New York. Pour bien comprendre le contexte dans lequel s'inscrit la construction de cet édifice colossal, il faut d'abord faire un tour d'horizon des autres nouveaux lieux de culte.

L'édifice protestant le plus marquant par sa taille et sa qualité architecturale est la cathédrale Christ Church de l'Église d'Angleterre, seule Église officiellement reconnue par l'État (**fig. 96** ; **G**). Très admirée, la cathédrale de la rue Notre-Dame est alors à Montréal l'exemple le plus achevé d'architecture classique à l'anglaise. Les presbytériens se partagent quant à eux entre l'église St Gabriel, construite au XVIIIe siècle (voir fig. 72), les nouvelles églises St Andrew et St Paul, dans le secteur des récollets, ainsi que l'église presbytérienne américaine ouverte en 1826 rue Saint-Jacques, à l'angle de la rue McGill. Plus à l'est dans la même rue se trouve la chapelle méthodiste wesleyenne ouverte en 1821, d'inspiration classique, qui sera vendue dans les années 1840 quand la communauté fera construire tout près une église plus grande de style néogothique. S'ajoute en 1831, dans l'ouest du quartier, une petite chapelle baptiste. Les gravures anciennes nous montrent ces églises, toutes

96 ▶

James Duncan, *Intérieur de la cathédrale Christ Church*, 1852.

Musée McCord d'histoire canadienne, Montréal, M6015.

disparues, de facture architecturale souvent très simple, parfois plus élaborée. Jusqu'en 1824, la synagogue Shearith Israël, fondée en 1768, est située elle aussi au cœur de la ville, rue Notre-Dame ; la communauté construira en 1835 une nouvelle synagogue dans le faubourg Saint-Laurent. En 1840, trois chapelles protestantes seront établies dans les faubourgs, mais le centre regroupera encore la grande majorité des nouveaux lieux de culte fréquentés autant par les familles de « la ville » que par celles des faubourgs.

Une cathédrale catholique est mise en chantier à Montréal dans les années 1820, mais en dehors du centre. En effet, malgré les apparences, Notre-Dame n'est pas une cathédrale. Au début de la décennie, Mgr Lartigue, premier évêque de Montréal nouvellement nommé par Rome, fait construire cathédrale et évêché dans un secteur quasi cham-

97 ▲

Portique de l'église Notre-Dame, 1824-1829. James O'Donnell, architecte. Rue Notre-Dame, face à la place d'Armes.

pêtre au nord de la ville centrale et du petit faubourg Saint-Louis. Entre-temps, à titre de titulaires de la paroisse, les sulpiciens souhaitent ardemment que Notre-Dame continue à desservir toute la ville. La décision de remplacer l'ancienne église par un édifice majestueux n'est donc pas étrangère à la concurrence entre le séminaire et l'évêché.

L'immense église Notre-Dame mise en chantier en 1824 est conçue pour accueillir plus de 8 000 personnes (**fig. 97 ; H**). Le projet est supervisé par un comité formé d'un représentant du séminaire et d'éminents laïques de la paroisse nommés par la fabrique. Familiers avec les réseaux d'affaires britanniques et américains, les membres du comité demandent à James O'Donnell, architecte protestant de New York d'origine irlandaise qui a réalisé quelques églises, de soumettre une proposition. Le projet que présente O'Donnell s'inspire de l'architecture gothique. Celle-ci, qui trouve ses sources au Moyen Âge, n'a jamais été complètement abandonnée en Europe. Toutefois, son emploi dans les années 1820 s'inscrit dans une tendance radicalement nouvelle, non sans lien avec le mouvement romantique qui se prête bien aux retours vers le passé. Les messieurs de Saint-Sulpice paraissent très à l'aise avec l'adoption de ce style à Montréal. Le recours au langage architectural gothique est alors en vogue surtout dans le monde anglo-saxon, et c'est de là qu'O'Donnell tire les idées qu'il intègre à sa composition originale, tout en puisant aux sources françaises de l'architecture gothique. On se plaira d'ailleurs plus tard à trouver dans la façade de l'église une certaine parenté avec Notre-Dame de Paris. Quoi qu'il en soit, l'apparence de la nouvelle église est apparemment appréciée de tous, protestants comme

Philip John Bainbrigge,
Place d'Armes et église catholique, procession de la Fête-Dieu, Montréal [...],
1840.

Archives nationales du Canada, Ottawa, C-11909.

catholiques, mais son intérieur, plus protestant que catholique par son organisation spatiale rectangulaire, inondé de lumière par une grande verrière placée au fond du chœur, très dépouillé, prête plus à la controverse. Il sera radicalement transformé plus tard dans un style gothique flamboyant à la française. L'église imposante, désormais tournée vers le nord, se dresse dans le paysage urbain comme une grande cathédrale médiévale, avec tout ce que cela suggère d'élan mystique. Il y a là une évidente affirmation catholique face à la présence protestante au cœur de la ville (**fig. 98**).

Les clochers de Notre-Dame, inachevés lors de l'inauguration en 1829, seront complétés en 1841 et 1843. C'est John Ostell, architecte anglais qui a déjà fait sa marque à Montréal, qui poursuivra le travail d'O'Donnell, décédé entre-temps. L'architecte new-yorkais converti au catholicisme est enterré, comme il l'a demandé, dans la crypte de Notre-Dame. Le clocher de l'ancienne église, conservé jusque-là, est démoli. La perspective de la rue est ainsi complètement dégagée, et la place d'Armes pourra véritablement devenir un square d'agrément, dans l'esprit du plan des Commissaires de 1804.

FAÇADES DU GRAND COMMERCE PORTUAIRE

La croissance de la ville, dont témoigne la construction des églises, tient en partie au commerce d'exportation mais surtout à celui de l'importation. Le commerce des fourrures, si important au cours des siècles précédents, occupe encore une place prépondérante à Montréal au début du XIXe siècle. Toutefois, le contrôle exercé par la Compagnie du Nord-Ouest passe en 1821 à la Compagnie de la Baie d'Hudson, qui a son siège social à Londres et dont le nom indique bien le principal lieu d'ancrage, loin au nord. La ville ne joue donc plus un rôle central dans ce grand commerce. Cependant, Montréal se transforme depuis la fin du XVIIIe siècle en un important centre de transit pour les importations britanniques, ce qui tient largement à la position-clé de la ville par rapport au Haut-Canada situé en amont du fleuve. Le canal de Lachine, qui permet d'éviter l'obstacle des rapides du même nom, facilite considérablement ce commerce à compter de 1825 (**fig. 99**). Les échanges se font par ailleurs de plus en plus intenses entre la ville et la plaine rurale qui l'environne.

Le principal produit d'exportation montréalais des années 1820 est la potasse. Les entrepôts des

99 ▼

L'entrée du canal de Lachine, ouvert en 1825.

Détail d'une illustration de James Duncan tirée de Newton Bosworth, *Hochelaga Depicta*, 1839.

frères Jean et Louis-Tancrède Bouthillier à la pointe à Callière sont essentiellement construits pour ce commerce, en 1826 et 1827 (**fig. 100**; **I**). Sous-produit du défrichage des terres dans les zones rurales en développement, la potasse, obtenue par lessivage de la cendre de bois franc, sert à la confection de détergents. Parmi ses principaux usages figure le blanchiment du coton filé dans les manufactures anglaises, d'où l'importance de ce produit d'exportation. Aux entrepôts Bouthillier, la potasse est reçue de la campagne, pesée et préparée pour l'expédition derrière une façade d'esprit classique, simple mais bien affirmée grâce à des formes géométriques pures : triangles, cercles et rectangles symétriquement disposés. Les façades donnant sur la grande cour intérieure, non visibles de la rue, sont en moellons traditionnels, la pierre de taille étant réservée aux pourtours des ouvertures, comme au XVIIIᵉ siècle. Le message public véhiculé par la façade principale est clair : activité à grande échelle, nouveauté et prospérité.

Elizabeth Mittleberger, veuve Platt, commande en 1822 la construction d'une maison et d'un entrepôt qu'Isaac Shay, maître charpentier et menuisier, termine en 1823. La façade de l'immeuble donnant rue Saint-Paul signale une résidence familiale cossue de trois étages en

100 ▼

Entrepôts construits aux fins du commerce de la potasse pour les frères Jean et Louis-Tancrède Bouthillier, 1826-1827. Thomas McKay et John Redpath, maçons. 296-306, place d'Youville.

IOI

▲ **A**: Entrepôt locatif formant un ensemble avec une maison de la rue Saint-Paul, construits pour Elizabeth Mittleberger, veuve Platt, 1822-1823. Isaac Shay, entrepreneur.
3, rue de la Commune Ouest.

◄ **B**: Roue de treuil de l'entrepôt de la maison Platt qui servait à hisser les marchandises. La corde retenant la charge s'enroulait autour de l'essieu central de la roue, gros comme un tronc d'arbre.

pierre de taille. La façade de l'entrepôt donnant sur le port est plus imposante encore ; une porte cochère y donne accès à la cour intérieure enchâssée entre la maison et l'entrepôt (**fig. IOIA** ; **J**). La société Joseph Beckett & Co., chimistes et apothicaires, en est la première locataire. En 1825, la famille de Joseph Beckett n'occupe pas la maison car elle habite le faubourg Saint-Laurent. Cependant, les ménages de ses associés John Jones Syms et Charles Wilson, comptant respectivement sept et huit personnes, l'habitent. Outre les produits fabriqués sur place, la boutique et le très vaste entrepôt de la société Beckett stockent une panoplie de produits médicinaux importés (**fig. IOIB**). Fait à noter, la façade de l'entrepôt de la rue des Commissaires est en pierre de taille, tout comme celle de la maison de la rue Saint-Paul. Les nouvelles façades purement commerciales du front de mer sont aussi soignées que celles des maisons donnant sur la rue. Alors que la brique, bon marché, est facile d'accès et d'utilisation, les propriétaires de ces entrepôts optent pour la pierre de taille, matériau privilégié au centre de la ville. La rue des Commissaires est en train de devenir la façade officielle de Montréal pour ceux qui arrivent par le fleuve.

Au début des années 1830, un premier groupe de nouveaux entrepôts est construit à la pointe à Callière, face au fleuve, par l'entrepreneur charpentier John Try (**fig. 102** ; **K**). Ces entrepôts locatifs servent vraisemblablement surtout à abriter des marchandises importées de Grande-Bretagne pour être réexpédiées vers le Haut-Canada en passant par le canal de Lachine. John Try, qui gagne sa vie dans la construction, met l'immeuble en location et tire ainsi profit, indirectement, de l'activité commerciale. Même si certains commerçants possèdent leur immeuble, de plus en plus, ils sont locataires car ils préfèrent investir leurs capitaux dans les opérations commerciales. John Try trouvera le moyen de profiter autrement des retombées du commerce : il sera très actif à la Banque de Montréal dont il deviendra même l'un des directeurs.

Cette banque, qui tire surtout ses profits du financement d'opérations commerciales, a été la première à être fondée au Canada, en 1817, par des marchands de la ville ; à l'origine, elle a été connue sous le nom de Bank of Montreal. D'abord installée rue Saint-Paul, elle déménage en 1819 dans son propre immeuble, rue Saint-Jacques, à proximité de la place d'Armes. Les dirigeants de la banque font décorer leur nouveau bâtiment

102 ▼

Entrepôts locatifs construits par John Try, entrepreneur charpentier et architecte, 1831. 287-305, rue de la Commune Ouest.

103 ◄

Bas-relief illustrant la navigation qui ornait la façade de l'ancien siège social de la Banque de Montréal, 1819.
Un mât, une ancre et une carte marine entourent la figure allégorique de la Navigation.
Hall de la Banque de Montréal ;
119, rue Saint-Jacques.

d'un remarquable ensemble de quatre bas-reliefs fabriqués en pierre artificielle par la Coade and Sealy's. Les sculptures, bien inscrites dans le courant artistique néoclassique, offrent une vision idéalisée du monde. Quatre figures allégoriques inspirées de l'Antiquité, entourées de divers attributs ou de symboles, représentent l'agriculture, les arts et métiers et, bien sûr, le commerce et la navigation (**fig. 103** ; voir aussi fig. 83).

L'importance pour la ville du lien fluvial ne fait aucun doute, et le besoin de bonnes infrastructures portuaires se fait de plus en plus sentir. Pour un visiteur des années 1820, certaines nouveautés sont déjà bien visibles. Des bateaux à vapeur sillonnent maintenant le fleuve, reliant la ville à la rive sud et à Québec. Un quai privé, près de la chapelle Notre-Dame-de-Bon-Secours, dessert un hôtel de luxe, le Mansion House, situé à l'endroit où sera construit plus tard le marché Bonsecours. John Molson, propriétaire de l'hôtel et du quai, a lancé en 1809 l'*Accommodation*, le premier vapeur à naviguer sur le Saint-Laurent. Il faut se rendre plus loin en amont, à la pointe à Callière, pour trouver les principaux quais. Entre ces extrémités, la berge reste boueuse, même au *landing place* officiel que montre le plan Adams au pied du marché Neuf. On est encore loin des visions artistiques idéalisées.

On crée en 1830 une administration portuaire autonome, indépendante de celle de Québec. Le port est confié à des commissaires choisis parmi les bourgeois de la ville. John Try sera l'un des commissaires du Havre. Jusque-là, la construction des quais avait relevé d'initiatives privées, à l'exception d'un premier quai public construit en 1818 à la pointe à Callière par une autre commission responsable des communications intérieures au Bas-Canada. À compter de 1830, on assiste à une vaste prise en charge publique. Montréal est déclarée port d'entrée en 1832, ce qui officialise clairement son rôle de port d'importation. De 1830 à 1833, on entreprend des travaux entre la petite rue du Port située à la pointe à Callière et la rue Saint-Gabriel plus à l'est. L'entrepôt Platt occupé par l'entreprise Beckett est désormais desservi par des quais.

Un nouveau bureau de la Douane est installé pour faciliter la perception des droits douaniers en évitant un arrêt préalable à Québec. On percevait déjà des droits de douane à Montréal mais, ici encore, une administration autonome, indépendante de celle de Québec, est créée. La maison de la Douane est construite sur le lieu de l'ancien marché (place Royale), délaissé depuis la création du marché Sainte-Anne (**fig. 104** ; **L**). Ce choix perpétue le rôle millénaire du secteur en tant que lieu privilégié de commerce et d'échanges. Les plans sont confiés au jeune architecte John Ostell, arrivé récemment de Londres et dont c'est le premier projet public, plusieurs années avant les clochers de Notre-Dame. Il conçoit un élégant immeuble palladien qui marque bien l'importance du lieu et de l'institution. Ostell a été retenu par un comité de projet dont Jacques Viger fait partie. Ce dernier ajoutera à son album *Souvenirs canadiens*, que lui et madame Viger montrent à leurs invités, une aquarelle d'Ostell représentant la Douane. La construction, qui a lieu de 1836 à 1838, se déroule toutefois au milieu d'une crise commerciale et politique qui ira jusqu'aux luttes armées et au contrôle militaire temporaire.

104 ▼

La douane de Montréal, vue du port, 1839. Aquarelle de John Ostell figurant dans l'album de Jacques Viger, *Souvenirs canadiens.*

Bibliothèque centrale de Montréal, 096.1 V674aLD.

C'est dans ce contexte qu'une deuxième phase de travaux se déroule dans le port entre 1838 et 1841, de part et d'autre du chantier initial. Des quais sont complétés en 1840 au pied du marché Neuf. Tous les quais sont construits en bois ; des murs de soutènement en pierre longent la rue des Commissaires, plus élevée, formant une ligne de défense contre les spectaculaires amoncellements de glace que le fleuve pousse vers la ville lors des grandes débâcles. Un dessin de James Duncan, gravé et mis en marché en 1843, montre l'allure qu'offre alors en été le nouveau front portuaire de la ville (**fig. 105**). On y aperçoit une enfilade ininterrompue de quais et de bâtiments. En 1846, quais et jetées se succèdent de l'entrée du canal de Lachine, alors en cours d'élargissement, jusqu'à la nouvelle jetée Victoria dans l'est.

Lorsque Duncan dessine en 1848 une autre vue du secteur, le long des quais de la pointe à Callière, il montre, derrière un amoncellement de glace, de nouveaux entrepôts construits en 1841-1842 (**fig. 106** et **107** ; **M**). Conçus par l'architecte William Footner, les immeubles Gillespie présentent un plus grand raffinement que les entrepôts Try. Propriété d'un Londonien représenté à Montréal par des agents, ils sont loués à des marchands. Certains baux sont signés par des marchands à commission qui vendent des articles ou des produits pour le compte d'autres personnes. Des agents et courtiers en tout genre sont établis dans le secteur. On échange des valeurs mobilières à l'Exchange Coffee House rue Saint-

105 ▲

Vue du port et de la rue des Commissaires (actuelle rue de la Commune), par James Duncan, 1843.

Bibliothèques de l'Université McGill, Division des livres rares et collections spéciales.

106 ▼

Immeuble faisant partie d'un ensemble
d'entrepôts locatifs construits
pour Robert Gillespie, 1841-1842.
William Footner, architecte.
211-221, rue de la Commune Ouest.

107 ▼

Détail d'un dessin de James Duncan de 1848
montrant les amoncellements de glace le long
des quais de la pointe à Callière. Au centre,
à l'arrière-plan, les immeubles Gillespie.

Archives nationales du Canada, Ottawa, C-10651.

108 ▼

Bas-relief illustrant les arts
et métiers qui ornait
la façade de l'ancien
siège social de la Banque
de Montréal, 1819.
Hall de la Banque
de Montréal ;
119, rue Saint-Jacques.

ARTS ET MÉTIERS   ARTS AND CRAFTS

Pierre, et d'importantes maisons de marchands-encanteurs vendent des
stocks de marchandises rue Saint-François-Xavier. C'est le rôle de plaque
tournante que joue de plus en plus Montréal dans les échanges commerciaux qui entraîne la présence de tous ces intermédiaires.

À la fin des années 1840, Montréal dispose d'un port bien aménagé
dont beaucoup de composantes existent encore aujourd'hui, mais sous
forme de vestiges enfouis dans le sol. Le front portuaire formé par les
immeubles qui bordent l'actuelle rue de la Commune garde encore, à ce
jour, le profil acquis avant 1850, d'autant plus que
plusieurs façades des années 1830 ou 1840
seront intégrées aux reconstructions des décennies suivantes. Le vocabulaire architectural de
l'époque est par ailleurs très apparent dans tout le
secteur portuaire.

Les marchands occupent ouvertement l'avant-
scène urbaine avec leurs entrepôts qui offrent
une façade majestueuse sur le fleuve. Les activités de fabrication, érigées au rang des quatre
grands piliers de l'économie dans les bas-reliefs
allégoriques de la Banque de Montréal (**fig. 108**),
emploient beaucoup plus de personnes, mais se
font plus discrètes malgré leur importance.

Les ateliers et chantiers de production qui emploient le plus, sans toutefois jamais dépasser quelques dizaines d'artisans ou d'ouvriers, sont surtout installés dans les faubourgs. On trouve par ailleurs dans toute la ville des centaines d'ateliers où s'activent maîtres, compagnons et apprentis. Les artisans et marchands-fabricants qui veulent augmenter considérablement le volume de production n'ont pas encore recours aux machines, mais ils subdivisent plutôt les opérations de production et en confient certaines à des travailleurs à domicile. Contrairement à ce qui se passe en Angleterre et dans les premières villes industrielles des États-Unis, pour la grande majorité des Montréalais, avant 1850, l'organisation artisanale traditionnelle continue de prédominer et le travail, encore contrôlé par des maîtres artisans, reste proche de la vie domestique. Au centre de la ville, on trouve le sommet de la pyramide artisanale, soit les fabricants de produits de luxe et certains secteurs de production spécialisés comme l'imprimerie. Les ateliers, toujours un peu en retrait, cèdent la façade publique des immeubles à la boutique et, aux étages supérieurs, à l'habitation. Le commerce prend la vedette, car on utilisera bientôt un dispositif astucieux pour le mettre en valeur.

 ## Vitrines et vie domestique

La pierre de taille recouvrant entièrement la façade publique des maisons constitue une nouveauté au début du XIXe siècle. Un autre élément apparaît dans les années 1820 : les très grandes fenêtres de rez-de-chaussée, séparées par des pilastres et surmontées par des entablements. On les appelle en anglais *show windows*. Ces vitrines, divisées en grands carreaux, encadrées par des éléments architecturaux simples mais explicitement classiques, constituent le plus souvent la partie la plus élaborée des façades des maisons-magasins conçues pour l'habitation et le commerce, au sens large. Sans doute déjà connues des immigrants britanniques, ces *show windows* laissent supposer une variété accrue de produits à présenter aux clients et un renouvellement plus rapide des produits mis en marché, qu'il s'agisse de biens importés ou fabriqués sur place. Les murs de pierre lisse et le fenêtrage des étages demeurent par ailleurs généralement très simples, tout comme les traditionnelles toitures en pente garnies de lucarnes. La maison urbaine façon Nouvelle-France, d'abord dotée d'une façade en pierre de taille puis munie de grandes vitrines, est ainsi devenue la maison-magasin. Celle-ci présente un nouveau langage architectural par rapport à son ancêtre, et le commerce y occupe une place plus évidente au rez-de-chaussée tandis que les étages supérieurs servent toujours à l'habitation. Issue des savoir-faire locaux déjà

109 ▶

Maison-magasin agrandie
et modifiée pour
John McKenzie, 1829.
Louis Comte, maçon.
171, rue Saint-Paul Ouest.

bien acquis au XVIIIe siècle, elle a profité des apports des arrivants, la fusion correspondant aux besoins particuliers de l'époque.

John McKenzie réalise en 1829 ce qui pourrait être le plus ancien exemple de maison-magasin toujours présent dans le Vieux-Montréal en ajoutant un étage à un immeuble existant dont il refait la façade (**fig. 109** ; **N**). Entièrement neufs ou obtenus par transformation, ces bâtiments en viendront à dominer les grandes rues du centre de Montréal dans les années 1830 et 1840. Les marchands en sont les utilisateurs principaux. L'importation des tissus et la mercerie en général (*dry goods*) occupent beaucoup de vitrines, les grossistes étant particulièrement nombreux rue Saint-Paul et les détaillants rue Notre-Dame, surtout dans l'ouest du quartier. La quincaillerie fait aussi partie des commerces d'importation majeurs. Ébénistes, chapeliers, tailleurs et marchands tailleurs, relieurs, encadreurs, horlogers – on en compte 20 en 1825 – et bien d'autres artisans ont également vitrine sur rue. Ils s'adressent en premier lieu à la clientèle plus fortunée du centre, mais il est permis de penser qu'on vient de toute la ville et des régions pour y voir les nouveautés. Le cœur de Montréal devient une immense vitrine.

Le modèle architectural de la maison-magasin reste le même jusque vers 1850 : vitrines commerciales encadrées au rez-de-chaussée, étages supérieurs plus simples, toitures munies de lucarnes. Parfois un motif d'arcade aveugle, qui rappelle celui du palais de justice du début du siècle, enjolive l'étage « noble » au-dessus du niveau commercial, comme c'est le cas de la maison-magasin mise en location en 1835 par François Perrin qui fait démolir une vieille maison pour la remplacer par celle-ci (**fig. 110**). L'année suivante, le marchand-encanteur Austin Cuvillier, lui-même importateur de tissus et autres produits, fait refaire la façade d'une maison ancienne de la rue Notre-Dame, projet qu'il confie à John Ostell (**fig. 111 ; O**). Ici, la largeur des fenêtres de l'étage suggère que l'espace peut être utilisé pour le commerce aussi bien que pour l'habitation. L'immeuble comprend plusieurs unités locatives.

À la fin des années 1840, il y aura tout au plus un quart des immeubles du centre de la ville qui seront occupés par leurs propriétaires. Les fabricants et commerçants qui occupent les maisons du centre sont donc désormais en grande majorité locataires, tout comme la plupart des habitants de la ville. Parfois, boutiques et logements sont

110 ◀

Maison-magasin locative construite pour François Perrin, 1835. Charles Larceneur, maçon.
9-11, rue Saint-Paul Ouest.

111 ▶

Maison-magasin rénovée aux fins de location pour Austin Cuvillier, 1836. John Ostell, architecte.
4, rue Notre-Dame Ouest.

utilisés par des locataires distincts. Une maison-magasin peut n'être occupée que par une seule famille ou alors, comme celle de Cuvillier, par plusieurs ménages avec leurs apprentis et commis. Le 1er mai 1843, un marchand s'installe dans une unité de la maison transformée par Cuvillier, comprenant « l'appartement » au-dessus du magasin et « la cave » en-dessous. Cette unité a été auparavant occupée par le graveur Adolphus Bourne qui déménage un peu plus à l'ouest, rue Notre-Dame. Le coiffeur John Hay s'installe dans la maison la même année. Si la majorité des occupants du centre de la ville sont anglophones, la propriété est quant à elle répartie entre francophones et anglophones. En 1850, une centaine de propriétaires se partagent la rue Notre-Dame ; la moitié sont de vieille origine française, les autres d'origine britannique. Toutes origines confondues, seuls les avocats, notaires et médecins sont majoritairement propriétaires des maisons qu'ils occupent.

La maison-magasin locative pourvue de grandes vitrines à carreaux au rez-de-chaussée, apparue dans les années 1820 et devenue courante dans les années 1830, constitue sans conteste le modèle dominant des grandes rues centrales des années 1840. Une estampe de John Murray

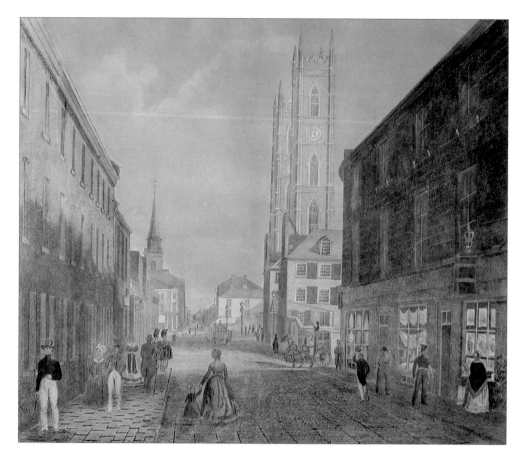

II2 ▲

Vue de la rue Notre-Dame, à proximité
de la place d'Armes, par John Murray,
vers 1843-1844 ; Adolphus Bourne, graveur.
Les clochers de l'église Notre-Dame,
nommés la Tempérance et la Persévérance,
viennent tout juste d'être achevés.

Musée McCord d'histoire canadienne, Montréal,
M970.67.23.

II3 ▶

A : Maison-magasin construite pour James Hutchison, 1843.
430, rue Saint-François-Xavier.

B : Maison-magasin construite pour le commerce du
marchand Hosea Smith, 1845.
216-218, Saint-Paul Ouest.

C : Maison-magasin locative construite
pour François Benoît, 1849. Vital Gibault, François-Xavier
Boucher et Étienne Couturier dit Lajoie, maçons.
320-326, rue Saint-Paul Ouest.

gravée chez Adolphus Bourne en 1843 ou 1844 le montre bien (**fig. 112**). On y voit, entre autres, une femme et une enfant admirant les estampes exposées dans la vitrine du libraire R. Graham, tandis que bourgeois et militaires, parés de leurs plus beaux atours, semblent en promenade du dimanche. Une nouveauté est visible sur l'illustration : l'immeuble de droite possède un angle arrondi à l'intersection de la rue. Cette particularité semble très spécifique au début des années 1840, et elle constitue un raffinement par rapport au modèle courant de la maison-magasin. L'immeuble construit en 1842-1843 par James Hutchison à l'angle des rues Saint-François-Xavier et Saint-Sacrement en est un bon exemple (**fig. 113A**).

Non loin de là, rue Saint-Paul, un autre immeuble remarquable est construit en 1845 par le marchand Hosea Smith (**fig. 113B** ; **P**). Dans ses vitrines, entre des pilastres doriques, les Montréalais peuvent admirer de la faïence et de la porcelaine importées d'Angleterre. Smith, qui est importateur et associé à deux marchands du Haut-Canada, habite hors du centre. Un véritable quartier bourgeois commence à se former à l'ouest du faubourg Saint-Laurent, en contrebas de la Montagne où se trouvent déjà villas et vergers. Par contre, selon le rôle d'évaluation, un employé – ou plusieurs – habiterait l'immeuble et en assurerait la sécurité. D'autres bâtiments du secteur qui semblent propres à l'habitation sont par ailleurs exclusivement utilisés pour le commerce, pratique qui se répandra très rapidement quelques années plus tard. Toutefois, à la fin des années 1840, dans les rues principales du centre de la ville, la très grande majorité des maisons-magasins sont toujours habitées, le plus souvent en tout ou en partie par les propriétaires des ateliers et boutiques logés dans le même immeuble. Une maison-magasin en pierre de taille construite en 1849 par François Benoît et mise en location en 1850 fournit un des derniers exemples de ce modèle montréalais établi au cours du premier quart du siècle, puis largement utilisé au cours du second quart (**fig. 113C**).

Parmi les documents nouveaux à l'époque et qui nous servent aujour-d'hui à connaître les usagers des immeubles figurent les annuaires de l'éditeur MacKay qui, à compter des années 1840, prennent la relève de ceux de Thomas Doige publiés brièvement en 1819-1820. L'imprimeur des annuaires, John Lovell, reprendra l'entreprise MacKay au cours des années 1860. En ce début du XXIe siècle, c'est encore la maison Lovell, installée au même endroit rue Saint-Nicolas, qui publie ces annuaires. Les rôles d'évaluation municipale conçus pour le calcul des taxes nous sont aussi forts utiles ; le plus ancien qui nous soit parvenu date cependant de 1847, année où l'on modifie la réglementation. Tous ces documents con-tribuent à faire la chronique du demi-siècle qui a vu la mise en place d'un nouveau type d'immeuble. Au même moment, les aménagements publics du centre connaissent aussi une importante évolution. Les années 1825-1850 sont cruciales à cet égard, et profondément troublées.

 ## CONCORDIA SALUS...

Au début des années 1830, un nouveau levier d'améliora-tion de la ville est mis en place : la démocratie municipale. Jacques Viger jouera un rôle de premier plan dans ce processus (**fig. 114**). Il travaille dans ce sens depuis les années 1820, en lien étroit avec des amis et parents actifs dans la politique bas-canadienne, notamment Louis-Joseph Papineau, notaire, député et président de la Chambre d'assemblée législative du Bas-Canada. Louis-Joseph et Julie Papineau, grands amis de Viger, habitent en face de chez lui, rue Bonsecours, une maison que le notaire Joseph Papineau, père de Louis-Joseph, a achetée de la succession Campbell en 1809 (voir fig. 82). Les Papineau agrandis-sent et rénovent en 1831 (**fig. 115 ; Q**). En façade, la maison de pierre du XVIIIe siècle est recouverte d'un revêtement de bois imitant la pierre de taille, lisse à l'étage et rustiquée au rez-de-chaussée, et ornée d'arcs au-dessus des portes. Cette maison bourgeoise, mise au goût « classique » du jour, deviendra un véritable point de repère au cours des difficiles années qui vont suivre.

Louis-Joseph Papineau est le chef du mouvement patriote qui réclame le contrôle par l'Assemblée législative élue de la collecte et de la dépense des fonds publics, ainsi qu'un pouvoir exécutif « responsable » à l'endroit de l'Assemblée. Les détenteurs du pouvoir exécutif de la colonie, soit le gouverneur représentant le roi et ses conseillers qu'il nomme lui-même en plus de nommer les grands commis, sont vus par les Patriotes et par une large partie de la population comme le noyau d'une oligarchie abu-sive. Un mouvement similaire se forme d'ailleurs dans le Haut-Canada.

114 ▲

Ce portrait de Jacques Viger, attribué à James Duncan, a probablement été exécuté après 1855.

Musée de la civilisation, Fonds d'archives du Séminaire de Québec, n° 1993-15152.

115 ▲

Maison de 1785
(voir fig. 82) rénovée en
1831 pour Louis-Joseph et
Julie Papineau.
440, rue Bonsecours.

Les revendications visent forcément une plus grande autonomie de la colonie à l'intérieur de l'empire, et s'apparentent, au Bas-Canada surtout, aux mouvements nationalistes d'Europe et d'Amérique latine comme ceux de Grèce et du Mexique. Ici, le mouvement trouve des échos surtout dans la population d'origine française, chez les « Canadiens » comme on dit encore à l'époque. Bien sûr, tous les Bas-Canadiens francophones ne sont pas d'allégeance patriote – les marchands membres du comité de construction de l'église Notre-Dame, entre autres, n'ont aucune sympathie pour le mouvement –, alors que parmi ceux d'origine britannique, Irlandais surtout, certains sont actifs dans le mouvement. Dans l'ensemble, toutefois, le mouvement patriote est « canadien ». Face aux Patriotes, les tories, généralement d'origine anglaise ou écossaise, adoptent des positions beaucoup plus conservatrices par fidélité à l'empire ; la perspective d'un réel pouvoir « canadien » en effraie plusieurs. Les uns et les autres s'accusent de freiner le développement du pays et de la ville. Les tensions sont telles que, lors d'une élection partielle tenue en mai 1832 dans le centre de Montréal, Patriotes et tories en viennent aux poings au bureau de scrutin, place d'Armes. Une compagnie de fantassins charge et tue trois Canadiens rue Saint-Jacques. Jacques Viger trace le plan des événements (**fig. 116**). À ce drame s'en ajoute un autre la même année : le choléra frappe la ville.

116 ▼

Plan de la place d'Armes et de la rue Saint-Jacques à Montréal, 1832, tracé par Jacques Viger afin de reconstituer avec précision le cadre des événements survenus lors d'une grave émeute ayant fait trois morts.

Archives nationales du Canada, Ottawa, C-40084.

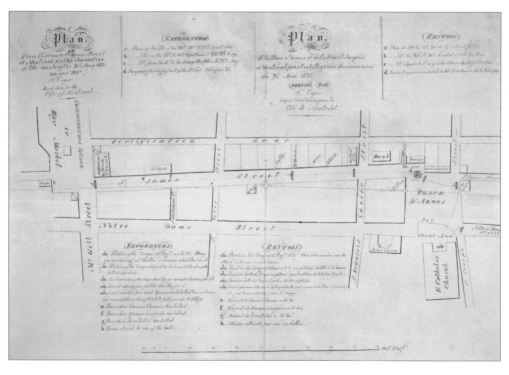

117 ▶

Armes de la Cité de Montréal créées par Jacques Viger, adoptées en 1833. Dessin de William Berczy fils tiré de l'album de Jacques Viger, *Souvenirs canadiens*. Réunis par la devise *Condordia Salus*, les symboles des quatre principales communautés culturelles de la ville : le trèfle pour les Irlandais, la rose pour les Anglais, le chardon pour les Écossais et le castor pour les Canadiens d'origine française (plus tard remplacé par le lys).

Bibliothèque centrale de Montréal, 096.1 v674ald.

C'est dans ce contexte que la charte municipale reçoit la sanction royale en 1832. Elle est le résultat de compromis politiques. La commission du Havre vient d'être créée avec l'appui tactique des Patriotes, même si ces derniers auraient préféré que le port soit sous la responsabilité d'un nouveau conseil municipal électif. Les Patriotes obtiennent en revanche la démocratie municipale qui remplace l'administration des juges de paix et qui contrôlera le développement de la ville. Les premières élections ont lieu en 1833 ; la plupart des conseillers sont élus par acclamation. Les Patriotes occupent tous les postes de conseillers, sauf dans le faubourg Sainte-Anne et dans le centre de la ville où ils ont eux-mêmes sollicité la candidature de deux hommes d'affaires d'allégeance tory.

Les conseillers élisent le maire parmi eux. Jacques Viger devient ainsi le premier maire de Montréal. Le conseil municipal adopte bientôt la devise qu'il propose, *Concordia Salus*, le salut dans la concorde, et les armoiries qu'il a conçues. Elles symbolisent la bonne entente souhaitée entre les quatre principales communautés culturelles du Montréal de l'époque **(fig. 117)**. Le Conseil se met à la tâche et des travaux d'amélioration sont entrepris, un élan vite applaudi mais tout aussi vite freiné par le refus des banques de prêter au Conseil ; la Banque de Montréal n'est plus seule en ville. En 1835, le Conseil sollicite des autorités coloniales la permission d'agrandir le marché Neuf entre les rues Saint-Paul et des Commissaires, ce qui est accordé. On refuse cependant tout contrôle sur la berge adjacente où la Ville voudrait construire un quai pour le marché. Cette prérogative est laissée aux commissaires du Havre, qui ne feront des travaux à cet endroit que quelques années plus tard.

La tension politique est à son comble en 1835, et l'administration municipale est essentiellement vue par le pouvoir colonial comme un organe patriote et taxée d'inefficacité par les tories. La charte municipale arrivée à échéance en 1836 n'est pas renouvelée, et on revient à l'administration des juges de paix nommés par le gouverneur. Le canal de la rue Craig est recouvert en 1837 sous leur responsabilité ; de nouveaux lampadaires au gaz sont aussi mis en service par une compagnie privée, la Ville en assumant les frais. Les juges de paix ont les coudées franches.

En 1837, des affrontements violents ont lieu entre tories et Patriotes au centre de Montréal ; la maison des Papineau est menacée, mais non touchée. De dures batailles armées entre les Patriotes et l'armée coloniale auront lieu dans les campagnes environnantes et seront rudement réprimées, ce qui sera également le sort des réformistes qui se battent dans le Haut-Canada. Un gouvernement militaire provisoire voit à la création de l'union forcée des deux Canadas, décidée par Londres, qui entre en vigueur en 1841. Les membres du Conseil exécutif ne seront toujours pas élus et le français sera interdit à l'Assemblée législative. Une nouvelle charte municipale est par ailleurs créée en 1840. En attendant la première élection réglementée par cette nouvelle charte, qui doit avoir lieu en 1842, les conseillers et le maire sont nommés. Jacques Viger, qui s'est pourtant distancié des dirigeants patriotes en 1837, ne retrouve pas son poste de maire. Et il perd l'importante responsabilité des travaux de voirie : la tâche est confiée à l'architecte John Ostell.

LA CAPITALE ACHEVÉE

En 1839, alors que Montréal vit sous contrôle militaire, l'éditeur Newton Bosworth lance *Hochelaga Depicta*, premier ouvrage illustré sur Montréal (voir fig. 92, 94 et 99). En cette même année 1839, un projet de complexe parlementaire est planifié à grands traits dans l'éventualité où Montréal deviendrait la capitale de la colonie. L'ensemble parlementaire se situerait dans le secteur traditionnel du pouvoir politique, rue Notre-Dame, face à la colonne Nelson. On sort alors de la crise économique internationale de la fin des années 1830. Une reproduction d'un dessin réalisé en 1841 par James Duncan, l'illustrateur de *Hochelaga Depicta*, montre une énorme poutre transportée rue Notre-Dame, ce qui témoigne de la reprise des activités (**fig. 118**). Le nombre de chantiers va effectivement atteindre des sommets à Montréal au cours des années 1840, avant qu'une autre crise frappe en fin de décennie.

Les revenus de taxation de la ville sont en hausse et la nouvelle charte municipale facilite le finance-

118 ▶

James Duncan, *Rue Notre-Dame, Montréal*, 1841. La poutre transportée au milieu de la rue évoque la relance des grands travaux à cette époque. La présence militaire devant la *Government House* (château Ramezay), attribuable en partie à la transformation récente de la prison en caserne, signale le climat encore tendu qui règne au début des années 1840.

Musée des beaux-arts du Canada, Ottawa, 28067.

ment. Montréal se lance au début des années 1840 dans un vaste projet de pose de pavés de bois sur les grandes rues du centre, matériau moins dur et moins bruyant sous le pas des chevaux et sous les roues que les traditionnels pavés de pierre. John Ostell est allé voir cette nouveauté aux États-Unis et en a recommandé l'usage. Toutefois, le dur hiver montréalais amènera plus tard le retour à la pierre. La nouvelle municipalité exproprie l'aqueduc en 1845, alors qu'il ne dessert encore qu'une clientèle privilégiée, et installe l'hôtel de ville dans l'immeuble où se trouve le réservoir, rue Notre-Dame. L'administration municipale laisse par ailleurs l'éclairage au gaz à l'entreprise privée. Dans son dessin de 1843 montrant le front portuaire (voir fig. 105), Duncan met en évidence l'un de ces lampadaires au gaz, pièce de mobilier urbain typique dont la forme sert encore aujourd'hui de modèle dans le Vieux-Montréal.

En 1843, l'Assemblée législative du Canada-Uni décide de déplacer la capitale à Montréal. Le conseil de Ville met tout l'édifice du marché Sainte-Anne à la disposition du Parlement (**E**). Le gouvernement prend en charge les rénovations commencées l'année même. On décide peu après de construire un nouveau marché public, encore plus grand, près du marché Neuf de 1808 et du chic hôtel Rasco ouvert en 1835. Plusieurs expropriations et démolitions sont nécessaires, dont celle du premier théâtre permanent de la ville, le Royal – Charles Dickens y a monté trois pièces en 1842. L'imposant marché Bonsecours conçu par William Footner est mis en chantier en 1844 et ouvert en 1847 (**R**). En arrivant à

Montréal par le fleuve, on ne pourra qu'être frappé par l'édifice surmonté d'un dôme, affirmant avec éloquence la prospérité de la ville et la confiance en l'avenir de ses dirigeants (**fig. 119** et **121**). Footner a créé une composition néoclassique parfaitement symétrique en s'inspirant de bâtiments publics majeurs de Grande-Bretagne. Comme au marché Sainte-Anne, on prévoit de vastes espaces publics au-dessus des étals et celliers. Prévu dès la conception initiale, un portique orné de colonnes doriques en fonte sera complété plus tard, rue Saint-Paul, quand l'hôtel de ville sera logé au marché. Le style de ce portique inspiré de l'Antiquité grecque veut évoquer l'idéal ancien de la cité démocratique (**fig. 120**). On prévoit à l'origine un autre portique face au fleuve, qui ne sera jamais construit. Le port prendra un certain caractère industriel dans les décennies suivantes, mais en 1847 le marché Bonsecours couronne une nouvelle façade portuaire élégante et admirée.

Les anciennes halles de bois du marché Neuf sont démolies et l'espace dégagé devient en 1847 la place Jacques-Cartier (**C**), où se tient encore deux jours par semaine un marché. Cet usage devait être maintenu à perpétuité, mais il le sera jusqu'aux années 1960. À la fin du XXᵉ siècle, un kiosque à fleurs deviendra l'unique vestige de cette obligation. En 1844, une condition inverse est appliquée à un espace public où se tient un marché depuis 1818, le square Viger au nord-est du centre. Le square est agrandi en 1844 grâce, notamment, à un terrain donné par deux sœurs, Marie-Charlotte et Louise Lacroix, qui exigent que l'espace serve de lieu d'agrément. Allées, végétation et fontaine sont aménagées à partir de 1848. Entre-temps, à la place d'Armes, on aménage en 1845 un square clôturé orné d'une fontaine. Le nouvel ordre urbain proposé au début du siècle est enfin pleinement réalisé dans ces espaces publics au cours des années 1840.

Le séminaire de Saint-Sulpice décide alors de reconstruire son vieil établissement adjacent à la place d'Armes (**S**). Le Grand Séminaire, le collège du faubourg des Récollets, les bureaux du séminaire et de la paroisse seraient réunis en un seul grand édifice de facture classique, confié à John

119 ▲

Le marché Bonsecours, 1844-1847 ; façade de la rue de la Commune, face au Vieux-Port et au fleuve. Wiliam Footner, architecte. 350, rue Saint-Paul Est.

120 ▼

Le dôme central du marché Bonsecours (1847) et le portique achevé en 1860. Au fronton, les armoiries sculptées de Montréal conçues par Jacques Viger.

Ostell. Après les rébellions qu'il a combattues de la chaire de Notre-Dame,
le séminaire voit enfin confirmés ses titres de propriété et ses droits
seigneuriaux. Par contre, désormais, les propriétaires peuvent légalement
se soustraire à l'obligation de payer des redevances aux seigneurs en versant une compensation forfaitaire. Le centre de la ville, où les terrains et
bâtiments valent beaucoup plus cher, fait ainsi l'objet, dans les années
1840, d'une vague de commutation des droits de propriété. Ce qui
annonce la fin prochaine du régime seigneurial au Canada représente en
même temps, à court terme, une source inattendue de liquidités pour le
séminaire, et sans doute une incitation à reconstruire (**fig. 122**). Toutefois,
en 1850, les sulpiciens arrêtent les travaux et décident de construire au
pied du mont Royal dans un secteur champêtre. Le Vieux Séminaire est
donc conservé, à l'exception d'une aile du XVIIIe siècle disparue pour faire
place à une première partie du bâtiment projeté (**S**). Le Vieux Séminaire

143

agrandi continuera à servir de presbytère pour la paroisse Notre-Dame, de résidence aux messieurs de Saint-Sulpice et de bureau d'affaires.

Les documents servant à consigner la perception des droits seigneuriaux perdront de leur importance, et le suivi des ventes de propriétés sera effectué au palais de justice où l'on ouvre un bureau d'enregistrement public. Y seront déposées des transcriptions de tous les actes notariés relatifs à la propriété immobilière. Comme le palais ouvert au début du siècle est détruit par le feu en 1844, ce service ainsi que les cours de justice, temporairement logés aux alentours, déménageront ensuite dans un nouvel immeuble plus spacieux. L'édifice (**fig. 123**; **D**), mis en chantier en 1851 à partir de plans conçus par John Ostell et son gendre Henri-Maurice Perrault, sera le dernier grand monument construit au cœur de la ville dans la foulée du mouvement néoclassique dominant depuis 50 ans. Un autre immeuble spectaculaire, érigé en face du séminaire en voie d'être agrandi, l'aura toutefois précédé.

Au cours des années 1840, la Banque de Montréal connaît une forte croissance et se dote d'un réseau de succursales dans le Canada-Uni. Le nouveau bâtiment dessiné par l'architecte John Wells, inauguré en 1847, témoigne du grand champ d'action de l'entreprise (**fig. 124**; **T**). Le bâtiment évoque lui aussi l'architecture antique, non pas celle de la Grèce, mais celle de la Rome impériale. Wells applique les règles de proportions établies par Palladio avec encore plus de précision que ne l'a fait à la même époque l'architecte de la Commercial Bank of Scotland d'Édimbourg. Cet édifice imposant peut être considéré comme le prototype de ce qui deviendra une tradition de classicisme dans l'architecture bancaire à Montréal et au Canada – la Banque de Montréal occupe encore l'immeuble aujourd'hui. La City Bank construit à côté un bâtiment aussi imposant, tandis que la Banque du Peuple, créée dans les années 1830 par des investisseurs d'allégeance patriote, récupère l'immeuble de 1819 délaissé par la Banque de Montréal. La présence de ces institutions et celle de la Banque de Montréal en particulier montre que la ville est bel et bien devenue la capitale économique de l'Amérique du Nord britannique. Le plus imposant de ces édifices est construit pendant la brève période où elle en est aussi la capitale politique.

123 ◄

Colonnade devant l'ancien palais de justice, 1851-1857. John Ostell et Henri-Maurice Perrault, architectes. 155, rue Notre-Dame Est.

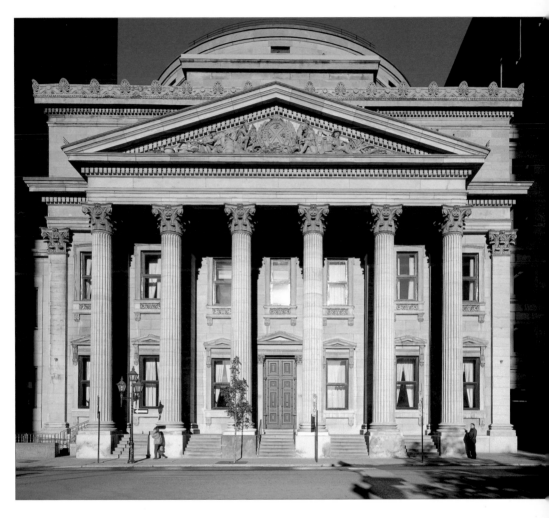

124 ▲

La Banque de Montréal, 1845-1847.
John Wells, architecte.
(Étage en attique ajouté en 1859 et
nouveau dôme construit en 1903.)
119, rue Saint-Jacques.

125 ◄

Théophile Hamel, *Autoportrait dans l'atelier*, vers 1849. Artiste de Québec, Hamel, qui est attiré par les activités du Parlement, est installé à Montréal de 1847 à 1850. Il peint cet autoportrait dans son atelier de la rue Notre-Dame. On aperçoit son tableau *Le typhus*, à droite, à l'arrière-plan. Lui et James Duncan (ce dernier a son atelier rue du Champ-de-Mars) sont les deux portraitistes inscrits aux annuaires à la fin des années 1840.

Musée national des beaux-arts du Québec, 34.237.

La prospérité ainsi célébrée cède la place à une nouvelle crise économique de grande ampleur, alors même que le gouvernement impérial abandonne les politiques mercantilistes qui soutiennent le grand commerce de la colonie. Un drame humain plus grave marque la fin de la décennie : des dizaines de milliers d'immigrants irlandais arrivent en 1847-1848, chassés par la famine, et des milliers d'entre eux meurent du typhus contracté durant la traversée. Un tableau peint par Théophile Hamel en 1848 en témoigne encore à la chapelle Notre-Dame-de-Bon-Secours (**fig. 125**).

Alors que la Grande-Bretagne ne favorise plus la colonie dans ses échanges commerciaux, ce qui en amène plusieurs à envisager une union avec les États-Unis, la métropole cède aux demandes répétées en faveur de la responsabilité ministérielle dans les Canadas. À compter de 1848, les membres du Cabinet, le corps exécutif du gouvernement, doivent répondre de leurs décisions devant l'assemblée élue. Le français est en même temps réintroduit comme langue officielle au Parlement. À compter de 1845, on envisage d'accorder une compensation financière aux gens du Bas-Canada qui ont perdu des biens au cours des rébellions de 1837-1838, compensation analogue à celle qu'ont reçue les habitants du Haut-Canada au début des années 1840. Jacques Viger participe à la commission qui doit établir les pertes subies. Après un long processus d'enquête et de délibération, la mesure est sanctionnée par le gouverneur Elgin en avril 1849. C'en est trop pour de nombreux tories. Au cours d'une émeute, ils mettent le feu au parlement, qui est entièrement détruit, bibliothèque comprise (**fig. 126**). Pendant des mois, les émeutiers sèment la terreur, endommagent ou incendient des immeubles en plus d'attenter à la vie de nombreuses personnes. La majorité des Montréalais appuient toutefois les décisions de leur gouvernement ; des milliers d'entre eux signent une pétition à cet effet au plus fort du climat de violence. Les indemnisations sont versées. Entre-temps, le Parlement quitte Montréal, après avoir siégé quelques jours au marché Bonsecours puis à l'hôtel Hays du square Dalhousie. La ville ne sera plus la capitale politique du Canada, mais elle en demeurera la capitale économique.

126 ▾

L'incendie du parlement à Montréal, illustration d'un artiste inconnu tirée de *Illustrated London News*, 19 mai 1849.

Archives nationales du Canada, Ottawa, C-2726.

En 50 ans, la population du centre de la nouvelle capitale économique des Canadas a doublé, passant de quelque 3 000 à près de 7 000 personnes, tandis que celle de l'agglomération quintuplait pour dépasser 50 000 habitants. Le rôle central du quartier est confirmé. Au visiteur qui suit le circuit proposé dans le *New Guide to Montreal and its environs* en 1851, le centre est présenté comme le reflet des grands progrès du commerce et des institutions de la ville. Il est facile d'imaginer ce visiteur impressionné par le port et par l'éloquence architecturale des édifices et immeubles du centre. Un nouveau marché Sainte-Anne doit combler sous peu le vide laissé par l'incendie du parlement, dont la présence à Montréal a néanmoins coïncidé avec la mise en place définitive de la démocratie bourgeoise au pays. Ce visiteur, s'il est originaire d'une ville industrielle d'Angleterre, se doute toutefois que la société changera de fond en comble avec l'industrialisation qui s'annonce et que les maisons-magasins où se côtoient encore logements, boutiques et ateliers d'artisans seront bientôt chose du passé.

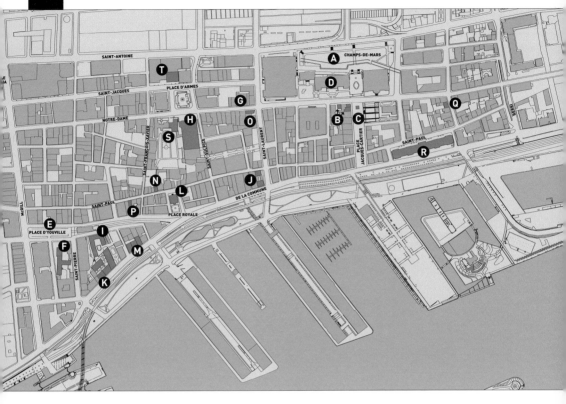

A Esplanade du Champ-de-Mars

B Maisons construites en 1810-1811 par le maçon Nicolas Morin pour deux clients

C Place du marché Neuf (1808) devenue place Jacques-Cartier (1847) ; monument à Nelson

D Site de l'ancien palais de justice (1799-1801) maintenant occupé par le vieux palais de justice (1851-1857)

E Emplacement du marché Sainte-Anne

F Hôpital général des sœurs Grises (partie ouest) et vestiges de la chapelle

G Site de la cathédrale Christ Church

H Église Notre-Dame

I Entrepôts Bouthillier

J Maison et entrepôt Platt

K Entrepôts Try (années 1830 et 1840)

L Ancienne Douane

M Entrepôts Gillespie

N Maison-magasin McKenzie

O Maison-magasin Cuvillier

P Maison-magasin Smith

Q Maison Papineau

R Marché Bonsecours

S Nouvelle aile du séminaire de Saint-Sulpice

T Banque de Montréal ; bas-reliefs dans le hall

127 ▲

Magasins-entrepôts
du secteur Sainte-Hélène–
des Récollets.

Joanne Burgess

Le centre victorien
commerce et culture

1850 · 1880

L e 24 août 1860, le bateau à vapeur qui transporte Albert Édouard, prince de Galles, fils aîné de la reine Victoria, accoste au quai Bonsecours situé au pied de la place Jacques-Cartier. C'est là que les dignitaires et la fanfare militaire attendent l'invité, pour qui un imposant arc de triomphe a été érigé par les commissaires du Havre de Montréal.

La raison de cette visite princière est l'inauguration officielle du pont Victoria (**fig. 128**), réussite impressionnante du capital et du génie civil britanniques et source de fierté pour les Montréalais. Long de 2,8 kilomètres, le pont ferroviaire constitue un maillon essentiel du chemin de fer qui relie la ville à son arrière-pays et aux ports atlantiques méridionaux. Il est l'œuvre de plus de trois mille ouvriers et d'une puissante compagnie, le Grand Tronc, dont le terminus, les infrastructures et les ateliers sont un signe tangible de la révolution que déclenchent la vapeur et le fer dans le paysage industriel montréalais. Les thèmes du progrès, de la modernité et de l'industrie sont donc au cœur de la visite princière.

Le cortège royal emprunte une route ponctuée par d'autres arcs de triomphe qui soulignent les lieux publics les plus significatifs au cœur du quartier central : place Jacques-Cartier, square Dalhousie, place d'Armes et rue Saint-Jacques à l'intersection de la rue McGill, à l'entrée de ce qui va bientôt devenir officiellement le square Victoria. Deux arcs additionnels marquent les endroits où le prince sera reçu dans Saint-Antoine, quartier bourgeois en émergence près du mont Royal qu'on surnommera plus tard le *Golden Square Mile*.

128 ◄

Photographie d'Alexander
Henderson prise vers 1873
depuis le clocher de l'église
Notre-Dame en direction
du sud-ouest et montrant
le port de Montréal.
Au centre, l'immeuble
construit pour la compa-
gnie Royal Insurance, alors
occupé par la Douane.

Archives photographiques
Notman, Musée McCord
d'histoire canadienne,
MP-0000.1452.36.

Entre 1850 et 1880, ce qui est aujourd'hui le Vieux-Montréal est
d'abord, et de plus en plus, le centre des activités de la capitale économique de l'Amérique du Nord britannique, et ses rues principales acquièrent une dynamique et une coloration propres à l'ère victorienne. Ce qui
caractérise ce centre des affaires victorien, c'est d'abord et avant tout la
prédominance du commerce et de l'industrie, dont les établissements
atteignent une envergure encore inégalée. Un nouveau type de bâtiment,
très spectaculaire, devra accueillir les diverses composantes qui fondent
cette activité commerciale prospère : le magasin-entrepôt. Si le cœur de la
ville est de moins en moins un lieu où l'on habite, il est encore le centre
d'une activité sociale et culturelle foisonnante. Pour bien en sentir le
pouls, nous ferons appel à un témoin exceptionnel de l'époque.

Parmi ceux qui participent activement aux fêtes entourant l'inauguration du pont Victoria se trouve un observateur attentif de la scène montréalaise, Alfred Sandham. Né à Montréal dans une famille de la classe
moyenne anglo-protestante, il est un méthodiste engagé, un passionné
d'histoire et un collectionneur invétéré. Auteur notamment d'ouvrages
historiques et de guides touristiques sur Montréal, il connaît bien le
milieu des éditeurs et libraires anglophones. Sandham est aussi fasciné
par l'essor de trois techniques artistiques importantes dans le monde victorien : la gravure sur bois, la lithographie et la photographie. Il en côtoie
les principaux acteurs dans le contexte de ses activités de peintre, surtout
amateur, de même que par le biais de son frère Henry, artiste talentueux
et associé de William Notman, célèbre photographe innovateur. Comme
la plupart de ses contemporains actifs au centre de la ville victorienne,
Sandham y travaille et y mène de nombreuses activités, mais il vit
ailleurs : d'abord dans le faubourg populaire de Griffintown puis dans les
quartiers plus bourgeois de Saint-Laurent et de Saint-Antoine.

129 ►

Photographie d'Alexander
Henderson prise vers 1872
depuis la maison de la
Douane (voir fig. 128) et
montrant le port de
Montréal.

Archives photographiques
Notman, Musée McCord
d'histoire canadienne,
Montréal, MP-0000.219.

Un port digne de l'ère moderne

Alfred Sandham est un fervent admirateur de sa ville et de tout ce qui est signe de progrès. Il apprécie tout particulièrement la vue panoramique qu'offre le sommet de la tour d'un immeuble érigé sur la pointe à Callière d'où l'on peut admirer le pont Victoria et les nouvelles installations portuaires (**fig. 129**). Le destin du Montréal victorien est étroitement lié à la fortune de son port. Entre 1850 et 1880, des hommes d'affaires puissants regroupés au sein de la commission du Havre de Montréal et du Board of Trade y veillent. Depuis fort longtemps, le commerce transatlantique domine l'économie montréalaise, et il est presque entièrement tourné vers la métropole britannique. La croissance démographique canadienne et l'affirmation industrielle de la Grande-Bretagne suscitent une intensification des échanges entre cette dernière et sa colonie. Le contexte technologique nouveau pose toutefois des défis considérables. L'âge de la vapeur et des coques de fer menace la prédominance des grands voiliers. Pour que le port de Montréal demeure concurrentiel, on élabore un ambitieux programme d'amélioration des infrastructures. Sous le leadership de John Young, président de la commission du Havre au cours des années 1850 et 1860, l'accès au port est amélioré par le creusement du chenal fluvial entre Québec et Montréal et par l'aménagement de nouveaux bassins dans le port même. La capacité d'accueil des quais et des jetées est multipliée par trois entre 1847 et 1882. Ces aménagements bien visibles sur les photographies et les plans d'époque subsistent aujourd'hui partiellement, à l'état de vestiges, sous les quais du XXᵉ siècle.

De 1850 à 1880, le trafic portuaire enregistre une progression fulgurante. La construction d'un premier siège social de la commission du Havre place Royale, en 1853, puis celle d'un deuxième, encore plus imposant, en 1874, témoigne de cette croissance (**fig. 130A ; A**). Ce dernier édifice domine le port avec sa haute tour mansardée. Il est adjacent au siège social de la compagnie maritime de l'armateur Hugh Allan, bâti en 1859 (**fig. 130B ; A**). Autre reflet de la hausse du trafic maritime et des importations, la Douane, réinstallée dans l'élégant immeuble de la Royal Insurance en 1871, fait aussi construire d'immenses entrepôts d'inspection des marchandises, aujourd'hui disparus, à la jonction du port et du canal de Lachine.

L'accroissement de l'activité commerciale entre Montréal et les régions plus à l'ouest est tout aussi fulgurant que celui de l'import-export, ce qui requiert l'amélioration constante des infrastructures de transport intérieur. La clé de voûte de ce système reste le canal de Lachine. Après avoir élargi le canal entre 1843 et 1848, on augmente encore sa largeur de même que sa profondeur entre 1874 et 1883 ; la construction d'une deuxième série d'écluses permet alors d'accélérer la circulation des navires (**fig. 131**).

Du canal de Lachine au marché Bonsecours, depuis la débâcle du printemps jusqu'aux premières neiges de l'hiver, une activité fébrile anime le port. Des milliers de marins, de débardeurs, de journaliers et de charretiers s'affairent au chargement des navires et au transbordement des marchandises vers les entrepôts, les magasins et les dépôts ferroviaires. En 1871, une voie ferrée de la société du Grand Tronc, proprié-

130 ▼

A : Édifice des commissaires du Havre, 1874-1878. Hopkins et Wily ; Alexander C. Hutchison, architectes.
357, rue de la Commune Ouest.

B : Immeuble Edmonstone, Allan and Co., 1859. John William Hopkins, architecte.
333, rue de la Commune Ouest.

131 ▶

Les écluses nᵒˢ 1 et 2
du canal de Lachine
restaurées.

Parcs Canada.
Photographie (détails) :
Parcs Canada/Jacques
Beardsell, 1998.

taire du pont Victoria, rejoint le port et dessert les quais en contrebas de
la rue des Commissaires, actuelle rue de la Commune ; aujourd'hui, des
rails suivent encore à peu près le même parcours dans le Vieux-Port. Les
voies et les installations ferroviaires du Canadien Pacifique s'ajoutent à
celles du Grand Tronc dans les années 1880.

Le port est un lieu de débarquement et de premier contact avec la
ville. C'est là qu'arrivent les visiteurs et les immigrants, bien sûr, mais
aussi d'autres voyageurs plus familiers des lieux : les marchands de la
campagne qui viennent régulièrement en ville pour placer leurs commandes, régler leurs comptes et admirer les nouveautés présentées dans
les vitrines et les salles des magasins-entrepôts. Les agriculteurs et les
fermières des paroisses rurales voisines empruntent le traversier de
Longueuil ou les vapeurs de la compagnie Richelieu et Ontario pour
venir à la rencontre des citadins au marché Bonsecours ou au marché
Sainte-Anne. Inauguré en 1847, le marché Bonsecours demeure néanmoins en chantier au début de la décennie suivante, alors qu'on effectue
la finition du dôme et du premier étage ; en 1860, on complète la façade
en ajoutant un portique et des colonnes de fonte. Dans le secteur ouest
du quartier, le marché Sainte-Anne, reconstruit en 1852 sur les ruines du
parlement incendié en 1849, est augmenté d'une annexe pour un
marché aux poissons vers 1870.

L'axe qui relie les deux marchés, formé par la rue des Commissaires
et la rue Saint-Paul, définit également une grande zone d'interface entre
le port et la ville. Dans ce secteur comme dans d'autres se manifeste un
phénomène qui est en train de changer le visage de l'ensemble du quarti-

er : la maison-magasin typique des décennies antérieures, ce bâtiment mixte dans lequel, jusqu'au début des années 1850, habitent et travaillent la majorité des artisans et des commerçants, cède de plus en plus la place au magasin-entrepôt, nouveau type d'immeuble commercial qui correspond mieux à la nouvelle organisation des activités marchandes et manufacturières.

 ## ENTRE PORT ET VILLE

Rue des Commissaires, la longue série de façades qui borde le port et qu'on peut toujours voir aujourd'hui ressemble encore dans les années 1870 à ce qu'elle était 30 ans plus tôt, avec ses hauts murs de pierre de taille simplement percés de fenêtres régulières. Pourtant, en quelques années, des changements majeurs se sont opérés. Jusqu'aux années 1840, la plupart de ces bâtiments de la rue des Commissaires sont en fait situés à l'arrière de maisons-magasins de la rue Saint-Paul dont ils partagent la cour, comme celle de la maison Platt des années 1820. Vers 1850, certaines de ces maisons, autrefois habitées, ne servent déjà plus qu'au commerce. Dans les années qui suivent, on assiste à une transformation radicale qui peut se faire selon deux scénarios : dans certains cas, l'entrepôt de la rue des Commissaires et la maison de la rue Saint-Paul sont tous deux agrandis vers l'intérieur du lot. L'ancienne cour disparaît et,

132 ▼

Magasin-entrepôt locatif construit pour Marie-Hélène Jodoin, 1872-1873.

A : Façade du 3-5, rue de la Commune Est.

B : Façade du 8, rue Saint-Paul Est.

133 ▶

Détail d'une photographie de William Notman prise en 1859 depuis un clocher de l'église Notre-Dame vers l'ouest et montrant la rue Notre-Dame ; au premier plan, l'intersection avec la rue Saint-François-Xavier.

Archives photographiques Notman, Musée McCord d'histoire canadienne, Montréal, VIEW-7050.0.

parfois, on ajoute des étages à ces structures devenues entièrement commerciales. Dans d'autres cas, maison et entrepôt, quoique encore récents, sont tout bonnement démolis et remplacés par un grand bâtiment utilisant l'ensemble de l'espace disponible entre les deux rues.

Un immeuble construit en 1872-1873 pour Marie-Hélène Jodoin, fille de propriétaire immobilier et épouse d'homme d'affaires, en fournit un bon exemple réalisé alors que les nouveaux édifices commerciaux se sont généralisés (**fig. 132** ; **B**). La façade de la rue Saint-Paul présente un décor en pierre de taille raffiné, conçu en fonction des clients que l'on veut attirer, alors que la façade du côté du port reste très simple bien qu'imposante, le rez-de-chaussée de ce côté servant au mouvement des marchandises. Des dizaines de bâtiments semblables sont construits entre 1850 et 1880.

Entre le port et le reste de la ville, le quartier devient un vaste centre de distribution. En 20 ans, les maisons-magasins cèdent la place aux grands magasins-entrepôts et l'aspect de l'ensemble du quartier s'en trouve modifié. Toutefois, la transformation des pratiques commerciales qui provoque cette mutation urbaine se manifeste d'abord dans les immeubles déjà en place. C'est le cas notamment rue Notre-Dame (**fig. 133**). Ainsi, en 1851, le marchand de papier peint M.R. Holland acquiert un bâtiment dans cette rue, établit son magasin au rez-de-chaussée et habite avec sa famille à l'étage. Au cours des années qui suivent, la famille s'établit ailleurs, le logement est transformé en espace d'entreposage et le commerçant construit une annexe de deux étages couvrant la totalité du lot,

134 ◄

Photographie de William
Notman prise en 1874 et
montrant la rue McGill
vers le nord ; à gauche,
les magasins-entrepôts
Dominion Block construits
en 1866-1867.

Archives photographiques
Notman, Musée McCord
d'histoire canadienne,
Montréal, 1-99408.1.

ce qui multiplie la superficie commerciale par huit. Ce même scénario
se répète de manière soutenue entre 1850 et 1865 le long des rues Saint-
Jacques et Notre-Dame qui, progressivement, deviennent des artères
presque entièrement consacrées au commerce. L'organisation des espaces intérieurs des magasins est modifiée pour permettre l'aménagement
de salles de vente plus appropriées pour l'étalage des produits. Dans certains cas, des salles d'exposition où sont en montre articles et produits
sont installées aux étages supérieurs. On cherche à dégager de grands
espaces bien éclairés, mais le cloisonnement existant fait souvent obstacle. Les affaires augmentant, on doit consacrer de plus en plus de surface
à l'entreposage, à la manutention, à l'empaquetage et même à la fabrication, d'où l'apparition de bâtiments mieux adaptés.

Les nouveaux immeubles se distinguent d'abord par leur taille et leur
volumétrie imposantes de même que par leur pleine occupation des lots.
Le besoin d'espaces vastes et flexibles provoque l'abandon des cloisons
porteuses au profit de colonnes, en bois ou en fonte, qui supportent
poutres, solives et planchers de bois, ce qui permet de dégager l'espace

entre les murs de maçonnerie. Le marché Bonsecours construit dans les années 1840 offre alors un bon exemple de l'utilisation de colonnes en fonte pour créer au rez-de-chaussée de vastes superficies sans cloisons porteuses. Ses architectes, William Footner et George Browne, dessineront d'ailleurs les plans de plusieurs magasins-entrepôts. Chaque occupant de magasin-entrepôt peut aménager les divers étages de l'immeuble selon ses besoins : le rez-de-chaussée accueille habituellement les comptoirs de vente pour le détail ou le gros ; l'administration, qui requiert assez peu d'espace, s'y trouve également. Les salles d'exposition des marchandises occupent généralement le premier étage mais elles peuvent aussi envahir une portion du rez-de-chaussée. Les étages intermédiaires abritent la manutention, la finition ou encore le conditionnement des articles vendus alors que les étages supérieurs accueillent souvent des ateliers. Les possibilités d'aménagement sont multiples et sont dictées par les besoins du marchand ou du fabricant. Les magasins-entrepôts sont fréquemment construits en ensembles comprenant plusieurs unités individuelles séparées par des murs de maçonnerie ; un occupant peut utiliser plus d'une unité. La grande souplesse d'utilisation est donc la caractéristique fondamentale de tous les magasins-entrepôts. Plusieurs de ces bâtiments dominent la rue McGill, artère qui constitue l'un des traits d'union majeurs entre le port et le reste de la ville : c'est le cas, par exemple, du Dominion Block construit en 1866-1867 (**fig. 134** ; **C**). La forme et l'apparence des magasins-entrepôts évolueront par ailleurs de façon remarquable entre les années 1850 et 1870.

 ## UN CONCENTRÉ DE GRAND COMMERCE

Un secteur de la partie ouest du quartier offre des conditions idéales à l'installation des grandes entreprises commerciales. Situé à proximité de la rue McGill, il est aussi à faible distance du port, du canal de Lachine et des installations ferroviaires et industrielles du sud-ouest de la ville. Dans ce secteur traversé par deux rues perpendiculaires, Sainte-Hélène et des Récollets, on peut observer un éventail d'exemples de magasins-entrepôts de différentes générations, ce qui donne une idée de l'évolution de ce type de bâtiment. Ce secteur subira de nombreuses transformations. Outre les besoins changeants des entreprises qui s'y établissent, deux facteurs expliquent la rapidité et l'ampleur de ces modifications. D'abord, en 1852, un important incendie détruit plusieurs bâtiments, ce qui suscite de nouvelles constructions. Puis, à partir de 1860, le départ de nombreuses institutions religieuses telles que l'église baptiste, l'église presbytérienne St Paul et l'ancienne chapelle des Récollets libère à son tour d'importantes propriétés. En 20 ans, le secteur Sainte-Hélène–des Récollets sera totalement reconstruit (voir fig. 127).

Plusieurs chefs de file de l'import-export, surtout ceux de la communauté anglophone, s'y installent ainsi que de nombreux manufacturiers.
C'est le cas des fabricants de chaussures Brown and Childs qui louent
des espaces dans un ensemble construit en 1856 à l'angle des rues
Lemoyne et Saint-Pierre (**fig. 135**; **D**). Ce magasin-entrepôt, comme plusieurs autres des années 1850, offre l'allure d'une résidence, apparence
d'autant plus marquée qu'avant l'ajout d'un étage de brique le bâtiment
était coiffé d'une toiture en pente traditionnelle. Toutefois, cette façade
est trompeuse : derrière elle, les vastes espaces intérieurs sont bel et bien
prévus exclusivement pour des activités de production et de commerce.
La Brown and Childs reçoit aussi sa clientèle dans un espace du rez-de-
chaussée aménagé uniquement pour la vente en gros.

Les marchands grossistes, quant à eux, doivent pouvoir disposer de
grands espaces d'exposition pour montrer les produits qu'ils importent
ou qu'ils acquièrent de fabricants canadiens. Ils ont donc besoin de bâtiments qui offrent des conditions optimales sur ce plan et dans lesquels

135 ◀

Unité d'un ensemble de magasins-entrepôts locatifs construits pour William Carter, 1856 ; les manufacturiers de chaussures Champion Brown et William S. Childs en sont les premiers locataires. Hopkins, Lawford and Nelson, architectes. 420, rue Saint-Pierre.

136 ◀

Magasin-entrepôt locatif construit pour Alexander Urquhart, 1855-1856. George Browne, architecte. 432-434, rue Saint-Pierre.

137 ▶

Unité d'un ensemble de magasins-entrepôts locatifs construits pour Jesse Joseph, 1855-1858. 370, rue Lemoyne.

ils pourront réserver des étages entiers à la présentation des marchandises. Ce besoin donne naissance à un autre type de magasin-entrepôt comportant, en façade, des surfaces vitrées beaucoup plus importantes. Rue Saint-Pierre, près de l'emplacement de la Brown and Childs, le marchand Alexander Urquhart fait construire en 1855-1856, d'après des plans de George Browne, un immeuble qui offre un très bel exemple de ce type (**fig. 136 ; D**). Le mur de façade est réduit à des colonnes de pierre entre lesquelles les fenêtres occupent la majeure partie de la surface. Comme de telles ossatures de pierre et le fenêtrage qu'elles rendent possible laissent deviner leur rôle structural et fonctionnel, on attribuera plus tard à cette architecture le qualificatif de « protorationaliste », car elle annonce l'architecture rationaliste du XXᵉ siècle.

L'éclairage ainsi obtenu pour les espaces d'exposition des marchandises est aussi un avantage pour les étages réservés à la manutention et, éventuellement, à la fabrication. Dans le secteur Sainte-Hélène–des Récollets tout comme rue Saint-Paul, les grandes fenêtres des rez-de-

chaussée peuvent servir de vitrines quand l'entreprise se consacre aussi à la vente au détail. Une autre caractéristique, plus fondamentale, est la toiture plate de ces magasins-entrepôts. De nouvelles techniques mises au point dans les années 1840 permettent de construire de tels toits ; on assiste donc à la disparition graduelle des traditionnelles toitures en pente.

Les concepteurs de ces immeubles connaissent le vocabulaire classique de l'architecture et ils combinent cette connaissance à leur maîtrise des techniques d'avant-garde. Les allusions au classicisme, souvent discrètes et épurées conformément à l'esprit néoclassique alors en vogue depuis un demi-siècle à Montréal, se font parfois plus explicites. Les sept magasins construits entre 1855 et 1858 par le marchand Jesse Joseph, rue Saint-Paul Ouest et rue Lemoyne, en offrent d'excellents exemples (**D**). Dans cet ensemble, chaque unité est délimitée par des piliers engagés massifs en pierre rustiquée qui s'élancent du rez-de-chaussée jusqu'à la corniche et encadrent une façade en arcade entièrement fenêtrée (**fig. 137**).

Pendant quelques années, les ossatures de pierre très épurées restent toutefois prisées et elles sont même de plus en plus raffinées. En 1858, le marchand de peinture Alexander Ramsay fait construire un immeuble de ce genre rue des Récollets près de la rue Sainte-Hélène (**fig. 138 ; E**). Les pilastres en pierre qui constituent la partie visible de colonnes structurales plus profondes que larges atteignent ici une sveltesse maximale ; il ne manque que de discrets chapiteaux, comme on en voit ailleurs dans le quartier, pour évoquer un ordre classique. Les châssis en bois des fenêtres, tout aussi délicats que l'ossature de pierre, comportent des arcs en plein cintre et des arcs surbaissés. Le bâtiment sera coiffé d'une mansarde : ce type de toiture offre de grands combles utilisables, qui en plus se prêtent bien aux enjolivements. La réduction progressive de la hauteur des étages correspond à la fois à une pratique bien établie de l'architecture classique et au passage des fonctions dites nobles, généralement logées au rez-de-chaussée et à l'étage, aux fonctions moins prestigieuses, les ateliers se trouvant généralement tout en haut.

Au cours des années 1860, parallèlement aux bâtiments à ossature de pierre, on construit des magasins-entrepôts dont l'ornementation est beaucoup plus élaborée. Ici, les surfaces vitrées sont même réduites au profit de l'adoption d'un nouveau discours architectural. La Renaissance italienne sert de première source d'inspiration. Plusieurs magasins-entrepôts vont ainsi offrir l'aspect de palais vénitiens ! Rue Saint-Pierre, l'ensemble que font construire en 1865-1866 les quincailliers en gros John et Thomas Caverhill en fournit un exemple spectaculaire (**fig. 139 ; F**). De la France du Second Empire provient par ailleurs un courant architectural qui s'inspire également de la Renaissance tout en comportant ses particularités. Les hautes mansardes en constituent

138 ◄

Photographie de 1868 de William Notman montrant le magasin-entrepôt construit en 1858 pour l'entreprise d'Alexander Ramsay ; on y voit les étages ajoutés peu de temps avant. 415-419, rue des Récollets.

Archives photographiques Notman, Musée McCord d'histoire canadienne, Montréal, I-33462.

139 ◄

Ensemble de magasins-
entrepôts construits pour
John et Thomas Caverhill,
1865-1866.
Cyrus P. et William T.
Thomas, architectes.
À l'origine, l'entreprise
occupe une partie de l'immeuble et loue le reste.
451-457, rue Saint-Pierre.

l'élément distinctif. L'immeuble que fait construire en 1871 le marchand-
importateur Andrew F. Gault (**fig. 140** ; **F**) à l'angle des rues Saint-Hélène
et des Récollets illustre bien ce courant. Dans le secteur, toute cette
exubérance décorative en vient à symboliser la prospérité des importateurs et marchands en gros, dont les activités se déroulent à très grande
échelle. Cette symbolique n'échappe pas à ceux qui observent la ville.
Sandham publiera plusieurs livres sur Montréal. Son plus célèbre, *Ville-
Marie, or, Sketches of Montreal past and present*, paru en 1870, sera suivi
d'un guide touristique en 1876. Dans ce dernier, en plus de signaler les
principaux monuments, il indique des trajets permettant d'admirer ce
qu'il considère comme les joyaux de l'architecture montréalaise. Parmi
ceux-ci figurent le Caverhill et d'autres magasins-entrepôts que
Sandham incite les touristes à aller voir.

L'ensemble Caverhill de la rue Saint-Pierre est conçu par les architectes associés Cyrus P. et William T. Thomas. Ils dessinent également
les plans du Dominion Block rue McGill (voir fig. 134) et de l'imposant
Recollet House qui remplace la vieille chapelle des Récollets à l'angle des
rues Notre-Dame et des Récollets. William T. Thomas conçoit à la même
époque l'église anglicane néogothique St George du square Dominion.

Les architectes manient ainsi divers styles inspirés du passé ; cet éclectisme savant est très prisé par la société victorienne.

Pour alléger les ossatures comme pour créer des décors complexes, les architectes et constructeurs montréalais restent fidèles à la traditionnelle pierre calcaire grise et à l'industrie locale de la pierre de taille, contrairement aux New-Yorkais qui font un usage abondant de la fonte, allant jusqu'à fabriquer des façades entières de magasins-entrepôts avec ce matériau. À Montréal, on n'utilise qu'occasionnellement des colonnettes en fonte intégrées aux façades en pierre. On emploie toutefois des colonnes de fonte à l'intérieur, de préférence dans les espaces réservés aux clients. Élancées, moulées comme de minces colonnes classiques auxquelles on ajoute des éléments décoratifs, elles permettent un dégagement maximal tout en contribuant au raffinement du décor.

140 ▶

Magasin-entrepôt
construit pour Andrew
F. Gault en 1871, en vue
de loger l'entreprise Gault
Brothers. John James
Browne, architecte.
447-449, rue
Sainte-Hélène.

COMMERCE ET... ŒUVRES RELIGIEUSES

Entre 1860 et 1875, ce sont les religieuses qui font construire les plus grands ensembles commerciaux du Montréal victorien! Au milieu du siècle, les trois grandes communautés religieuses féminines – la Congrégation de Notre-Dame, les sœurs hospitalières de Saint-Joseph et les sœurs Grises – occupent encore leurs emplacements dans le quartier et demeurent très actives. Cependant, l'expansion du port, du commerce et de l'industrie apporte aussi son lot de bruit, d'achalandage et d'insalubrité, ce qui rend le quartier moins accueillant pour ces collectivités et pour les institutions qu'elles dirigent. De plus, elles sont à l'étroit et les agrandissements ne sont plus possibles alors que la demande de services reste forte. Deux des trois communautés décident donc de déplacer leurs activités à la périphérie de la ville et de reconvertir leurs immeubles conventuels en ensembles commerciaux locatifs, comptant ainsi sur un apport de revenus pour financer leurs œuvres sociales.

Ce sont d'abord les hospitalières de l'Hôtel-Dieu, établies à l'angle des rues Saint-Paul et Saint-Sulpice au cœur du quartier, qui décident de franchir le pas à la fin des années 1850. La démolition des installations commence en septembre 1860; le monastère, la chapelle et l'Hôtel-Dieu sont relogés au nord de la ville sur ce qui est aujourd'hui l'avenue des Pins. Le dégagement du site du vieil hôpital et de ses jardins permet l'ouverture de trois nouvelles rues. L'une d'entre elles, la rue Le Royer, au centre, est nommée par les religieuses en mémoire du fondateur de la communauté. La conception des dix premiers magasins, comme d'ailleurs celle du nouvel hôpital, est confiée à Victor Bourgeau, surtout réputé pour ses projets religieux (**fig. 141**). Les premiers «magasins de l'Hôtel-Dieu» sont construits en 1861. Il s'agit de la première campagne de construction d'un projet qui comptera finalement 33 bâtiments en 1875 (**G**). Y collaboreront deux autres architectes, Michel Laurent et Henri-Maurice Perrault. Le complexe conçu par Bourgeau est monumental. Au niveau de la rue, une arcade ininterrompue crée une impression de forte horizontalité alors que la hauteur des arcs du rez-de-chaussée et la présence des piliers engagés de quatre étages ajoutent à la grandeur majestueuse de l'ensemble. L'architecte réserve le travail texturé de la pierre, un bosselage plat très sobre, aux arcades du rez-de-chaussée et aux piliers. Les magasins conçus par Laurent et Perrault se distinguent par leur plus grande volumétrie – cinq étages plutôt que quatre – et un traitement des arcades du rez-de-chaussée où la pierre de taille lisse et la simplicité dominent. Une partie de l'ensemble est brièvement utilisée comme caserne militaire pendant la guerre de Sécession américaine, puis importateurs, grossistes et manufacturiers s'y installent.

Le couvent et l'institution charitable des sœurs Grises occupent à la pointe à Callière (**fig. 142**) un terrain encore plus vaste que celui des hos-

141 ▸

La plus ancienne partie
des magasins-entrepôts
construits pour les
religieuses hospitalières
de l'Hôtel-Dieu, réalisée
en 1861. Victor Bourgeau,
architecte.
Rue Saint-Paul,
à l'intersection avec la rue
Saint-Sulpice.

pitalières de Saint-Joseph. Cette communauté connaît une expansion rapide de ses effectifs et de ses activités au cours des années 1850 et 1860. L'immigration irlandaise massive de la fin des années 1840 et la misère humaine engendrée par l'urbanisation et l'industrialisation obligent les sœurs à donner plus d'ampleur à leurs œuvres sociales et à en créer de nouvelles à partir du vaste ensemble de la pointe. Dès 1861, la communauté prépare sa relocalisation en achetant un terrain dans le quartier Saint-Antoine. Le départ définitif n'aura toutefois lieu qu'à l'automne 1871.

La volonté de la Ville de prolonger la rue Saint-Pierre jusqu'au port constitue une incitation supplémentaire à la réalisation du projet. Le prolongement de la rue exige la démolition de la moitié de l'ensemble des sœurs Grises et c'est là que la plupart des magasins seront construits (**fig. 143**; **H**) : en tout, vingt-trois unités seront érigées en trois ans. Les bâtiments des sœurs qui restent sur pied sont loués comme entrepôts ; la nouvelle rue Normand, parallèle à la rue Saint-Pierre, y donne facilement accès. Michel Laurent dirige la réalisation de l'ensemble dont la conception s'inscrit en continuité avec le modèle élaboré pour les religieuses de l'Hôtel-Dieu, une architecture alliant fonctionnalité et sobriété. À la même époque, de nombreux autres immeubles commerciaux témoignent d'une plus grande exubérance.

Entre 1850 et 1880, dans l'ensemble du quartier, la progression du grand commerce et de l'industrie transforme le cadre bâti : en témoignent la rue McGill, le secteur Sainte-Hélène–des Récollets et les propriétés des religieuses. La rue Saint-Paul, longtemps la principale rue des affaires, change également de bout en bout. De 1850 aux années 1870, des magasins-entrepôts de tous les types s'y intercalent entre les maisons-magasins transformées et agrandies (**fig. 144**). Le tronçon de la rue Saint-Paul qui relie les magasins de l'Hôtel-Dieu à la place Jacques-Cartier devient le secteur privilégié des grossistes francophones alors que leurs confrères d'origine britannique préfèrent s'établir à l'ouest. Au centre du quartier, les magasins-entrepôts de l'Hôtel-Dieu que commerçants anglophones et francophones se partagent forment une espèce de pont géographique et linguistique entre les deux secteurs. S'y côtoient les Lenoir Rolland, Canadian Rubber Co., Roy, Cassidy, Hodgson.

D'ouest en est, l'ensemble du quartier constitue le principal centre de distribution canadien de produits importés ou manufacturés au pays ; ces derniers sont d'ailleurs souvent manufacturés sur place, dans le quartier. Derrière les façades vitrées et décorées des magasins-entrepôts se profilent certaines des plus importantes entreprises industrielles du Montréal victorien, surtout dans les domaines qui sont alors à l'avant-garde de l'économie locale : la chaussure, le tabac, la fourrure, le vêtement, l'imprimerie. On fabrique sur les lieux une vaste gamme de produits allant des pianos aux médicaments en passant par les pièces d'orfèvrerie. Selon les sources contemporaines, le quartier héberge plus de 40 % des établissements industriels de la ville en 1861, et les entreprises qui y ont pignon sur rue en 1871 emploient 43 % de la main-d'œuvre industrielle de la ville. Parmi cette main-d'œuvre on compte des travailleurs hautement qualifiés dont les compétences artisanales demeurent essentielles à la réussite des entreprises industrielles. Ils côtoient des hommes et des femmes qui sont à l'avant-garde du travail mécanisé : opérateurs des premières machines-outils pour la fabrication des bottes et chaussures, opérateurs de presses, opératrices des premières machines à coudre. Une armée d'hommes, de femmes et d'enfants s'active aux diverses opérations manuelles qui s'insèrent dans le travail industriel. L'industrie, comme le commerce de gros, fait ainsi partie intégrante du centre victorien qui devient l'un des principaux foyers du mouvement ouvrier. D'importantes grèves s'y déroulent, notamment celle qui oppose les cordonniers à leurs employeurs en 1869.

142 ◄

Photographie de 1867 de William Notman montrant l'hospice et le couvent des sœurs Grises avant leur démolition partielle.

Archives photographiques Notman, Musée McCord d'histoire canadienne, Montréal, I-26333.1.

143 ◄

Ensemble de magasins-entrepôts construits en 1872-1874 pour les sœurs de la Charité de Montréal, dit magasins des sœurs Grises, rénovés au début des années 1980.
Michel Laurent, architecte.
Rue Saint-Pierre.

144 ►

Éléments décoratifs sur la façade d'un magasin-entrepôt, sculptés dans la pierre calcaire grise provenant de l'île de Montréal, matériau le plus courant dans le centre ancien de la ville.
8, rue Saint-Paul Est.

DES MAGASINS POUR LES MONTRÉALAIS

Il n'y a pas que les clients des grossistes et des manufacturiers, eux-mêmes commerçants, qui font leurs achats dans les magasins-entrepôts du centre victorien. Les Montréalais en général, surtout les plus aisés, y viennent également en grand nombre faire leur « magasinage ». La hausse des importations de produits manufacturés anglais et les progrès de l'industrie locale suscitent une forte croissance du commerce de détail. Pendant la deuxième moitié du XIXe siècle, Montréal connaît une véritable révolution de la consommation alimentée par le flot des produits importés et manufacturés localement, par la diffusion de valeurs nouvelles et par la croissance d'une population urbaine bourgeoise. Le quartier devient une véritable vitrine du capitalisme industriel (**fig. 145**).

Dans les magasins des rues Saint-Paul, McGill et surtout Notre-Dame et Saint-Jacques, on offre tout ce qui caractérise l'innovation technologique et la consommation bourgeoise à l'époque victorienne. On y trouve les produits de l'industrie textile anglaise : les cotons de Manchester, les rubans de Coventry, les châles de Nottingham. Sont également mis en vente la porcelaine du Staffordshire, la coutellerie de Sheffield, les menus objets de métal fabriqués à Birmingham et toute une gamme de produits en fonte et en fer forgé. La croissance de la consommation est étroitement liée au culte que voue la société victorienne à la domesticité. Les bourgeois de Montréal sont fortement encouragés à dépenser pour agrémenter leur domicile, et des magasins spécialisés mettent les produits les plus modernes à la disposition des familles. Pour attirer les clients, les commerçants montréalais se vantent d'être à l'affût des dernières modes de Londres ou de Paris et d'importer les meilleurs produits industriels britanniques.

Les marchandises britanniques ne sont pas seules en vedette, celles de fabrication canadienne sont également offertes dans le secteur. De nombreux manufacturiers locaux reconnaissent les avantages stratégiques d'un emplacement dans le centre et choisissent d'y installer leur salle d'exposition, même si leur usine se trouve ailleurs : dans une banlieue ou un faubourg voisin, le long du canal de Lachine ou dans une ville lointaine comme Hull ou Sherbrooke.

L'essor du commerce de détail est particulièrement remarquable dans l'axe des rues Notre-Dame et Saint-Jacques. Toutefois, à de rares exceptions près, la reconfiguration fondamentale du bâti commercial qui se manifeste ailleurs à partir des années 1850 ne se produit pas aussi rapidement le long de ces artères prestigieuses. Ici, plutôt que de construire en neuf, on adapte les maisons-magasins, encore récentes dans bien des cas, aux commerces en transformation, comme l'a fait le marchand Holland (voir fig. 133). En peu de temps, la vocation de ces rues se modifie à mesure que les bâtiments passent à une fonction tout commerce ; les élégantes demeures de la rue Saint-Jacques accueillent maintenant plusieurs nouveaux magasins de luxe parmi les plus importants. Parfois les vitrines déjà en place avant 1850 sont élargies et de grandes plaques de verre commencent à remplacer les carreaux typiques de la période antérieure.

Quoique peu nombreuses, les exceptions à cette règle sont néanmoins significatives. Au milieu des années 1850, la rue Notre-Dame accueille déjà quelques nouveaux immeubles à ossature de pierre munis de grandes baies vitrées sur plusieurs étages. Parmi ceux-ci on note un bel édifice, aujourd'hui disparu, occupé successivement par les entreprises Smith and Morgan, Henry Morgan and Co. et J. and M. Nichols, tous importateurs, grossistes et détaillants de mercerie (*dry goods*), de même qu'un élégant ensemble de magasins-entrepôts surnommé le Crystal Block, construit pour Joseph Masson, important propriétaire foncier et l'un des plus grands marchands d'import-export de sa génération (voir plus loin fig. 168). Quelques années plus tard, un ensemble

145 ◄

Détail d'une photographie de 1880 de William Notman and Son montrant la rue Notre-Dame vers l'est depuis l'intersection avec la rue Saint-Sulpice.

Archives photographiques Notman, Musée McCord d'histoire canadienne, Montréal, VIEW-1170.1.

encore plus prestigieux de magasins à ossature de pierre est érigé rue Notre-Dame à proximité de la place d'Armes, le Cathedral Block (**fig. 146 ; l**). L'immeuble doit son nom à l'ancienne cathédrale anglicane de Montréal, Christ Church, construite sur ce site en 1814 et détruite par un incendie spectaculaire en 1856. Dans les mois qui suivent, l'emplacement est subdivisé en cinq lots avec façades rue Notre-Dame ; trois lots voisins seront plus tard intégrés à l'ensemble. Bien que plusieurs propriétaires et quelques architectes, dont Michel Laurent, participent au projet réalisé entre 1857 et 1860, l'ensemble conserve une apparence unifiée fidèle aux plans initiaux de William Spier and Son.

146 ◄

Gravure tirée du *Montreal Herald*, 25 août 1860, représentant l'ensemble de magasins-entrepôts Cathedral Block.
William Spier and Son, architectes des premières unités.
7-39, rue Notre-Dame Ouest.

Bibliothèques de l'Université McGill, Division des livres rares et collections spéciales.

Situé dans un des secteurs les plus *fashionable* de la ville, le Cathedral Block possède une façade conçue sur mesure pour la vente au détail : chaque unité compte une entrée principale sise entre deux grandes vitrines donnant sur le trottoir, alors qu'à l'étage d'autres vitrines multiplient les lieux où la marchandise peut être exposée au regard des passants. La majorité des premiers occupants de cet ensemble sont propriétaires de leur unité. L'achat d'une propriété et la construction d'un immeuble de prestige répondent sans doute à une volonté de créer une certaine image de marque tout en demeurant à l'avant-garde de nouvelles pratiques commerciales. Parmi les propriétaires, on compte des entreprises comme la bijouterie Savage and Lyman qui jouit d'une solide expérience dans la vente de produits importés ou fabriqués localement. La somptuosité des intérieurs et le luxe des marchandises offertes dans ces magasins montrent que ces entreprises cherchent à attirer principalement une clientèle bourgeoise qui suit la mode et recherche des produits importés haut de gamme. Dans plusieurs cas, l'importation alimente un commerce de gros qui fait bon ménage avec le commerce de détail. Enfin, la présence du magasin des marchands et manufacturiers de chaussures J. and T. Bell montre bien que l'on peut combiner commerce de luxe et espace de production dans le même immeuble.

Entre 1864 et 1868, on réalise un projet annoncé depuis plus de dix ans et rendu plus urgent par la mise en service, en 1861, de la première ligne montréalaise de tramways tirés par des chevaux : l'élargissement de la rue Notre-Dame. Les démolitions et les nouvelles constructions modifient complètement le côté nord de la rue, puis une partie du côté sud est rapidement emportée par le même mouvement expansionniste.

147 ▶

Magasins-entrepôts construits
entre 1866 et 1869.
38-60, rue Notre-Dame Ouest.

148 ▲

Intérieur du magasin
Morgan rue Saint-Jacques
à l'angle de la rue McGill
en 1875.

Musée du Château Ramezay.

Les magasins-entrepôts que l'on construit dans cette foulée n'afficheront plus la sobriété de leurs prédécesseurs. Les façades inspirées de la Renaissance sont nettement plus élaborées, agrémentées de colonnades, d'arcades, de sculptures et de frises alors que les fenêtres sont plus diversifiées et ornementées, même si l'on semble abandonner la pratique des vitrines aux étages (**fig. 147**). En face du Cathedral Block, les immeubles Merrill, Beaudry et Boyer (**I**), construits entre 1866 et 1869, rivalisent d'élégance et d'exubérance. Au rez-de-chaussée, des colonnes en pierre sont parfois utilisées, mais le plus souvent d'étroites colonnes en fonte permettent à la fois de laisser toute la largeur possible aux surfaces vitrées et de supporter la façade de pierre des étages au-dessus.

Parmi les entreprises qui s'établissent dans l'axe formé par les rues Notre-Dame et Saint-Jacques, beaucoup adoptent des pratiques commerciales d'avant-garde. Salles d'exposition, augmentation des surfaces vitrées et vitrines au rez-de-chaussée vont de pair avec une attention accrue portée à la présentation des marchandises de même qu'à la création d'un décor accueillant et raffiné. Les marchands équipent leurs boutiques de comptoirs et d'étagères en acajou, de miroirs, de présentoirs en verre, de fauteuils et de tapis dont les couleurs sont agencées à celles des murs. On installe un éclairage au gaz qui ne répond pas qu'à une finalité utilitaire ; en effet, l'illumination de nuit offre un spectacle féerique qui met en valeur la marchandise. On se soucie davantage du décor des vitrines et de l'étalage. Toutes ces innovations sont particulièrement évidentes dans les salles d'exposition, lieux par excellence de la contemplation de la marchandise. Le service à la clientèle est aussi valorisé.

Ces magasins où souvent commerce de détail et commerce de gros cohabitent transforment donc progressivement l'expérience du magasinage en augmentant chez l'acheteur le désir de consommer. C'est dans la foulée de ces innovations qu'émerge progressivement un nouveau type d'établissement commercial, le *department store* ou magasin à rayons. À Montréal, c'est à Henry Morgan qu'on doit le premier. Établi à Montréal à partir de 1843, Morgan occupe une succession de magasins-entrepôts dans le quartier avant de s'installer, en 1865, dans un autre de ces immeubles, celui-là très vaste, à l'angle des rues Saint-Jacques et McGill. Le bâtiment sera remplacé mais des images en restent, dont une rare photographie d'un comptoir de vente occupant un espace dégagé par des colonnes en fonte (**fig. 148**). C'est là qu'en 1878 Henry Morgan and Co. renonce au commerce de gros et adopte, pour la vente au détail, le système des rayons correspondant à différents types de marchandises et confiés à autant de chefs. Le magasin Carsley's ouvert en 1871 rue Notre-Dame deviendra quelques années plus tard le plus grand établissement de ce genre en ville.

La croissance de l'industrie et du commerce marque donc profondément le cadre bâti du centre victorien entre 1850 et 1880. De nombreux investissements immobiliers dans le quartier se traduisent par la construction de centaines d'immeubles commerciaux nouveaux, pour la plupart des magasins-entrepôts. Ces bâtiments de styles variés et aux fonctions multiples prolifèrent le long des grandes artères du centre. La vague de construction atteint toutefois son point culminant au tournant des années 1870 pour ralentir à partir de 1873 alors que le pays plonge dans une crise économique profonde. Quand Montréal connaîtra une nouvelle phase de prospérité, à partir des années 1880, d'autres influences économiques et architecturales se mettront en œuvre pour transformer à leur tour le secteur commercial du centre victorien.

LE CŒUR FINANCIER DE LA VILLE

L'expansion des infrastructures de transport, du volume des échanges commerciaux et de la production industrielle exige d'importants investissements en capital et l'accès à des facilités de crédit accrues. À Montréal, la période victorienne sera marquée par une forte croissance et une diversification des institutions financières. Des compagnies étrangères établiront leur siège social au centre de la ville et de nouvelles institutions verront le jour grâce aux ressources de la communauté marchande locale. Ces nouvelles activités laisseront également leur marque sur l'architecture et la physionomie du quartier.

Au milieu du XIXᵉ siècle, le paysage financier montréalais est dominé par une banque écossaise, la Bank of British North America, et quatre banques locales : la Banque de Montréal, la City Bank, la Banque du Peuple et la Banque d'Épargne de la Cité et du District de Montréal. La Banque de Montréal, qui demeurera la plus importante institution financière canadienne pendant les décennies subséquentes, ne peut répondre aux besoins croissants de la ville et de sa région. Ainsi, surtout entre 1861 et 1874, de nouvelles institutions sont créées par des hommes d'affaires de la ville issus tant du milieu anglophone que francophone.

Pionnière du secteur bancaire montréalais, la Banque de Montréal a été un acteur déterminant de la géographie financière de la ville en s'établissant rue Saint-Jacques, face à la place d'Armes. Son siège social, inauguré en 1847, fait l'objet de travaux importants entre 1859 et 1867 : le dôme est supprimé, un étage attique est ajouté et le fronton du portique est doté d'un tympan historié (**fig. 149** ; **J**). La sculpture en est confiée à l'artiste écossais John Steell qui réalise un groupe formé d'une vingtaine de figures. Les armoiries de la banque, qui intègrent celles de la ville de Montréal, sont entourées d'éléments qui évoquent le pays, son passé autochtone et sa richesse agricole de même que les activités mari-

149 ▶

Tympan du portique de la Banque de Montréal, 1867. John Steell, sculpteur. 119, rue Saint-Jacques.

times, commerciales, ferroviaires et industrielles sur lesquelles se fonde la prospérité de Montréal et de sa première banque. Ces éléments réalistes sont loin des représentations allégoriques qui ornaient le premier immeuble de la banque.

Parmi les nouveaux concurrents de la Banque de Montréal, les plus importants sont la Molson's Bank, la Merchants' Bank et l'Exchange Bank of Canada ainsi que la Banque Jacques-Cartier, la Banque Ville-Marie et la Banque d'Hochelaga. Ces institutions financières choisissent aussi de s'installer place d'Armes ou à proximité rues Saint-Jacques et

Notre-Dame. Sur le plan architectural, les immeubles qu'elles occupent se distinguent toutefois nettement de l'édifice palladien de la Banque de Montréal ainsi que des sièges sociaux monumentaux des banques City et British North America, inspirés du même esprit classique. Les nouveaux immeubles bancaires n'ont plus l'apparence d'institutions publiques, mais ils ressemblent plutôt à des clubs privés ou à des établissements commerciaux qui s'inscrivent dans le nouveau décor urbain ambiant.

La Molson's Bank, construite à l'intersection des rues Saint-Jacques et Saint Pierre, est à l'avant-garde de ce renouveau architectural. Dès 1864, l'architecte George Browne, maître du néoclassicisme, conçoit pour la banque un siège social qui a plutôt des airs de grande résidence bourgeoise, ou plus précisément d'hôtel particulier parisien du Second Empire avec sa toiture mansardée, ses pièces sculptées, sa composition recherchée. Le grès de couleur chamois, qui se prête plus facilement au

150 ▲

Édifice Molson's Bank, 1864-1866.
George et John James Browne,
architectes.
278-288, rue Saint-Jacques.

151 ▶

Édifice Exchange Bank
of Canada, 1874.
John William Hopkins,
architecte.
200-210, rue Notre-Dame
Ouest.

152 ▼

Édifice Great Scottish Life
Insurance, 1869-1870.
Hopkins and Wily,
architectes. À l'origine,
l'immeuble était plus
étroit, il comprenait seulement les étages montrés
sur la photographie
et il était couronné par
un étage mansardé.
701-711, côte de la Place-
d'Armes.

travail de taille que le calcaire gris de Montréal, est importé de l'État de l'Ohio aux États-Unis, une première. Les colonnes du porche sont en granit poli. Un groupe sculpté à la hauteur du toit et des figures en bas-relief au-dessus de l'entrée personnalisent l'immeuble de cette riche entreprise familiale (**fig. 150 ; K**). La Merchants' Bank (**K**), mise en chantier presque en face en 1870, offre une apparence semblable et un pareil raffinement ; il en est de même de la Banque Jacques-Cartier de la place d'Armes, aujourd'hui disparue. Plusieurs banques partagent par ailleurs leurs sièges sociaux avec d'autres occupants dans ce qui pourrait être considéré comme une première génération d'immeubles de bureaux (**L**). Si les institutions financières occupent généralement le rez-de-chaussée et parfois le premier étage, elles disposent souvent de locaux excédentaires aux étages supérieurs qui sont loués à des avocats, des notaires, des architectes, des courtiers et à une variété d'entreprises. D'autres banques se contentent pour leur part de louer l'espace qu'occupe leur siège social ou leur succursale principale. Ces nouveaux immeubles de bureaux ressemblent parfois étrangement à des magasins-entrepôts, mais aux plus raffinés d'entre eux (**fig. 151**). Commerces, bureaux et halls bancaires peuplent les abords de la place d'Armes où les compagnies d'assurance occupent également une place de plus en plus grande (**fig. 152**). Ainsi, la Royal Insurance, d'abord installée face au port, s'établit place d'Armes en 1870 après avoir vendu son premier siège social à la Douane.

153 ◄

Édifice Merchants'
Exchange, 1866.
George et John James
Browne, architectes.
211, rue du Saint-
Sacrement.

154 ▼

Gravure tirée du *Canadian
Illustrated News*, 3 janvier
1874, montrant l'édifice
Montreal Telegraph de
1873. Hopkins and Wily,
architectes.
422-424, rue Saint-François-
Xavier.

Bibliothèque nationale du
Québec.

Le secteur des assurances connaît en effet une croissance phénoménale pendant ces années, car plusieurs hommes d'affaires veulent minimiser les risques associés à la recherche de profit. Entre 1850 et 1870, six compagnies anglaises d'assurance contre l'incendie s'établissent à Montréal. La quête de sécurité s'exprime aussi chez les particuliers de la bourgeoisie et des classes moyennes qui assurent leurs biens et deviennent les consommateurs enthousiastes d'un nouveau produit financier : l'assurance vie. Les premières compagnies d'assurance vie, d'origine écossaise, s'installent à Montréal dès la fin des années 1840. En 1865, la Sun Life, première compagnie canadienne de ce genre, est incorporée.

Le Montréal victorien s'affiche donc comme le principal centre financier du Canada, et c'est surtout aux alentours de la place d'Armes et parmi les commerces luxueux de la rue Saint-Jacques que cela se voit. Le pouvoir économique des entrepreneurs montréalais se traduit aussi par la création de nouvelles institutions commerciales et financières : les *exchanges*, ancêtres des Bourses, où sont

155 ▲

Gravure tirée du *Canadian Illustrated News*, 3 septembre 1870, montrant l'édifice de la Banque d'Épargne de la Cité et du District de Montréal, 1870-1871. Michel Laurent, architecte. 262-266, rue Saint-Jacques.

Bibliothèque nationale du Québec.

négociés les produits alimentaires et les titres financiers. Ces institutions se concentrent dans le secteur des rues Saint-Sacrement et Saint-François-Xavier, au milieu du commerce de gros. Dès 1849 naissent le Board of Produce Brokers, regroupant des courtiers de tout genre, et le Merchants' Exchange and Reading Room. Cette dernière organisation offre à ses membres un cabinet de lecture, l'accès à la presse d'affaires et aux dernières dépêches télégraphiques ainsi qu'un lieu de rencontre. En 1855, elle construit un imposant immeuble de trois étages rue Saint-Sacrement, remplacé en 1866, après un incendie, par un autre bâtiment remarquable qui, à l'instar de certaines banques, a une allure de club privé (**fig. 153**; **M**). Pendant de nombreuses années, le Montreal Board of Trade et le Montreal Stock Exchange, qui deviendra la Bourse de Montréal, auront des locaux dans l'immeuble Merchants' Exchange avant de construire leurs propres immeubles dans ce même secteur au tournant du XXᵉ siècle. La Bourse de Montréal, qui sera incorporée en 1874, est devenue une organisation distincte en 1863 lors d'une restructuration du Board of Produce Brokers. C'est au même moment qu'a été fondé le Corn Exchange, Bourse des produits alimentaires; dès 1865, la rue Saint-Sacrement accueille aussi son immeuble.

Enfin, le centre victorien réunit les personnes et les entreprises qui offrent une variété de services aux marchands et aux industriels. Parmi ces services, les nouveaux modes de communication occupent une place centrale. Le télégraphe, implanté dans les années 1840, devient de plus en plus indispensable dans le milieu des affaires. La Montreal Telegraph s'installe en 1857 dans un nouvel immeuble de la rue Saint-Sacrement à côté duquel elle fera construire un autre bâtiment en 1873 (**fig. 154**; **N**). Aux emplois traditionnellement masculins de secrétaire et de commis s'ajoute maintenant celui de télégraphiste: il s'agit d'un métier «respectable» qu'Alfred Sandham pratique lui-même brièvement, d'abord à la Montreal Telegraph puis au Grand Tronc. Ce sont les compagnies de télégraphe, dont les installations sont achetées par Bell en 1880, qui lancent le service téléphonique à Montréal en 1879. Le premier central est installé à l'étage supérieur du siège social de la Banque d'Épargne de la Cité et du District de Montréal à l'angle des rues Saint-Jacques et Saint-Jean (**fig. 155**; **O**). L'implantation des entreprises de communication et de transport de même que la croissance des grandes institutions financières témoignent des progrès du tertiaire et annoncent déjà les orientations futures du quartier des affaires. Cependant, en 1880, le commerce, omniprésent, et l'industrie restent malgré tout prédominants dans le centre des affaires.

DU QUARTIER RÉSIDENTIEL AU LIEU DE SÉJOUR

156 ▲

Maisons-magasins
construites pour Jane Tate,
1863-1864.
416-430, rue Bonsecours ;
à droite, la maison
Papineau.

Comme la majorité des Montréalais de sa génération, Alfred Sandham est né et a toujours vécu à l'extérieur du centre. Il s'y rend seulement pour le travail, les achats, les services religieux et les grandes manifestations publiques. De 1852 à 1881, le nombre total de Montréalais passe de 57 715 à 155 238, ce qui représente une croissance de 269 % en l'espace de 30 ans, alors qu'au cœur de la ville le nombre de résidants passe de 6 869 à 4 635. Amorcée avant 1850, la migration de la bourgeoisie hors du quartier se poursuit pendant les décennies suivantes. Ce mouvement touche d'abord la bourgeoisie anglophone et le monde du grand commerce dont les membres s'installent à proximité du mont Royal. Le départ des petits commerçants et fabricants, plus lent que celui de la population bourgeoise, sera lié à la progression des magasins-entrepôts qui balaient sur leur passage les maisons-magasins.

Le rythme du déclin de la fonction résidentielle varie selon les secteurs. Au centre du quartier, entre les rues Saint-François-Xavier et Saint-Gabriel, une réduction très importante se produit avant 1861. Dans l'ouest, entre les rues Saint-François-Xavier et McGill, la baisse de population est plus précipitée mais un peu plus tardive, l'essentiel de l'exode se produisant après 1861. Dans ces deux cas, le départ des communautés religieuses catholiques explique en partie le phénomène. Le déménagement de l'Hôtel-Dieu entraîne le départ, en 1860, d'une cinquantaine de religieuses, de leur vingtaine d'engagés, de quelque 75 patients, 200 vieillards et orphelins ; en 1871, 600 vieillards, orphelins et enfants trouvés quittent l'Hôpital général avec les 200 sœurs Grises qui en prennent soin. Enfin, on ne note pas de diminution de la population dans l'est du quartier ; on décèle même une consolidation résidentielle dans la partie la plus excentrique de ce secteur.

Rue Bonsecours et rue Notre-Dame à l'est de Bonsecours, on construit de nouveaux bâtiments comportant des magasins au rez-de-chaussée et des logements aux étages, souvent occupés par les commerçants comme les maisons-magasins antérieures (**fig. 156** ; **P**). Tout à côté, dans l'ancien faubourg Saint-Louis, de nouvelles maisons sont mises en chantier. Tout ce secteur de l'est jouxte les jardins publics du square Viger à partir duquel s'étend le nouvel axe résidentiel de la bourgeoisie francophone le long des rues Saint-Denis et Saint-Hubert.

Le secteur est apprécié des hommes politiques et des professionnels comme Jacques Viger et son cousin Denis-Benjamin Viger. L'avocat George-Étienne Cartier, illustre homme politique et l'un des pères de la Confédération canadienne, y est aussi installé (**fig. 157** ; **Q**). Sa belle

157 ▶

Maison de sir George-Étienne Cartier, maintenant lieu historique national du Canada ; intérieur restauré et reconstitué dans l'état qu'il pouvait avoir vers 1860. 458, rue Notre-Dame Est.

résidence, située à quelques pas du square Dalhousie, témoigne avec éloquence du mode de vie dont jouit l'élite montréalaise à l'époque victorienne. Derrière cette sobre façade de pierre de taille, la famille Cartier est à l'abri du tumulte de la vie urbaine.

Le centre victorien garde un certain nombre d'autres résidants fidèles. Pendant longtemps, certains professionnels, notaires et avocats surtout, préféreront se loger près du palais de justice et des établissements de leurs clients, tout en réservant une pièce de leur résidence à leur étude. Même en 1880, le gérant de la Banque d'Ontario et sa famille, par exemple, demeurent toujours place d'Armes dans un appartement au-dessus de la banque.

Autre exception notable quant au déclin résidentiel, la Congrégation de Notre-Dame qui se consacre à l'éducation des jeunes filles poursuit ses activités au cœur de la ville pendant l'ère victorienne. À partir des années 1850, la communauté œuvre de plus en plus dans les faubourgs et la banlieue où de nouvelles écoles primaires et des couvents privés sont établis. Les effectifs de la communauté connaissent alors une forte expansion, et la majorité des religieuses enseignantes sont logées dans

l'ensemble conventuel situé entre l'Hôtel-Dieu et la rue Saint-Jean-Baptiste, derrière une série de maisons-magasins appartenant à la communauté rue Notre-Dame (**fig. 158**). C'est dans ce contexte de croissance que les religieuses dotent leur maison-mère d'une nouvelle chapelle, Notre-Dame-de-Pitié, conçue par Victor Bourgeau et dont l'inauguration solennelle a lieu en 1860. Cependant, comme leurs consœurs de l'Hôtel-Dieu et de l'Hôpital général, les dames de la Congrégation décident bientôt de faire construire une maison-mère plus spacieuse où elles s'installeront en 1880. L'ancien couvent sera toutefois transformé en pensionnat et continuera d'accueillir les élèves.

Le quartier continue par ailleurs à héberger des gens de condition modeste. Les banques ainsi que beaucoup d'immeubles commerciaux comptent parfois des chambres ou de minuscules logements loués à des veuves ou à des journaliers. De plus, plusieurs de ces immeubles ont un concierge qui vit habituellement sur place avec sa famille. Et que dire de tous ces petits hôtels, auberges et pensions qui offrent le gîte et le couvert aux étudiants, journaliers, marins, débardeurs et immigrants pauvres. Ces lieux sont aussi fréquentés par de nombreux militaires car, jusqu'aux années 1870, plus de 1 000 soldats sont logés dans les casernes à l'extrémité est du quartier. La présence des demeures des officiers et des bureaux administratifs des divers régiments près du square Dalhousie ainsi que les exercices et les défilés militaires au champ de Mars marquent la vie urbaine tout au long de la période.

La plus grande concentration de nouveaux lieux d'hébergement se trouve rue Saint-Paul, en face du marché Bonsecours où une vingtaine d'hôtels et de pensions logent visiteurs de passage et pensionnaires permanents (**fig. 159** ; **R**). Le Rasco des années 1830, si chic au début, accueille désormais des personnes à faible revenu. Rue Saint-Paul, à l'angle de la rue Saint-Claude, survit un autre de ces hôtels. Construit à l'origine pour Félix Villeneuve et conçu par Victor Bourgeau, il héberge à l'époque des commis de bureau et d'autres pensionnaires instruits. Il en est de même du Jacques-Cartier, qui deviendra plus tard le Nelson, sur la place voisine. Le quartier offre également toute une panoplie de restaurants, *dining rooms* et autres établissements du genre.

Et le centre victorien accueille toujours les visiteurs aisés. Le long des rues les plus prestigieuses et à proximité des squares, des hôtels de grande classe hébergent les touristes ainsi que des professionnels et des hommes d'affaires célibataires qui, eux, y logent en permanence. Le chic hôtel Ottawa, construit en 1845-1846 rue Saint-Jacques et agrandi en 1867-1868 (**fig. 160**), l'hôtel Albion de la rue McGill et surtout le St Lawrence Hall rue Saint-Jacques – ces deux derniers bâtiments ont disparu – confirment le rôle du centre des affaires victorien comme lieu d'accueil de la clientèle aisée. Jusqu'à l'inauguration, en 1876, de l'hôtel Windsor, grand palace victorien de Montréal situé dans le quartier

Saint-Antoine, le St Lawrence Hall demeure l'hôtel le plus sélect en ville. Il est au sommet de sa popularité lorsqu'il accueille la suite du prince de Galles lors de son séjour. Dans l'est du quartier, rues Saint-Vincent et Saint-Gabriel, les hôtels Richelieu, Canada, de France attirent les visiteurs francophones. C'est au Richelieu, établissement dont les façades donnent rue Saint-Vincent et place Jacques-Cartier, que la troupe de l'actrice Sarah Bernhardt descend lors de son passage à Montréal en 1880 tandis que la diva elle-même s'installe au Windsor.

■ LA VIE ASSOCIATIVE ET LE CHOC DES IDÉES

159 ◄

Détail d'une photographie d'Alexander Henderson montrant les hôtels de la rue Saint-Paul vers 1870.

Archives photographiques Notman, Musée McCord d'histoire canadienne, Montréal, MP-1984.47.48.

160 ◄

L'hôtel Ottawa vers 1870. 404-410, rue Saint-Jacques.

Musée du Château Ramezay.

L'intensification des échanges, l'innovation technologique et l'expansion du capitalisme industriel ont véritablement transformé le quartier en profondeur entre 1850 et 1880. La sphère domestique familiale y a de moins en moins sa place, même si des personnes de toutes conditions – Montréalais plongés dans la vie urbaine, personnes de passage ou esseulées – sont encore nombreuses à y vivre. Des milliers d'autres passants y circulent quotidiennement. Le centre victorien de la ville demeure donc un milieu très animé. On s'y adonne à de nouvelles activités culturelles qui prendront également racine dans les quartiers résidentiels bourgeois. De plus, le quartier reste la scène principale d'intenses débats idéologiques, politiques et religieux.

Pendant la deuxième moitié du XIXe siècle, le centre représente encore un important foyer d'animation religieuse. Ce rôle tient d'abord à l'héritage légué par les lieux de culte qui y ont été fortement concentrés pendant la première moitié du siècle. Vers 1850, le quartier compte encore un grand nombre d'églises, majoritairement protestantes et souvent de taille modeste, entretenues par plusieurs communautés différentes. Ces constructions représentent dans la plupart des cas des investissements considérables. C'est ce qui explique pourquoi on observe un décalage important entre l'exode des fidèles et la relocalisation des lieux de culte dans les nouveaux quartiers résidentiels. Néanmoins, les départs se succèdent : celui de l'église principale des anglicans, en 1856, accéléré par un incendie qui détruit Christ Church, et celui de l'imposante église American Presbyterian située à l'angle des rues Saint-Jacques et McGill, en 1866, seront suivis de plusieurs autres. En 1888, ce sera le tour de l'église méthodiste St James qui, jusqu'à cette date, demeure l'église protestante la plus importante du quartier. Pasteurs et laïcs y animent de nombreuses œuvres d'évangélisation et de réforme morale dont l'école du dimanche et les soirées de tempérance (**fig. 161**).

161 ◄

Détail d'une photographie prise en 1866 par William Notman depuis une tour de l'église Notre-Dame et montrant au premier plan le secteur de la rue Saint-Jacques aux alentours de l'église méthodiste St James.

Archives photographiques Notman, Musée McCord d'histoire canadienne, Montréal, I-21041.1.

162 ▼

Intérieur de l'église Notre-Dame rénové en 1872-1877. Victor Bourgeau, architecte. 100, rue Notre-Dame Ouest.

Photographie : © PhotoGraphex.

Du côté catholique, outre la chapelle Notre-Dame-de-Bon-Secours et les chapelles intégrées aux divers ensembles conventuels, dont deux disparaissent, il y a Notre-Dame qui relève toujours des messieurs de Saint-Sulpice. Le statut de l'église est toutefois modifié pendant ces années. Mgr Ignace Bourget, second évêque du diocèse de Montréal, obtient de Rome la permission de démembrer la paroisse Notre-Dame et de créer un réseau de nouvelles paroisses de dimensions plus modestes à compter de 1866. Vivement opposés au projet de démembrement, les sulpiciens décident d'investir pour réaffirmer le prestige et l'importance de Notre-Dame. Ils confient à l'architecte Victor Bourgeau le mandat de procéder à des modifications substantielles de l'intérieur (**fig. 162 ; S**).

Ces travaux sont réalisés entre 1872 et 1887. L'intervention de l'architecte améliore l'éclairage de la nef par la percée de rosaces et transforme le chœur, notamment par l'ajout d'un imposant retable. Le décor sobre hérité d'O'Donnell cède la place aux riches couleurs d'argent, d'or, d'azur, de rouge et de pourpre. La voûte grise est transformée en un ciel bleu turquoise où brillent des étoiles d'or. Sous la direction de Bourgeau, lui-même formé à la menuiserie et à la sculpture, une équipe d'artisans et de sculpteurs parmi lesquels figure Louis-Philippe Hébert, alors en début de carrière, font de l'intérieur de Notre-Dame un chef-d'œuvre de la tradition canadienne-française de la sculpture religieuse sur bois. L'ensemble conçu par Bourgeau sera complété par la construction de la chaire de Vérité. C'est à Hébert que l'on doit cette imposante chaire d'inspiration gothique de 14 mètres de hauteur finalement réalisée entre 1882 et 1887. Décorée de sculptures et surmontée d'une allégorie de la Religion (**fig. 163**), la chaire domine la nef de Notre-Dame. L'église est désormais une scène splendide où se déploie une liturgie plus expressive et plus spectaculaire.

Vue du fleuve ou du mont Royal, Notre-Dame continue de dominer le paysage montréalais. Pendant toute l'ère victorienne, elle est reconnue comme un chef-d'œuvre de l'architecture religieuse et l'attrait touristique le plus important de Montréal. Alfred Sandham la décrit comme la plus belle et la plus imposante église de style gothique du continent nord-américain.

Dans un contexte social bouleversé par l'urbanisation et la dislocation des modes de vie traditionnels, les Églises catholique et protestante travaillent à une reconquête religieuse et morale des citadins. Chez les catholiques, Montréal et son évêque Mgr Bourget sont à la tête d'un mouvement de renouveau soutenu par l'idéologie ultramontaine qui propose une vision autoritaire et conservatrice du catholicisme. À l'opposé de ce courant, la diffusion du libéralisme est alors étroitement liée à l'Institut canadien de Montréal, la plus importante association littéraire canadienne-française de l'époque. L'Institut connaît un grand succès auprès des jeunes gens de la classe d'affaires et des professions libérales.

163 ▲

Allégorie de la religion de Louis-Philippe Hébert couronnant la chaire de l'église Notre-Dame et achevée en 1887.

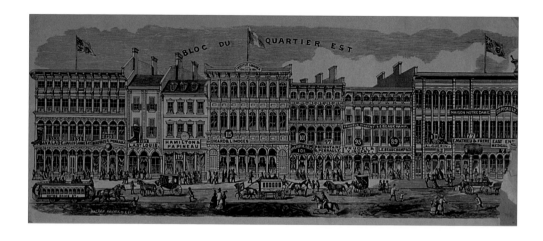

164 ▲

Gravure de John Henry
Walker montrant une série
d'élévations rue Notre-
Dame vers 1877 ; au centre,
l'Institut canadien.

Musée McCord d'histoire
canadienne, Montréal,
M930.50.7.417.

Il s'installe rue Notre-Dame dans un secteur commercial dynamique
(fig. 164), près du palais de justice et du lieu de résidence d'importants
éléments de la bourgeoisie francophone. Deux journaux, *L'Avenir* puis
Le Pays, seront associés à l'Institut canadien. Alfred Sandham est parmi
ceux qui admirent la ténacité de ses membres. Néanmoins, l'Institut ne
pourra résister aux attaques ultramontaines et met fin à l'essentiel de ses
activités en 1871. L'œuvre sulpicienne du Cabinet de lecture paroissial,
fondé en 1857, est sans aucun doute la plus importante des associations
littéraires créées pour contrer l'influence de l'Institut. Inauguré en 1860,
l'immeuble, aujourd'hui disparu, est situé à l'angle des rues Notre-Dame
et Saint-François-Xavier, près de l'église Notre-Dame (voir fig. 133). Du
côté anglophone, des associations à vocation littéraire ou scientifique
connaissent aussi beaucoup de succès à cette époque. La plus importante
est sans doute le Mechanic's Institute dont les membres sont pour la plupart issus des classes moyennes et du monde artisanal. En 1854, l'organisation construit un nouvel immeuble rue Saint-Jacques, lui aussi
disparu. Ses locaux sont mis à la disposition de divers groupes et accueillent une variété d'activités culturelles tout au long de la période. Une
autre association, la Natural History Society, quitte au même moment le
quartier pour se rapprocher de l'Université McGill ; elle y transporte son
musée de sciences naturelles, ses collections et sa bibliothèque. Un éventail de plus en plus vaste d'activités culturelles – théâtre, beaux-arts,
musique – voit aussi le jour à Montréal après 1860, suscitant la création
de nouvelles associations qui se dotent d'importants équipements culturels. Ces organisations auront toutefois de plus en plus tendance à
s'établir dans les nouveaux quartiers résidentiels bourgeois ou à y migrer.

Pour sa part, le Young Men's Christian Association (YMCA), organisation à vocation religieuse, décide plutôt de s'établir dans le centre vic-

165 ▶

Photographie d'Alexander
Henderson montrant le
square Victoria vers 1875 ;
à gauche, l'immeuble du
YMCA et, au centre, la
statue de la reine Victoria.

Archives nationales du Canada,
Ottawa, C-007934.

torien. La première succursale nord-américaine du YMCA s'installe en 1851 à l'angle des rues Sainte-Hélène et des Récollets où une plaque commémorative témoigne encore aujourd'hui de l'événement. Les fondateurs du YMCA considèrent le quartier comme un milieu propice à leur action. C'est là qu'ils recrutent les futurs leaders du mouvement, commis et cols blancs travaillant dans les bureaux et les magasins, et qu'ils trouvent la clientèle cible de l'institution, soit les marins, débardeurs, soldats et immigrants à convertir. De 1864 à 1874, Alfred Sandham est secrétaire général et animateur du YMCA de Montréal. De son bureau rue Saint-Jacques puis rue Craig, il coordonne les activités culturelles offertes aux 1 000 membres ainsi que l'action missionnaire sur le terrain, voit à la publication de tracts et supervise les travaux de construction du premier immeuble du YMCA inauguré au square Victoria en 1873. Cet espace public qui fait le pont entre le centre victorien des affaires et les quartiers bourgeois plus au nord vient à l'époque d'être transformé en square. Une statue de la reine Victoria y est installée en grand pompe en 1872 **(fig. 165)**.

Alfred Sandham joue aussi un rôle clé dans une autre association qui voit le jour dans ces années, la Numismatic and Antiquarian Society of Montreal. Fondée en 1857 pour réunir ceux qui s'intéressent à la numismatique, la société étendra son mandat à l'étude de l'histoire en 1866. Sandham est le premier rédacteur de la revue de la société, le *Canadian Antiquarian and Numismatic Journal*, qui paraît à partir de 1872. Du côté francophone, la Société historique de Montréal a été fondée en 1858 par Jacques Viger, qui meurt l'année suivante, et par quelques autres hommes influents. De 1859 à 1879, la bibliothèque, les archives et la salle de réunion de la société seront logées dans le château Ramezay, alors occupé par les bureaux du surintendant de l'Instruction publique et par l'école normale Jacques-Cartier pour la formation des maîtres.

Pour ses contributions à la revue de la Société de numismatique tout comme pour ses autres ouvrages, Alfred Sandham a recours aux services de divers artistes et graveurs dont son frère Henry Sandham, John Henry Walker et le photographe William Notman (**fig. 166**). L'édition, la librairie et la presse connaissent un essor important à cette époque, et c'est dans le centre victorien qu'elles sont établies. Chez les francophones, ce sont à tour de rôle les librairies Fabre, Rolland et Beauchemin qui dominent le marché montréalais. Toutes sont situées à l'est dans l'axe des rues Saint-Vincent et Saint-Paul, là où se trouvent aussi plusieurs ateliers d'imprimerie et les journaux francophones. Du côté anglophone, les entreprises liées à l'imprimé sont pour la plupart situées entre les rues Notre-Dame et Saint-Jacques, à proximité de la rue Saint-François-Xavier. C'est là que sont installées les grandes imprimeries de George Bishop et de John Dougall, éditeurs de deux ouvrages de Sandham, ainsi que les plus importantes librairies de la ville, notamment Dawson Brothers et G. and W. Clarke.

166 ▲

Alfred Sandham photographié par William Notman en 1864.

Archives photographiques Notman, Musée McCord d'histoire canadienne, Montréal, I-3791.

Vers 1870, on recense près de 30 journaux et périodiques produits et imprimés dans le quartier. Plusieurs d'entre eux sont diffusés partout au Canada. Quotidiens et hebdomadaires y ont leurs bureaux, ainsi que plusieurs revues spécialisées et la presse religieuse protestante et catholique. Deux de ces périodiques joueront un rôle particulier dans l'histoire de la presse canadienne : le *Canadian Illustrated News* (1869) et *L'Opinion publique* (1870). Abondamment illustrés de gravures, de lithographies et de reproductions photographiques et vendus à prix modique, ils marquent une étape fondamentale dans la consommation de masse des images.

L'ADMINISTRATION MUNICIPALE

ET LE DÉPLOIEMENT DE LA VIE CIVIQUE

Après l'incendie du parlement en 1849, Montréal doit renoncer à l'ambition d'être une capitale politique : ce rôle échoira plutôt à Ottawa et à Québec, capitales fédérale et provinciale. La présence du gouvernement central se manifeste toutefois par la Douane et la Poste, des instances administratives qui règlent les fonctions liées au commerce et aux communications. Un bureau de poste est construit rue Saint-Jacques dans les années 1850, suivi d'un autre de style Second Empire dans les années 1860, tous deux aujourd'hui disparus. Quant au gouvernement provincial, de qui relèvent le bureau du surintendant de l'Instruction publique et l'école normale Jacques-Cartier, il affirme sa présence dans le quartier surtout par l'imposant palais de justice érigé rue Notre-Dame au début des années 1850.

Pendant la deuxième moitié du XIXe siècle, le plus impressionnant édifice public de Montréal est l'hôtel de ville. C'est d'abord le marché Bonsecours (**T**) qui fait office d'hôtel de ville à compter de 1852 (voir fig. 119). Il abrite la salle du conseil et celles des comités, de même que les bureaux des élus et des fonctionnaires. La cour municipale y est également installée ainsi que la direction des services policiers et les cellules où l'on incarcère ceux qui sont arrêtés pour vagabondage, ivresse ou prostitution. Symbole de la forte imbrication des milieux politiques et économiques dans la ville, le marché Bonsecours accueille la quasi-totalité des événements qui rythment la vie civique montréalaise à l'époque victorienne. Les grandes expositions industrielles des années 1850 s'y déroulent. On y organise de grands banquets civiques lors des fêtes du 40e anniversaire de la société Saint-Jean-Baptiste en 1874 de même qu'à l'occasion du jubilé de Mgr Bourget en 1872.

Vers la fin des années 1870, la croissance phénoménale de Montréal et les besoins considérables engendrés par l'urbanisation rapide et l'industrialisation massive entraînent la multiplication des services municipaux. Pour répondre aux exigences de l'administration, le Conseil municipal décide de procéder à la construction d'un nouvel hôtel de ville, projet qui s'échelonnera sur plus de six ans. Enfin, en mars 1878, on inaugure un édifice (**fig. 167 ; U**) conçu par les architectes Alexander Hutchison et Henri-Maurice Perrault dans l'esprit du Second Empire français. Ce style est alors très prisé dans les grandes villes d'Amérique, comme en témoignent les hôtels de ville de Boston et Philadelphie. Le fier bâtiment, construit devant le château Ramezay du XVIIIe siècle, consolide les fonctions administratives et judiciaires dans le nord-est du Vieux-Montréal, secteur traditionnel de l'exercice du pouvoir. Fièrement tourné vers le fleuve, l'hôtel de ville surplombe aussi les faubourgs en rapide expansion.

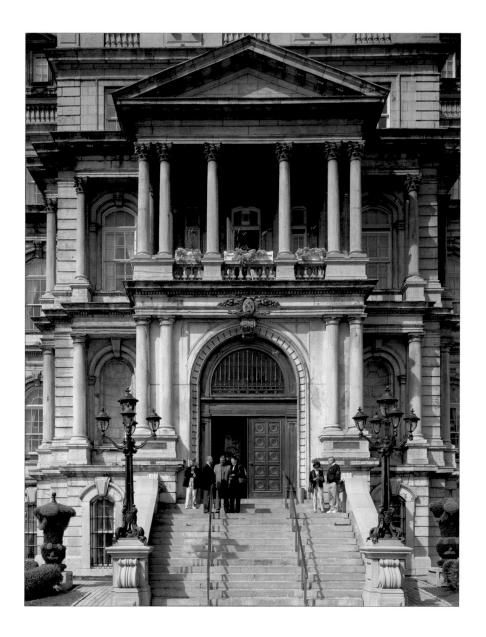

167 ▲

Portail de l'hôtel de ville de Montréal,
1872-1878. Alexander C. Hutchison
et Henri-Maurice Perrault, architectes.
La partie supérieure de l'édifice et
son intérieur ont été modifiés
après un incendie survenu en 1922.
275, rue Notre-Dame Est.

Fort de cette vocation civique, le quartier est aussi le lieu de tous les rassemblements et de toutes les manifestations publiques. Entre 1850 et 1880, on dénombre une multitude d'événements qui donnent lieu à des défilés et à divers types de festivités, au pavoisement ou à l'illumination d'immeubles publics et privés ou encore à la construction de structures architecturales éphémères (**fig. 168**). Certaines célébrations sont prises en charge par les autorités municipales, qu'il s'agisse de fêter une victoire militaire de l'Empire britannique, de marquer un exploit technologique tel que l'installation du premier câble de télégraphe sous l'Atlantique en 1858, d'accueillir un visiteur de prestige, d'organiser une fête patriotique ou de célébrer les funérailles d'un homme d'État. D'autres événements sont organisés par l'Église comme la Fête-Dieu, le jubilé de Mgr Bourget et le départ des zouaves pontificaux, ou par les sociétés nationales comme les défilés de la Société Saint-Jean-Baptiste ou de la Société St Patrick, et plus rarement par des associations ouvrières comme la procession de la Grande Association de Médéric Lanctôt en 1867. Quels que soient les motifs des manifestations publiques et leur parcours spécifique, toutes affirment l'importance du centre victorien comme lieu de pouvoir et cœur symbolique de la ville. Dans ce cadre urbain et à travers ces activités fortement codifiées, tous les groupes sociaux et nationaux peuvent accéder à l'espace public et témoigner de leur présence dans la cité.

168 ▸

Gravure de John Henry Walker réalisée vers 1855 représentant les immeubles Masson, dit aussi Crystal Block, rue Notre-Dame, pavoisé pour célébrer la victoire de Sébastopol.

Musée McCord d'histoire canadienne, Montréal, M930.50.2.281.

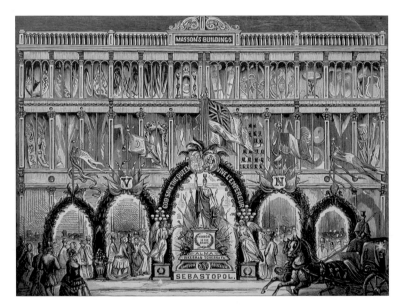

On voit qu'en 30 ans à peine, pendant la période victorienne, le quartier que nous nommons aujourd'hui le Vieux-Montréal a subi des transformations profondes. Pour Sandham et ses contemporains, tous convaincus de vivre un moment privilégié de l'histoire, le trait dominant de la société victorienne était le progrès. Tout en reconnaissant l'importance de l'avancement de la science, des arts et de la religion, Sandham se disait particulièrement fier du progrès économique et commercial de la ville. Il vantait la prospérité de son port et de ses industries. Il était très sensible aux transformations concrètes de la ville telles que l'élargissement des grandes artères, l'aménagement des espaces publics et la construction de nouveaux immeubles à vocation industrielle, financière et commerciale. Devant les magasins-entrepôts et les sièges sociaux des grandes institutions financières, Sandham exprimait un enthousiasme et une admiration que d'autres auraient réservés aux cathédrales ou aux palais princiers.

C'est un patrimoine bâti riche que nous ont légué les contemporains de Sandham. Dans les rues du Vieux-Montréal d'aujourd'hui, on peut admirer plus de 200 bâtiments de cette période. Certains sont presque intacts, beaucoup ont été modifiés mais ils évoquent tous encore la grandeur de ce qui était à l'époque le centre commercial d'une ville de l'Empire britannique. Cependant, même si le règne de la reine Victoria se poursuivra encore, le quartier, quant à lui, s'affirmera de plus en plus comme le centre d'une métropole bien nord-américaine.

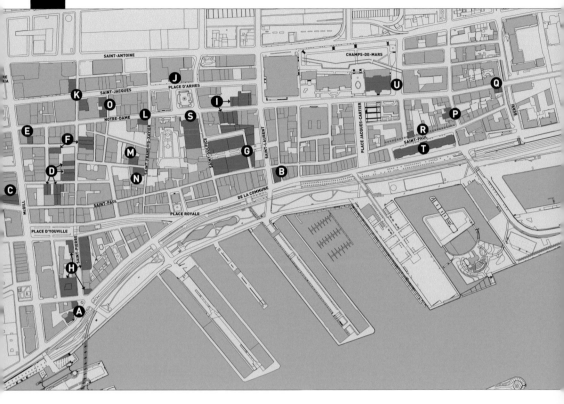

A Édifice des commissaires du Havre et édifice Allan

B Magasin-entrepôt Jodoin

C Magasins-entrepôts Dominion Block

D Magasins-entrepôts Brown and Childs, Urquhart et Joseph

E Magasin-entrepôt Ramsay

F Magasins-entrepôts Caverhill et Gault

G Magasins-entrepôts de l'Hôtel-Dieu

H Magasins-entrepôts des sœurs Grises

I Magasins-entrepôts Cathedral Block et immeubles Merrill, Beaudry et Boyer

J Tympan de l'édifice de la Banque de Montréal

K Édifices Molson's Bank et Merchants' Bank

L Édifice Exchange Bank

M Édifice Merchants' Exchange

N Édifice Montreal Telegraph

O Édifice Banque d'Épargne, lieu du premier central téléphonique

P Maisons Tate

Q Lieu historique national de Sir-George-Étienne-Cartier

R Anciens hôtels de la rue Saint-Paul

S Église Notre-Dame ; intérieur conçu par Victor Bourgeau

T Marché Bonsecours

U Hôtel de ville ; murs extérieurs des premiers étages et portail de 1878

169 ▲

Louis-Philippe Hébert, sculpteur. *Monument à la
mémoire de Paul de Chomedey de Maisonneuve*, 1895.
À l'arrière-plan, l'édifice New York Life, 1887-1889.
Babb, Cook and Willard, architectes.
Place d'Armes.

Gilles Lauzon, Jean-François Leclerc

Le cœur de la métropole
dans le vieux Montréal

1880 · 1950

L e cœur ancien de la ville est le théâtre de transformations spectaculaires alors que Montréal, ville industrielle en pleine croissance,
s'affirme résolument comme la métropole du Canada. C'est du
quartier que part, en 1886, le premier transcontinental de la compagnie
ferroviaire Canadien Pacifique, un événement qui marque l'époque. Le
centre financier canadien et le principal port du pays atteignent des
dimensions auparavant inimaginables, ce qui donne lieu à la construction de bâtiments et d'ouvrages remarquables. Les immeubles de bureaux
en hauteur qui parsèment la vieille ville et vers lesquels convergent des
milliers d'employés en offrent un exemple frappant.

Alors que le progrès et l'innovation sont plus que jamais à l'ordre du
jour, la commémoration fait aussi désormais partie intégrante des activités
urbaines, ce qui se traduit par l'installation de plaques et de monuments,
surtout dans la vieille ville. Le tournant du XXe siècle donne même lieu à
l'émergence de l'expression « vieux Montréal » qui, en plus d'évoquer un
certain Montréal d'autrefois, désigne le territoire de la ville fortifiée ancienne dans lequel la métropole moderne s'affirme avec force. Pendant la première moitié du siècle, le quartier sera donc le théâtre d'une véritable tension, parfois dramatique, entre « progrès » et rappels du passé.

170 ◀

Édifice de la Banque du Peuple, construit en 1893-1894 en intégrant la façade d'un bâtiment de 1871-1872. Perrault, Mesnard et Venne, architectes. 53-57, rue Saint-Jacques.

Un homme incarne bien cette dualité : Victor Morin. Celui qui est appelé à devenir un personnage incontournable du quartier, à la fois homme d'affaires, membre de la classe politique, auteur prolifique et féru d'histoire, arrive à Montréal en 1885, à 20 ans, en provenance de Saint-Hyacinthe, chef-lieu d'une région agricole prospère. Grâce à son oncle Onésime Marin, il devient clerc dans l'une des plus importantes études de notaires de Montréal, Papineau et Marin, installée rue Saint-Jacques. Il occupe un logement rattaché au Cabinet de lecture paroissial rue Saint-François-Xavier. Tout en poursuivant ses études de droit à l'Université Laval, temporairement installée dans l'ancien hôtel de la Compagnie des Indes, il est un membre actif du Cercle littéraire Ville-Marie créé par les sulpiciens. C'est là qu'il fait la connaissance d'un autre passionné de littérature et d'histoire, Édouard-Zotique Massicotte. C'est le début d'une longue amitié. Politiquement, le jeune Morin s'inscrit tôt dans la mouvance libérale, à l'encontre de la tendance conservatrice dominante des années 1880.

Entré officiellement comme notaire chez Papineau et Marin en 1890, il sert une clientèle institutionnelle et bourgeoise majoritairement francophone. Neveu de Marin, il devient vite l'un des associés du cabinet qui emménage bientôt dans l'édifice rehaussé et modernisé de la Banque du Peuple, cliente des notaires, rue Saint-Jacques à l'est de la place d'Armes (**fig. 170** ; **A**). L'immeuble, inauguré en 1894, accueille de nombreux locataires. Ceux-ci franchissent un portail monumental gardé par deux griffons et abondamment décoré de figures mythiques avant de pénétrer dans un atrium – malheureusement détruit un siècle plus tard par un incendie – où de fines poutrelles d'acier soutiennent des planchers de verre. Les architectes de cette rénovation, Perrault, Mesnard et Venne, s'installent aussi dans le bâtiment. Leur agence est fort occupée : en plus de ce projet, ils ont conçu la chapelle du Sacré-Cœur à l'arrière de l'église Notre-Dame, ils ont surélevé et réaménagé le palais de justice et ils ont agrandi la chapelle Notre-Dame-de-Bon-Secours. Dans l'immeuble de la Banque du Peuple comme dans la plupart des bâtiments nouveaux, l'éclectisme et l'historicisme des références architecturales et décoratives accompagnent les innovations techniques, paradoxe poussé à l'extrême en cette fin de siècle.

Autour de la place d'Armes, de nouvelles constructions en remplacent de plus anciennes qui en ont elles-mêmes remplacé d'autres. L'immeuble de huit étages de la New York Life Insurance Company atteint un sommet inégalé en 1889. Sa tour d'horloge rivalise avec les clochers de Notre-Dame (voir fig. 169 ; **B**). Devant ce nouveau gratte-ciel, le premier à Montréal, se dresse en 1895 le monument à la mémoire du fondateur de Montréal créé par Louis-Philippe Hébert, celui-là même qui a réalisé dix ans plus tôt la chaire de l'église Notre-Dame (voir fig. 163).

Victor Morin s'intéressera à ce monument et à la commémoration en général, mais au cours des années 1890 il est surtout occupé à lancer sa carrière. Il prend bientôt la relève de ses prédécesseurs à la direction du cabinet avec le notaire F.S. MacKay comme nouvel associé. À compter de 1897, il est également notaire titulaire de la Ville de Montréal. Son ami Édouard Massicotte, devenu avocat puis journaliste, se passionne pour l'histoire de la ville et collectionne toutes les images de Montréal qu'il peut trouver. Dans l'immense collection qu'il a constituée, aujourd'hui conservée à la Bibliothèque nationale du Québec, une carte postale du début du XXe siècle montre une scène fort vivante de la rue Saint-Jacques à l'angle de ce qui est aujourd'hui le boulevard Saint-Laurent, secteur que Morin parcourt quotidiennement entre bureau, palais de justice et hôtel de ville (**fig. 171**).

De nombreux journaux occupent des emplacements de choix dans le secteur. *La Presse* fait construire en 1899-1900 un nouvel immeuble, que le journal utilise encore aujourd'hui (**C**). À l'ouest de la place d'Armes, un bâtiment érigé la même année abrite le *Montreal Star* ; il accueillera plus tard *The Gazette*. Ces deux institutions témoignent de la forte croissance des quotidiens populaires à grand tirage, un phénomène nouveau. Les journaux, désormais illustrés de photographies, alimenteront aussi la collection de Massicotte. Certaines de ces images montrent d'autres nouveautés. Depuis les années 1880, les poteaux et les fils électriques et téléphoniques envahissent les rues. En 1887, la rue Saint-Jacques est la première grande voie du quartier à être recouverte d'asphalte. À partir de 1892, les tramways électriques remplacent leurs ancêtres tirés par des chevaux.

Voilà donc l'environnement quotidien du jeune notaire Victor Morin à proximité immédiate de la place d'Armes qui, en tant que cœur du quartier des affaires et lieu de commémoration, devient le point de convergence par excellence des nouveautés urbaines.

171 ▼

Carte postale publiée vers 1905-1910 montrant la rue Saint-Jacques et l'édifice de *La Presse*.

Albums de rues d'Édouard-Zotique Massicotte, Bibliothèque nationale du Québec.

ASSURANCES ET ARCHITECTURE-SPECTACLE

Les compagnies d'assurance jouent un rôle déterminant dans le milieu des affaires que Victor Morin et ses contemporains observent à la fin du XIXe siècle. Implantées au cœur de la métropole, ces entreprises, qu'elles soient canadiennes ou étrangères, contribuent à transformer le paysage du centre financier. Elles le font grâce aux revenus tirés des contrats d'assurance vendus, des espaces de bureaux mis en location et d'autres investissements, en particulier dans le domaine des prêts hypothécaires. Inauguré en 1889, l'immeuble en hauteur de la New York Life en est un bon exemple (**fig. 172 ; B**). Construit pour la succursale montréalaise d'une importante compagnie américaine d'assurance vie d'après les plans de l'agence new-yorkaise Babb, Cook and Willard, l'immeuble fait montre d'un éclectisme architectural raffiné. Hauteur, nouveautés techniques, motifs décoratifs à la mode et figures tirées d'un passé mythique se juxtaposent dans cet immeuble de grès rouge d'Écosse, matériau qui contraste avec la traditionnelle pierre grise de Montréal. Dès l'entrée, les

172 ▶

Partie de la façade principale de l'édifice New York Life, 1887-1889.
Babb, Cook and Willard, architectes.
511, place d'Armes.

clients découvrent la finesse des motifs de pierre sculptés par Henry Beaumont, artiste arrivé depuis peu d'Angleterre, les grilles de métal réalisées par la fonderie montréalaise Chanteloup, les marbres, mosaïques, plâtres, bronzes et luminaires qui décorent le vestibule donnant accès aux ascenseurs.

Un autre immeuble de huit étages, celui de la Canada Life Assurance Company (**fig. 173** ; **D**), est construit en 1894-1895 rue Saint-Jacques pour la succursale montréalaise de cette compagnie ontarienne. L'architecte Richard A. Waite de Buffalo emploie une technique utilisée pour la première fois à Chicago en 1884 : la pierre ne joue plus aucun rôle porteur et n'est plus qu'un revêtement accroché à une structure entièrement en acier. C'est l'un des premiers immeubles du genre au Canada. Le programme sculptural est encore réalisé par Henry Beaumont. Cette fois, il utilise des éléments du vocabulaire architectural classique qui rappellent la Renaissance et, à travers elle, évoquent l'Antiquité. À l'angle du bâtiment, deux figures antiques tiennent un écu d'inspiration médiévale portant les armoiries de l'entreprise. Un programme décoratif éclectique, puisant à un lointain passé, recouvre donc une structure moderne en acier.

173 ▲

A : Carte postale ancienne montrant l'édifice Canada Life, 1894-1895.
Richard A. Waite, architecte.
275, rue Saint-Jacques.

Collection Christian Paquin.

B : Motif d'une colonne de l'édifice Canada Life conçu par le sculpteur Henry Beaumont.

174 ▲

À gauche : édifice Waddell, 1884 ; John W. Hopkins, architecte ;
260-264, rue Notre-Dame Ouest.
À droite : édifice Sun Life, 1890-1891 ; Robert Findlay, architecte ;
260-266, rue Notre-Dame Ouest.

175 ◄

À gauche : édifice Guardian, 1902 ; Finley and Spence et Henry Ives Cobb, architectes ; 240, rue Saint-Jacques.

À droite : édifice London and Lancashire, 1898 ; Edward et William S. Maxwell, architectes ; 244, rue Saint-Jacques.

176 ◄

Décor architectural à tête d'Hermès de l'édifice Guardian ; 240, rue Saint-Jacques.

Le siège social canadien de la London and Lancashire (**fig. 175** ; **E**) marque un autre virage architectural à Montréal lors de sa construction en 1898. Le jeune architecte montréalais William Maxwell, qui revient alors de Boston, est entré au service de l'agence de son frère Edward dont il deviendra plus tard l'associé. Même s'il ne partira que l'année suivante pour étudier dans un atelier parisien, il est déjà fortement influencé, comme de très nombreux architectes d'Amérique, par l'École des beaux-arts de Paris qui prône la rigueur, la clarté et la symétrie tout en accordant une large place à la sculpture et aux références anciennes. Le riche décor du London and Lancashire est emprunté à la Renaissance française. En 1902, le chantier de l'immeuble de la Guardian Fire and Life Assurance Company of England est entrepris juste à côté (**E**). Par le raffinement des détails, le nouveau bâtiment établit une continuité avec son voisin, mais la verticalité de ses pilastres l'inscrit dans la tendance nord-américaine.

Au début du XXᵉ siècle, la compagnie d'assurance vie Sun Life, fondée à Montréal, possède deux immeubles mitoyens rue Notre-Dame près de la place d'Armes, l'un bâti en 1884, l'édifice Waddell, et l'autre construit en 1890-1891 par la compagnie elle-même (**fig. 174** ; **F**). Les deux bâtiments présentent des caractéristiques qui les distinguent des deux autres décrits précédemment. Le jeu des couleurs, surtout évident sur le Waddell, et l'asymétrie savante, surtout visible sur son voisin, sont proprement victoriens, donc britanniques, et déjà un peu démodés au début du XXᵉ siècle, mais ils restent impressionnants.

Comme la gestion des contrats d'assurance vendus par des agents ne requiert que peu d'espace de bureaux, ces compagnies louent à de multiples locataires. Les bâtiments constituent donc des investissements immobiliers importants. Le luxe des façades et des halls d'entrée sert autant, sinon plus, à justifier de forts loyers qu'à rassurer et impressionner les clients fortunés.

Toutes ces entreprises ont en commun d'être dirigées par des administrateurs anglophones. Il existe aussi à Montréal un éventail de compagnies d'assurance sous contrôle canadien-français mais dont le champ d'action au Canada est plus restreint. Fondée en 1903, la compagnie d'assurance vie La Sauvegarde devient vite, et de loin, la plus importante d'entre elles. En 1913, elle construira un siège social de dix étages rue Notre-Dame, en face du palais de justice (**fig. 177**). Victor Morin possède des actions de plusieurs de ces sociétés. Il s'intéresse par ailleurs aux mutuelles, destinées à assurer la sécurité financière des ménages modestes.

177 ▼

Édifice La Sauvegarde, 1913. Saxe and Archibald, architectes. 150-152, rue Notre-Dame Est.

LA WALL STREET DU NORD

Les compagnies d'assurance jouent un rôle important dans le quartier des affaires, mais ce sont les banques qui occupent l'avant-scène. En finançant les opérations commerciales et industrielles qui sont en pleine croissance, elles assurent leur fortune et dominent le monde de la finance. Au début du XXe siècle, l'architecture des sièges sociaux des banques reflète cette position prépondérante. Et la rue Saint-Jacques est, de loin, la principale vitrine de ces institutions au Canada.

Plusieurs banques y font construire de véritables temples. Derrière toutes ces colonnades, le faste et le luxe des matériaux reflètent la grande prospérité des institutions, tandis que les emprunts à l'architecture antique suggèrent à la fois la durée et la pérennité. Vers 1890, pour les banques comme pour d'autres grands bâtiments, on appréciait les compositions architecturales éclectiques dans lesquelles on osait des amalgames de styles d'une complexité parfois étourdissante. Au tournant du XXe siècle, on cherche à simplifier et à clarifier l'aspect des édifices. Beauté et éloquence classiques sont à l'ordre du jour, mais cette architecture qui dépasse l'échelle humaine sert aussi à impressionner et à rassurer les déposants.

Dans cet esprit, la Banque de Montréal, après avoir réaménagé son siège social une première fois en 1885-1886, reprend tout dès 1901 (**fig. 178**; **G**). On conserve cette fois encore la façade de 1845, elle-même reflet de l'esprit classique qui avait précédé l'exubérance et l'éclectisme victoriens. Les travaux sont confiés à la prestigieuse agence new-yorkaise McKim, Mead and White qui réaménage l'ancienne salle des guichets en vestibule et hall d'apparat. La Banque de Montréal doit alors une large part de sa fortune récente, bien mise en évidence par ces travaux, à ses liens étroits avec la puissante compagnie de transport Canadien Pacifique (CP).

La force d'attraction du centre financier montréalais est telle que la Royal Bank de Halifax y déménage son siège social en 1907, année où elle entreprend la construction d'un bâtiment à colonnade rue Saint-Jacques. Elle en prend possession en 1908, époque où le magnat montréalais des services publics Herbert Holt devient président de la banque – les quatre immenses statues allégoriques qui ornaient alors sa façade sont aujourd'hui aux Archives nationales du Québec, à proximité du Vieux-Montréal. La Royal Bank fait concurrence à la Banque de Montréal partout au Canada, et elle tire déjà une bonne partie de ses revenus des Caraïbes, d'Amérique centrale et d'Amérique du Sud.

Une colonnade imposante domine bientôt le paysage. Construite entre 1907 et 1909, elle orne la façade de la principale succursale montréalaise de la Canadian Bank of Commerce dont le siège social est à Toronto. Cette construction entraîne la démolition de l'édifice Temple datant de 1888, immeuble de bureaux qui avait lui-même remplacé l'église méthodiste

178 ▲

Intérieur agrandi et rénové du siège social de la
Banque de Montréal, 1901-1905. McKim, Mead and White,
architectes ; Standford White, architecte principal.
119, rue Saint-Jacques.

St James, fermée au profit d'une nouvelle église située rue Sainte-Catherine dans le quartier Saint-Antoine (**fig. 179** ; **H**). De nombreuses autres
banques, les British North American, Quebec, Ottawa, Toronto Dominion, Eastern Townships, Merchants', Molson's et Union, notamment,
sont aussi installées rue Saint-Jacques à l'ouest de la place d'Armes.
Certaines d'entre elles possèdent des bâtiments remarquables, alors que
d'autres logent dans des immeubles de bureaux plus anonymes.

Les banques sous contrôle canadien-français, rentables mais généralement sous-capitalisées faute de très gros actionnaires, sont plus souvent installées à l'est de la place d'Armes où elles n'entreprennent pas
autant de constructions nouvelles. L'immeuble le plus imposant demeure encore celui érigé par la Banque du Peuple où Victor Morin a ses
bureaux. Toutefois, en 1895, l'édifice est à peine achevé que la banque
fait faillite ; en fait, 18 banques font faillite au Canada entre 1880 et 1915.
La Banque d'Hochelaga reprend en main les actifs résiduels de la
Banque du Peuple et s'installe dans l'immeuble qui porte désormais son
nom (**A**). La Banque Provinciale, créée en 1900, qui a intégré les actifs
de la Jacques-Cartier et repris le siège social de cette dernière du côté est
de la place d'Armes – cet immeuble sera remplacé plus tard – dispose en
1915 d'un capital-actions quatre fois moindre que celui de la Banque
d'Hochelaga mais elle est particulièrement active dans les opérations à
risque. Par ailleurs, la Banque Nationale, de Québec, reprend en 1909
l'immeuble de 1870 de la Great Scottish Life Insurance à l'angle de la
côte de la Place-d'Armes (voir fig. 152). Elle fait ajouter des étages au bâtiment dans lequel elle installe sa succursale montréalaise principale.

179 ◄

Carte postale ancienne
montrant la succursale
montréalaise de la
Canadian Bank of
Commerce, 1907-1909.
Darling and Pearson,
architectes.
265, rue Saint-Jacques.

Collection Christian Paquin.

180 ▲

À droite : édifice Royal
Trust, 1912-1913 ;
McKim, Mead and White,
architectes ;
105-107, rue Saint-Jacques.

À gauche : édifice de la
Banque de Montréal.

Les sociétés de fiducie sont souvent proches des banques. Elles assurent la gestion à long terme des fortunes familiales dont l'ampleur dépasse les capacités des comptables, des courtiers... et des notaires comme Morin. Elles gèrent également les registres des actionnaires des entreprises à capital-actions. Aux termes de la loi, elles peuvent, comme les compagnies d'assurance vie, octroyer des prêts hypothécaires, ce que les banques ne peuvent pas faire. Ces dernières ont besoin de fiducies satellites. L'édifice Royal Trust (**fig. 180** ; **l**), construit à côté de la Banque de Montréal en 1912-1913, permet de constater l'importance de ces intermédiaires financiers. Les architectes McKim, Mead and White, chargés de ce projet après avoir agrandi la banque, conçoivent ici une version à la fois classique et américanisée de l'approche beaux-arts.

181 ▶

La Bourse de Montréal,
1903-1904.
George B. Post,
architecte principal;
Edward et William S.
Maxwell, architectes.
453-457, rue Saint-
François-Xavier.

182 ◀

Photographie de la
rue Saint-Jacques prise
vers 1920. À gauche,
l'immeuble de la Canadian
Bank of Commerce.

Archives nationales du Canada,
Ottawa, PA-30615.

Aux compagnies d'assurance, banques et sociétés de fiducie s'ajoutent les maisons de courtage qui effectuent les transactions à la Bourse. Même si la Bourse, le Montreal Stock Exchange, se trouve rue Saint-François-Xavier (**fig. 181**; **J**), donc un peu en retrait dans une rue secondaire, on parle à juste titre de la rue Saint-Jacques – ou St James – comme de la Wall Street du Canada. En fait, au début du XXe siècle, cette rue offre un véritable reflet du capitalisme triomphant. C'est là que les plus puissants hommes d'affaires canadiens, les grands investisseurs et les actionnaires majoritaires des grandes entreprises industrielles et commerciales du pays tout entier se croisent dans les conseils d'administration, là où ils prennent des décisions touchant des centaines de milliers de vies (**fig. 182**).

Une vague de concentration d'entreprises traverse le monde des affaires au début du XXe siècle, et ce mouvement atteint un sommet entre 1909 et 1913. Les conglomérats de l'Amalgamated Asbestos, de la Canada Cement et de la Steel Company of Canada sont ainsi formés en 1909 et 1910. Max Aitken, jeune courtier qui amasse une fortune, participe à la création des deux derniers, les plus importants. Il dirige les opérations depuis ses bureaux de l'immeuble de la London and Lancashire (voir fig. 175). Un autre conglomérat puissant, la Montreal, Light, Heat and Power, contrôle le marché énergétique de Montréal. À sa tête, il y a Herbert Samuel Holt qui, en 1905, occupe un bureau du New York Life. Il s'installe ensuite au siège social de la Banque Royale dont il prend la direction. Victor Morin a eu l'occasion de faire face au puissant homme d'affaires en 1901, alors qu'il était actionnaire et porte-parole de la petite Compagnie de Lumière Électrique Impériale qui osait défier le monopole lors d'un appel d'offres.

Peu de francophones figurent parmi les grands financiers montréalais. Louis-Joseph Forget, autre champion des monopoles de services publics, est l'une des exceptions. Il existe tout de même des réseaux diversifiés d'intermédiaires financiers canadiens-français, incluant des maisons de courtage (la plus importante étant justement celle de L.-J. Forget). Les détenteurs d'actions de ces sociétés, répartis dans tout le Québec, forment un bassin important mais dans lequel les grandes fortunes sont à peu près absentes. Ce grand réseau d'actionnariat apparaît comme le résultat d'un véritable effort économique national canadien-français auquel Victor Morin participe. Le notaire, cependant, bâtit sa fortune personnelle surtout dans les domaines foncier et immobilier.

En 1913, une grave récession et, l'année suivante, le déclenchement de la Première Guerre mondiale ralentissent l'activité économique et freinent la construction dans le centre financier. Faisant partie intégrante de l'Empire britannique, le Dominion du Canada entre bientôt en guerre, suivi plus tard des États-Unis. Des milliers de Canadiens partent au front. Morin, qui atteint la cinquantaine et doit essuyer des pertes dans l'immobilier, trouve le temps de prendre la direction de la Société nationale des Canadiens français, ou Société Saint-Jean-Baptiste, où il contribue à la création de la Société nationale de fiducie officiellement fondée en 1918. Quand la guerre prend fin, les affaires reprennent puis une grave récession frappe encore en 1921-1922. Elle sera suivie d'une nouvelle vague de croissance spéculative que l'on croira sans limites.

Plus que tout autre, le nouveau siège social de la Banque Royale, construit de 1926 à 1928 entre les rues Saint-Jacques et Notre-Dame, devient un point de mire (**fig. 183**; **K**). Le bâtiment atteint 22 étages dont 18 logent des espaces locatifs sur un « socle » de plusieurs niveaux où sont installés les bureaux de la banque et sa grande salle des guichets. Les architectes York and Sawyer de New York, issus de l'agence McKim, Mead and White, ont donné une unité architecturale à l'ensemble tout en jouant habilement avec les références anciennes. Des armoiries sculptées ainsi que des reproductions de pièces de monnaie ornent les façades et le portail. Un ouvrage publié par la banque en 1929 souligne que l'édifice évoque la Renaissance italienne sans que cela reflète une volonté de reconstitution architecturale: l'immeuble appartient à son siècle, insiste-on. Pendant près de 30 ans, il demeurera le bâtiment le plus élevé de la ville.

Au-delà des références symboliques, l'édifice de la Banque Royale témoigne surtout de la prospérité qu'a connue l'institution depuis le début du siècle tant au Canada qu'en Amérique latine. Ses actifs ont finalement dépassé ceux de la Banque de Montréal qui demeure néanmoins sa principale concurrente. De son bureau situé au niveau le plus élevé du socle, le président Herbert Holt domine la rue Saint-Jacques au sommet d'une pyramide hiérarchique qui semble inaccessible à beaucoup. Aucun francophone, ni aucune femme, ne fait partie des 48 administrateurs et cadres supérieurs de la banque en 1929. De façon générale, les hommes qui sont aux plus hauts échelons des entreprises proviennent de familles déjà solidement liées au monde des affaires (**fig. 184**).

Depuis la Grande Guerre, la Banque Royale a absorbé deux banques de Winnipeg en plus de la Quebec Bank. La Banque de Montréal a, quant à elle, assimilé les banques Molson's, Merchants' et British North America, toutes de Montréal. De son côté, la Banque d'Hochelaga achète en 1924 la Nationale de Québec et devient la Banque Canadienne Nationale. Le siège social est situé du côté ouest de la place d'Armes. Au Canada, de façon générale, les intermédiaires financiers d'envergure régionale sont progressivement absorbés par les grandes institutions pancanadiennes de Montréal et Toronto. Seuls les réseaux régionaux du Québec français résistent et progressent. À la fin des années 1920, les deux banques à

183 ▲

Grand escalier et salle des guichets
de la Banque Royale, 1926-1928.
York and Sawyer, architectes.
360, rue Saint-Jacques.

184 ▲

Détail d'une photographie du studio
S.J. Hayward montrant la rue Saint-Jacques
dominée par la Banque Royale, vers 1930.

Archives de la Banque Royale, Montréal.

charte canadiennes sous contrôle canadien-français, la Banque Canadienne Nationale et la Banque Provinciale du Canada, sont bien implantées à Montréal. Elles regroupent toutefois moins de 10 % des dépôts et prêts de l'ensemble des banques canadiennes.

Puis survient la grande dépression, déclenchée en octobre 1929 par le crash boursier à New York. Toute l'activité économique ralentit et les faillites se multiplient. Seule une minorité puissante tirera profit de la Crise. Victor Morin, qui a regarni son portefeuille de placements pendant les années 1920, doit cette fois affronter de très graves difficultés financières personnelles, ce qui ne l'empêche pas de multiplier les activités parallèles.

UN QUARTIER DES AFFAIRES NOUVEAU GENRE

Il n'y a pas que la finance dans le quartier des affaires au début du XXe siècle. Les sociétés industrielles et une grande variété d'autres entreprises y convergent. Le quartier regroupe par ailleurs des centaines de bureaux de services professionnels, agences et sociétés en tous genres. Les avocats et les notaires sont très présents dans le secteur, non loin de leurs clients et du palais de justice. Victor Morin (**fig. 185**) traite l'ensemble de ses affaires dans ses bureaux de notaire. Certaines des entreprises dont il est administrateur ont leur adresse dans le même immeuble.

En 1915, des locaux sont loués à 68 entreprises : avocats et notaires, courtiers, architectes, agences immobilières, petites compagnies de transport sont au nombre des locataires. Il en va de même dans la vaste majorité des immeubles de bureaux du quartier, qu'il s'agisse de sièges sociaux partiellement loués ou de bâtiments à usage locatif seulement.

Aucune femme ne travaillait dans l'étude de notaires où Morin était engagé comme clerc en 1885. Par la suite, une division accrue du travail favorise l'embauche des femmes dans les petits comme dans les grands bureaux. On leur confie des tâches spécialisées nécessitant de nouveaux savoir-faire comme l'utilisation de la machine à écrire. Le mouvement s'accélère au cours des années 1910 et surtout pendant la guerre de 1914-1918, alors que beaucoup d'hommes partent au front. Une bonne partie de la rentabilité des bureaux, et celui de Morin ne fait pas exception, repose désormais sur leur présence.

185 ◄

Victor Morin vers 1915, photographie tirée de l'album *Illustrated Montreal Old and New*, p. 229. À partir des années 1880, des albums illustrés offrent aux entreprises et aux hommes d'affaires l'occasion de se faire connaître. Dans celui-ci, on nomme plusieurs entreprises et associations que Victor Morin administre ; on souligne qu'il enseigne le droit administratif et qu'il est trésorier de la Chambre des notaires.

Il n'y avait pas non plus de téléphone dans l'étude où travaillait le jeune Morin, bien que ce service ait été offert à Montréal à partir de 1879. Le clerc devait faire régulièrement le messager auprès des clients. Au début du XXᵉ siècle, le téléphone est présent partout dans le quartier et la force de travail féminine joue un rôle primordial dans cette nouvelle industrie (**fig. 186**).

La hausse du nombre des adresses d'affaires, l'accroissement de la taille des entreprises et l'augmentation de leur personnel entraînent une demande sans cesse grandissante d'espaces de bureaux. Cette situation, combinée aux possibilités nouvelles qu'offrent ascenseurs et structures d'acier, suscite la construction de dizaines d'immeubles en hauteur qui deviennent la nouveauté principale du centre des affaires. C'est à cette époque que prend forme le type de centre-ville que nous connaissons aujourd'hui, formé d'une concentration d'immeubles de bureaux, et c'est d'abord dans le vieux centre de la ville que le phénomène se manifeste. Les nouveaux immeubles font disparaître des bâtiments parfois construits à peine quelques décennies plus tôt, qui avaient eux-mêmes remplacé d'autres immeubles plus anciens.

À l'instar de plusieurs villes nord-américaines, Montréal décide, dès 1901, d'imposer une limite de dix étages. Le règlement promulgué impose en plus une hauteur maximale de 130 pieds (40 mètres). À New York, dès les années 1880, on a construit des tours de près de 20 étages

186 ▼

Les téléphonistes de Bell Telephone photographiées peu avant l'incendie du bâtiment logeant le service central de la compagnie. Tiré du *Standard*, 15 novembre 1913.

Albums de rues d'Édouard-Zotique Massicotte, Bibliothèque nationale du Québec.

187 ◄

A : L'édifice Duluth
en construction, en août
1912. La compagnie
Dominion Bridge
a fabriqué la structure.

Archives de la compagnie
Dominion Bridge.

B : Édifice Duluth,
1912-1913. Hutchison,
Wood and Miller,
architectes.
84-88, rue Notre-Dame
Ouest.

et, entre 1910 et 1913, on atteindra un sommet inégalé quand sera érigé l'immeuble Woolworth de 60 étages. Montréal ne cherchera pas à égaler ces prouesses, d'abord pour des raisons de sécurité : on craint les difficultés à intervenir en cas d'incendie. On appréhende aussi les conséquences économiques : le rendement des immeubles plus petits peut souffrir du voisinage des géants qui écrasent et obscurcissent les alentours tout en attirant les locataires les plus rentables.

Quand, en 1912, Joseph-Ovide Gravel fait construire un gratte-ciel, le Duluth, à l'angle des rues Notre-Dame et Saint-Sulpice au sud-est de la place d'Armes (**fig. 187** ; **L**), les architectes montréalais Hutchison, Wood et Miller se conforment à la réglementation en vigueur. Comme le promoteur vise la rentabilité, le bâtiment occupe la totalité du lot. Ce sera aussi le cas des immeubles locatifs de La Sauvegarde et du Royal Trust construits en même temps.

Pour habiller ces simples boîtes verticales, les architectes dessinent un revêtement de pierre de taille en trois registres superposés évoquant, selon de multiples variantes, la forme d'une colonne classique formée d'une base, d'un fût et d'un chapiteau. Ailleurs dans le quartier, on trouve la même formule déclinée dans des styles très divers. Au-delà de ces considérations esthétiques, l'important pour J.-O. Gravel comme pour les autres promoteurs, plus souvent anglophones, qui construisent des gratte-ciel de dix étages dans le quartier est avant tout de toucher de bons revenus de location.

Entre 1910 et 1912, deux colosses sont construits rue Saint-Jacques à l'angle de la rue Saint-François-Xavier. Le premier, l'immeuble Transportation, maintenant disparu, occupe une moitié entière d'îlot entre les rues Saint-Jacques et Notre-Dame. Il remplace plusieurs immeubles de

188 ►

A : Photographie de
William Notman and Sons
montrant l'édifice
Dominion Express,
1910-1912. Edward et
William S. Maxwell,
architectes.
201-215, rue Saint-Jacques.

Archives photographiques
Notman, Musée McCord
d'histoire canadienne,
Montréal, collection Notman,
VIEW-12552.1.

B : Détail des motifs
sculptés du Dominion
Express.

bureaux encore récents ainsi que le Cabinet de lecture paroissial des sulpiciens que Victor Morin fréquentait quand il était étudiant.

En face, l'hôtel St Lawrence Hall est remplacé par un immeuble de bureaux tout à fait remarquable, propriété de la compagnie Dominion Express, filiale du Canadien Pacifique (**fig. 188** ; **M**). La Dominion Express y loge ses services de livraison de colis. Le CP y tient également une billet-terie pour ses trains, et pour ses paquebots qui naviguent sur l'Atlantique et le Pacifique ; de Montréal, le CP offre ainsi un service de transport par terre et par mer qui relie directement la métropole à l'Europe et à l'Asie. Plus de 80 % des espaces de bureaux du Dominion Express sont loués. Parmi les locataires, la Dominion Bridge, spécialisée dans les structures d'acier, y a installé ses bureaux administratifs. Le prestigieux Montreal Club, lieu de rencontre des hommes d'affaires, occupe l'étage supérieur, bien démarqué par de larges baies vitrées. Ce bâtiment élégant conçu par les frères Maxwell est recouvert de pierre de taille et de terre cuite vernissée, et il est orné de nombreuses sculptures. Il arbore notamment deux ensembles sculptés comprenant un écu armorial, soit un bouclier aux armes des provinces canadiennes regroupées pour former celles du Canada, tenu par deux figures féminines portant respectivement les attributs symboliques des échanges commerciaux et de l'agriculture – la Dominion Express est née dans l'ouest agricole du pays (**fig. 188B**). Morin, qui publiera un traité d'héraldique en 1919, est très critique à l'endroit de l'usage que l'on fait à son époque de cet art qu'il considère comme une « véritable science astreinte à des règles immuables ».

189 ◄

Photographie de 1924
montrant l'intersection
de la place d'Youville et
de la rue McGill.
À gauche : édifice Grand
Tronc, 1899-1902.
À droite : édifice Canadian
Express, 1906-1908.

Collection du Canadien
National, Musée des sciences
et de la technologie, Ottawa,
CN 000667.

Les édifices Tranportation et Canadian Express permettent de constater la forte présence du transport dans les immeubles de bureaux du secteur. Plusieurs autres bâtiments du centre des affaires abritent les services administratifs de compagnies de transport et de communication. Rue McGill, devant l'emplacement du deuxième marché Sainte-Anne, la compagnie ferroviaire du Grand Tronc, qui a lancé son propre transcontinental, s'est fait construire au tournant du siècle un impressionnant siège social (**fig. 189** et **190** ; **N**). Sa filiale, la Canadian Express, entreprise concurrente de la Dominion Express du CP, a érigé peu après un gratte-ciel en face. Suivra, juste à côté, l'immeuble de bureaux Shaughnessy du Canadien Pacifique, lui aussi de dix étages, mais de style différent.

La largeur accordée à la rue McGill dans le plan des Commissaires au début du XIXe siècle fait qu'elle se prête bien à l'architecture monumentale du début du XXe siècle. L'emplacement du marché Sainte-Anne, dégagé en 1901, est quant à lui aménagé en square et prend le nom de place d'Youville en mémoire de Marguerite d'Youville, fondatrice de la communauté des sœurs Grises. Le choix est arrêté à l'hôtel de ville après un débat qui oppose les tenants de ce nom à ceux qui favorisent celui de Parliament Square... en souvenir du parlement de 1844-1849. Cependant, le « progrès » aura vite le dessus et, dès les années 1920, la verdure disparaîtra au profit d'un stationnement pour les automobiles.

Les immeubles de bureaux en hauteur se concentrent sur les grands axes que sont les rues Saint-Jacques et McGill, mais on en construit aussi quelques-uns dans la trame des petites rues plus anciennes de l'ouest du quartier. Ces nouveaux immeubles – comme le Lewis de 1912-1913 dont les détails rappellent l'architecture anglaise sous les Tudor – peuvent abriter tous les genres d'entreprises. Toutefois, la gestion des activités maritimes occupe une bonne part des espaces de bureaux de cette partie du quartier.

190 ◄

Grand escalier du
siège social du Grand
Tronc, orné de griffons.
360, rue McGill.

À l'approche de la Première Guerre mondiale, des milliers de personnes fréquentent donc un quartier des affaires nouveau genre à l'intérieur même du centre ancien de la ville où les immeubles de bureaux de dix étages dominent le paysage urbain. Un nouveau règlement municipal adopté en 1924 contribue après la guerre à l'augmentation de la taille des bâtiments. Il est désormais permis de franchir les 130 pieds (40 mètres), pourvu que la partie de l'immeuble dépassant cette hauteur soit en retrait de 23 pieds (7 mètres) par rapport à la rue et que le bâtiment complet ne dépasse pas un certain volume tout en occupant à sa base l'ensemble du lot.

C'est ce règlement qui explique la forme du nouveau siège social de la Banque Royale. Comme la banque occupe un îlot entier, plusieurs bâtiments ont été démolis pour libérer le site. L'un d'eux, toutefois, est préservé : il s'agit d'un gratte-ciel de dix étages datant de 1904. Il est

191 ◄

Édifice Aldred, 1929-1931.
Barott and Blackader,
architectes.
507, place d'Armes.

acheté par un promoteur qui le fait démonter et reconstruire à l'identique, en 1928, rue Notre-Dame Est où il devient le Métropole. La croissance spéculative des années 1920 a un fort impact sur l'ensemble du quartier des affaires. En 1929, alors qu'on se croit encore au beau milieu d'une vague de croissance, on peut observer le chantier d'un autre gratte-ciel à l'angle de la place d'Armes et de la rue Notre-Dame, un projet de John Edward Aldred, homme d'affaires d'origine américaine qui est par ailleurs un acteur clé dans l'entreprise d'électricité Shawinigan Water and Power. Son bâtiment locatif de 23 étages (**fig. 191**; **L**) est conforme à la réglementation municipale, modifiée encore cette même année. Les retraits par rapport à la rue, qui permettent d'augmenter la hauteur, peuvent se faire de façon plus progressive qu'en 1924, formule déjà appliquée à New York.

L'Aldred prend ainsi une allure modestement mais franchement new-yorkaise, comme son voisin le New York Life construit 40 ans plus tôt. Le style Art déco du nouveau bâtiment, tout en verticalité, offre par ailleurs un contraste. En effet, les motifs végétaux et géométriques typiques de ce style diffèrent des figures mythiques si fréquentes dans le quartier. Des hirondelles perchées sur des fils télégraphiques ornent même le hall de l'Aldred. Non loin de là, sur la façade d'un autre immeuble également construit en 1929, des bas-reliefs de Henri Hébert, fils de Louis-Philippe, montrent des figures allégoriques dont une femme tenant une corne d'abondance (**fig. 192A**). Ailleurs dans le secteur on voit apparaître des motifs d'avions, de trains, de puits de pétrole ou de silos à grain...

192 ▶

A : Bas-relief de Henri Hébert montrant une figure allégorique de l'abondance, 1929-1930. 201, rue Notre-Dame Ouest.

B : Motif d'avion décorant une porte d'entrée de la rue Saint-Jacques, 1929. 249-251, rue Saint-Jacques.

UN CENTRE EN PIÈCES DÉTACHÉES

À la veille de la Première Guerre mondiale, presque tous les bâtiments montréalais de huit étages ou plus se trouvent dans l'ouest du territoire de l'ancienne ville fortifiée (**fig. 193**). Cependant, ce centre-ville s'agrandit en direction du mont Royal, dans le quartier bourgeois de Saint-Antoine au pied de la Montagne. Ce mouvement est amorcé depuis 1889. Le Canadien Pacifique déménageait alors ses bureaux, jusque-là situés place d'Armes, au-dessus de sa nouvelle gare Windsor construite au square Dominion. En 1918, la compagnie d'assurance Sun Life déplace à son tour son siège social de la rue Notre-Dame vers le square Dominion. On entame également dans ce secteur la construction d'un autre terminus ferroviaire continental, celui du Canadian Northern, qu'on prévoit entourer d'un vaste ensemble d'immeubles de bureaux. Au cours des années 1920, plusieurs immeubles de grande envergure sont ainsi construits hors du centre traditionnel de la ville ; tout cela tandis qu'on reconstruit la rue Saint-Jacques et ses alentours où la finance canadienne reste largement concentrée.

Alors que les nouveaux immeubles de bureaux se répartissent entre secteurs ancien et nouveau du centre-ville, tous les hôtels importants se fixent peu à peu dans le quartier situé près de la Montagne. Les grands

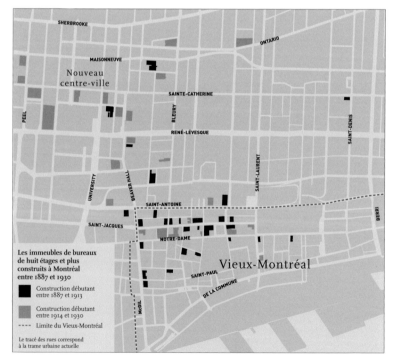

193 ◀

Répartition géographique des immeubles de bureaux de huit étages et plus construits jusqu'en 1930 dans le Vieux-Montréal et dans le centre-ville élargi.

Cartographie : Guy Mongrain.

magasins se déplacent eux aussi ; c'est le cas, par exemple, du Colonial House, plus tard devenu Morgan's, en 1891 et de Birk's en 1894. Carsley's, présenté en 1894 comme le plus grand magasin au pays avec ses 40 rayons, poursuit sa croissance dans un ensemble de magasins-entrepôts contigus situés rues Notre-Dame et Saint-Jacques mais, en 1912, l'entreprise suit le mouvement et déménage à son tour rue Sainte-Catherine. Vers 1915, il ne reste plus de véritable salle de spectacles dans le vieux centre. Au cours des « folles » années 1920, cinémas et boîtes de nuit s'aligneront rue Sainte-Catherine, d'est en ouest. En somme, le centre traditionnel de la ville devient de plus en plus réservé aux affaires, celles de l'entreprise privée comme de l'administration publique, tandis que certaines activités, vie de palace, spectacles et magasinage, se dérouleront désormais ailleurs.

Une bonne partie du commerce spécialisé demeure néanmoins dans le quartier, généralement en lien avec les activités d'affaires ou avec la production industrielle toujours présente dans le vieux centre. Ces spécialités vont des équipements et produits de bureaux aux cuirs fins. Les éditeurs de livres anglais et français et les éditeurs-libraires, surtout francophones, sont aussi au nombre de ceux qui restent. La maison Beauchemin, principal éditeur montréalais francophone, consolide ses installations de production rue Saint-Gabriel tout en exploitant son magasin rue Saint-Jacques. C'est Beauchemin qui publie le *Traité d'art héraldique* de Morin en 1919 et la deuxième édition de sa *Procédure des assemblées délibérantes* en 1947.

Le commerce de gros, qui fait aussi partie des activités d'affaires, demeure dans le centre ancien en grande partie à cause de la présence du port. Les magasins-entrepôts construits entre 1850 et 1880, en raison de leur souplesse fonctionnelle, continuent d'être utilisés de façon intensive par les importateurs et les distributeurs tels que Thompson, Racine, Hodgson ou Chaput. Les dernières structures du genre sont construites au cours des années 1880 et 1890, mais plusieurs des magasins-entrepôts plus anciens sont exhaussés de quelques étages. Une nouvelle génération de bâtiments commerciaux multifonctionnels apparaît au début du XXᵉ siècle. Leur structure en béton armé permet désormais de créer de grandes surfaces de planchers sans murs porteurs. Ces bâtiments prennent souvent l'allure d'immeubles de bureaux ; c'est le cas de celui du grand importateur de tissus Greenshield mis en chantier en 1899 au square Victoria. En 1901, après un incendie qui détruit un vaste secteur au nord de ce qui va devenir la place d'Youville, on construit de tels bâtiments, souvent utilisés dans le domaine du cuir et de la fourrure. Jouxtant les bureaux reconstruits du Board of Trade, ils sont dominés, une dizaine d'années plus tard, par les majestueux bureaux et entrepôts de la Douane situés rue McGill (**fig. 194** ; **0**).

194 ◀

À droite, le Montreal Board of Trade, 1901-1903, rue Saint-Sacrement ;
au centre, l'immeuble Coristine, 1901-1907, rue Saint-Nicolas ; à l'arrière-plan, l'édifice des Douanes, 1912-1916 et 1934-1936, rue McGill.

Malgré ces investissements, le commerce de gros qui, en 1875, faisait partie des activités prestigieuses qu'Alfred Sandham montrait fièrement aux touristes dans le centre des affaires entre dans l'ombre au XXᵉ siècle. Il se détache en quelque sorte du centre nouveau genre constitué d'immeubles de bureaux. Associées au port, les zones de magasins-entrepôts sont de plus en plus déconsidérées, voire évitées. Les activités de bureaux et le commerce de gros semblent ainsi constituer de plus en plus des pièces très distinctes au cœur de la ville, tandis que le centre perd les contours bien définis qu'il avait avant 1880. Même s'il est fonctionnellement relié aux magasins-entrepôts, le port se différencie de façon encore plus marquée des autres composantes urbaines qui l'entourent.

195 ▶

Carte postale ancienne montrant le port et la ville depuis l'entrée du canal de Lachine, au début des années 1930.

Collection Christian Paquin.

 ## LA MACHINE PORTUAIRE

Les nouveaux gratte-ciel du quartier des affaires et les immeubles commerciaux sont généralement recouverts d'une sorte de costume historique. On ne trouve rien de tel dans le port où l'on construit une énorme « machine » purement fonctionnelle (**fig. 195**).

Entre la fin du XIXᵉ siècle et les années 1930, le port sera transformé de façon majeure et connaîtra une forte croissance. Déjà, en 1880, les quais constituent les premières zones de la ville éclairées à l'électricité. En 1896, après plusieurs années d'études et de débats, le gouvernement fédéral donne le coup d'envoi d'une grande campagne de travaux qui va durer jusqu'aux années 1920. Une longue jetée est construite en face des quais pour créer un vaste bassin à l'abri du courant fluvial et des glaces en débâcle. Certains quais sont surélevés alors que d'autres sont prolongés dans le lit du fleuve afin de permettre l'amarrage des nombreux transatlantiques. D'immenses hangars sont érigés. L'entrée du canal de Lachine permet entre-temps d'accueillir des cargos océaniques qui se rendent jusqu'à un bassin triangulaire où ils sont chargés ou déchargés et où ils peuvent pivoter et repartir.

Au cours des années 1880, la compagnie ferroviaire Canadien Pacifique fait construire deux grands silos à grain en bois recouverts de tôle destinés à stocker les céréales arrivant des plaines de l'Ouest canadien. Ils seront démolis quelques années plus tard quand le CP utilisera d'autres silos construits par le port. Entre 1902 et 1905, les commissaires du Havre font construire le silo no 1 en contrebas de l'église Notre-Dame. À l'instigation du gouvernement fédéral, le Grand Tronc fait également ériger ses élévateurs à grain, entre 1904 et 1906, près de l'entrée du canal de Lachine (**P**). Ces structures sont constituées d'énormes tubes en acier, de section ronde dans le cas du silo no 1 et carrée pour ceux du Grand Tronc (**fig. 196**). Entre 1910 et 1912, on met en place le silo no 2 , construit cette fois en béton armé, au pied du marché Bonsecours (**Q**). Ce dernier, comme ceux du Grand Tronc, est conçu par le bureau de Chicago

de l'ingénieur John S. Metcalf qui est originaire du Québec. L'ouvrage est à la fine pointe de la technologie pour tout ce qui concerne ses composantes architecturales et mécaniques. Échappant à la réglementation municipale, il atteint la hauteur d'un immeuble de 15 étages... ce qui en fait la construction la plus élevée de Montréal ! En 1913, on entreprend l'agrandissement des silos du Grand Tronc et du n° 1 alors que ceux du CP sont démolis. Des convoyeurs à grain horizontaux relient ces nouvelles structures aux quais et des élévateurs mobiles montés sur rails complètent le système ; le tout forme un gigantesque mécanisme qui sera en usage pendant un peu plus d'un demi-siècle.

Montréal devient, au cours des années 1920, le plus important port céréalier d'Amérique, devançant New York. Plus que jamais, l'ensemble du port constitue la principale porte d'entrée au Canada. En 1926, plus de 1 400 navires océaniques y accostent. Le port représente également le point de contact majeur entre la navigation intérieure des Grands Lacs, la navigation atlantique et les réseaux ferroviaires locaux et continentaux. C'est d'abord et avant tout dans le port que la vocation géographique de Montréal en tant que plaque tournante continentale et océanique continue à s'imposer. Les grands quais et les hangars en témoignent, mais les hauts silos en fournissent certainement l'expression la plus spectaculaire.

196 ▾

La plus ancienne partie du silo n° 5 du port de Montréal, 1904-1906. John S. Metcalf, ingénieur. Le bâtiment est désaffecté.

197 ▶

Adrien Hébert, *Port de Montréal*, vers 1927.

Musée d'art de Joliette, dépôt permanent des Clercs de Saint-Viateur. © Bruno Hébert.

Le port n'est toutefois pas qu'un assemblage mécanique. Un immense flot de voyageurs y circulent chaque jour. Des immigrants venus de Grande-Bretagne, d'Europe de l'Est ou d'Italie y débarquent pour s'installer à Montréal ou repartir vers l'intérieur du continent. Chaque année, bon nombre de touristes y font aussi leur entrée à Montréal ; certains prennent ensuite le train vers les Rocheuses. Enfin, de nombreux marins fréquentent la ville à partir de leur navire accosté. Le port donne du travail saisonnier, le fleuve étant gelé l'hiver, à de nombreux débardeurs et ouvriers. En 1901, Morin fait un premier voyage en Europe combinant affaires et tourisme. Parti de Montréal en passant par New York, il rentre par le Saint-Laurent. Le port qui l'accueille est en plein chantier. Il l'est encore en 1910 quand sa femme et lui – leurs onze enfants sont restés à Montréal – reviennent d'un long voyage de quatre mois en Europe, en Égypte et en Palestine. Cette année-là, les arrivants et les milliers de Montréalais qui, le dimanche, font l'aller-retour entre le port et l'île Sainte-Hélène aménagée en parc champêtre découvrent les structures des silos qui dominent maintenant le paysage.

En 1923, dans son ouvrage *Vers une architecture*, l'architecte Le Corbusier, à l'instar d'autres grands modernistes d'Europe, s'émerveillera des élévateurs à grain nord-américains. Une photographie, non identifiée, du silo nº 2 illustre son propos. D'après lui, ces structures reflètent parfaitement leur fonction et elles tirent leur beauté de cette vérité fonctionnelle. Certains artistes montréalais sont également sensibles à leurs qualités esthétiques. Parmi eux, le peintre Adrien Hébert, autre fils du sculpteur Louis-Philippe Hébert, fait du port son sujet de prédilection (**fig. 197**).

Cependant, si la mécanique portuaire séduit certains Montréalais, pour d'autres elle s'avère franchement repoussante. Elle crée par ailleurs une barrière entre la ville et le fleuve, ce que même ses admirateurs ne peuvent nier. Pour le meilleur et pour le pire, le port est devenu un pur rouage de la ville industrielle, très distinct de la vieille cité qui lui fait face.

Peu après son retour de voyage, Victor Morin se heurtera à un dilemme. En tant qu'échevin municipal de la partie centrale de la vieille ville, il est amené à prendre en charge le dossier du prolongement du boulevard Saint-Laurent entre les rues de la Commune et Notre-Dame. La percée, réclamée par plusieurs personnes, vise essentiellement à créer un nouveau lien direct entre le port et le reste de la ville. En revanche, le projet entraînera la démolition de l'ensemble conventuel et des jardins de la Congrégation de Notre-Dame. Morin endosse le projet car il en voit la nécessité. Il tente toutefois de sauver une chapelle du couvent qu'il propose de transformer en musée. Cette concession n'est pas acceptée par ses collègues de la Ville et le prolongement du boulevard est réalisé en 1912-1913. Dans ce cas, le « progrès » a gagné la partie.

198 ▼

La gare Dalhousie de 1883-1884 restaurée en 1986 et le nouveau square Dalhousie en cours d'aménagement ; ce dernier sera ponctué de rails évocateurs. À l'angle des rues Berri et Notre-Dame Est.

ROUAGES MÉTROPOLITAINS

Pendant que le secteur ouest du quartier offre sans cesse un nouveau visage, le progrès se manifeste différemment dans toute la partie est où la ville des époques antérieures demeure plus perceptible. Cependant, comme l'activité intense de la métropole donne lieu ici aussi à de grands chantiers, c'est dans cette partie de la ville que se manifestera avec le plus d'acuité la tension entre le progrès et l'attachement aux traces du passé. Les changements les plus massifs dans ce secteur touchent surtout l'extrémité du territoire de l'ancienne ville fortifiée et une partie du quartier Sainte-Marie voisin, soit l'ancien faubourg Québec. Le Canadien Pacifique fait construire en 1883-1884 la petite gare Dalhousie, à côté du square du même nom,

à l'est de la rue Berri qui est prolongée jusqu'au port (**fig. 198**; **R**). Pour faciliter l'accès des trains à cet endroit, une portion de la crête est creusée, emportant du même coup les vestiges de l'ancienne porte des fortifications. C'est de la gare Dalhousie que part en 1886 le premier transcontinental du pays.

Quand, peu après, le Canadien Pacifique déplace son terminus continental à la gare Windsor, il poursuit le développement du terminus de l'est. L'imposante gare-hôtel Viger, une première du genre au Canada, est construite de 1896 à 1898 tout près de la gare Dalhousie et face au square Viger. Elle constitue une porte d'entrée dans la ville pour tout le Québec au nord du fleuve Saint-Laurent (**fig. 199**; **R**). L'architecte Bruce Price lui donne le style « château », inspiré de la Renaissance française et créé pour le Canadien Pacifique. Au cours des décennies suivantes, on ne cesse d'agrandir bâtiments et cours de triage en empiétant chaque fois un peu plus sur le quartier Sainte-Marie. En 1929, le Canadien Pacifique publie, sous la plume de Victor Morin, un circuit touristique de Montréal qui accorde une grande place au vieux Montréal et prend pour point de départ la gare-hôtel Viger. La crise économique des années 1930 et la réorganisation des circuits ferroviaires dans la ville entraîneront toutefois la fermeture de l'hôtel en 1935 et celle de la gare en 1951.

Avant de construire sa gare près du square Dalhousie, le Canadien Pacifique avait prévu l'installer à l'emplacement de la chapelle Notre-Dame-de-Bon-Secours. L'annonce de ce projet provoque un si grand tollé dans les journaux, de la part des protestants comme des catholiques, que la gare est finalement construite près du square, un îlot plus à l'est. Il s'agit là d'une victoire exceptionnelle du passé sur le progrès, attribuable à l'importance sentimentale particulière que revêt la chapelle

199 ▼

La gare-hôtel Viger,
1896-1898.
Bruce Price, architecte.
700, rue Saint-Antoine Est.

pour les Montréalais de toutes origines. Toutefois, sitôt sauvée de la démolition, la chapelle de pèlerinage est remise au goût du jour : une nouvelle façade érigée à partir de 1886 recouvre l'ancienne et les échoppes qui flanquaient le côté disparaissent (**S**). À l'intérieur, un nouveau plafond est recouvert d'un décor en trompe-l'œil créé par François-Édouard Meloche. La rue qui longe le port étant élargie, les sulpiciens demandent également à Meloche de concevoir pour le chevet de l'édifice une composition architecturale devant être surmontée d'une nouvelle statue de la Vierge Marie, protectrice des navigateurs (**fig. 200**). Dès 1908, le décor peint de Meloche sera lui-même recouvert d'une toile marouflée à fond clair et à motifs géométriques.

200 ▲

Le campanile de la chapelle Notre-Dame-de-Bon-Secours, 1892-1894. Les statues des anges et de la Vierge dite Étoile de la mer sont de Philippe Laperle.

Dans l'est du quartier, aux alentours de la rue Bonsecours qui débouche sur la chapelle, se trouve la seule partie de l'ancienne ville qui ait toujours gardé un caractère résidentiel, même lorsque le reste du vieux centre se commercialisait. Les maisons bourgeoises, parfois subdivisées, sont désormais occupées par des ménages à plus faibles revenus. On construit maintenant des maisons à logements plus modestes. Le secteur connaît même un appauvrissement confirmé par la Crise. Dès la fin du XIXᵉ siècle, à proximité de Notre-Dame-de-Bon-Secours, l'Accueil Bonneau est créé pour venir en aide aux déshérités. Il est suivi en 1914 par le Refuge Meurling devant lequel les chômeurs feront la queue pendant les années 1930.

Ce secteur se découvre une fonction métropolitaine particulière au tournant du XXᵉ siècle quand les marchands syriens s'y installent nombreux rue Notre-Dame. La communauté syrienne de Montréal – la Syrie comprend alors des territoires du Liban actuel et d'autres pays limitrophes – habite peu le secteur, mais elle y fréquente assidûment les cafés, restaurants et magasins tenus par des compatriotes. La communauté adopte le secteur jusqu'à y mettre en chantier l'église orthodoxe Saint-Nicolas en 1910. Les grossistes syriens de la rue Notre-Dame vendent aux marchands de même origine installés en région. Le secteur constitue également un point de départ pour de nombreux colporteurs de vêtements et d'autres produits importés qui parcourent les campagnes.

Une activité traditionnelle demeure un moteur économique important dans la partie est du quartier : le marché central de Montréal qui a pour clients les détaillants de toute la ville (**fig. 201**). Logé au marché Bonsecours, il s'étend à l'extérieur face au port et envahit toute la place Jacques-Cartier, parfois jusqu'au champ de Mars. Devant l'hôtel de ville, au pourtour du château Ramezay – l'ancien hôtel de la Compagnie des Indes –, des bâtiments anciens sont même démolis au cours des années

1910 pour faire place à de nouvelles halles. Les maraîchers viennent de partout dans l'île de Montréal, de la rive sud du fleuve, de l'île Jésus (actuelle ville de Laval) et même du nord de la rivière des Mille-Îles pour vendre leurs produits aux épiciers montréalais. Les bouchers, quant à eux, installent leurs étals à l'intérieur du marché Bonsecours. De nombreux grossistes en alimentation sont établis aux alentours ; les plus importants font construire d'élégants immeubles logeant bureaux et entrepôts ainsi que des entrepôts frigorifiques.

Ce lieu de contact entre la ville et la campagne voit fleurir d'autres activités commerciales comme la fourniture d'équipement de ferme et la quincaillerie en gros. Malgré la forte présence des grossistes en alimentation et des autres marchands spécialisés, les chantiers de construction sont moins nombreux que dans le secteur des bureaux. Toutefois, on ajoute fréquemment des étages à des bâtiments existants. Beaucoup de petits commerces s'accommodent par ailleurs encore des vieux immeubles sans trop les modifier. C'est le cas de la tabagie du Patriote de la rue Saint-Paul, reconnaissable à l'effigie d'un Patriote de 1837 qui orne son enseigne. Aux alentours du marché, surtout rue Saint-Paul et place Jacques-Cartier, l'hôtellerie demeure active. Toutefois, on ne construit plus de nouveaux hôtels et le prestige dont jouissaient encore certains d'entre eux à la fin du XIXᵉ siècle va déclinant.

À l'hôtel de ville des années 1870, qui domine le marché et ses alentours, on sent bien le caractère métropolitain de Montréal. Au début du XXᵉ siècle, les activités s'y déroulent au rythme impressionnant des annexions de municipalités de banlieue. Pendant cette époque effervescente,

201 ▼

Photographie de J.A. Millar montrant le marché central de Montréal en pleine effervescence, vers 1920. À droite, le dôme du marché Bonsecours ; à gauche, au loin, la colonne Nelson et l'hôtel de ville avant l'incendie de 1922.

Archives nationales du Canada, Ottawa, PA-30958.

Victor Morin siège comme échevin, entre 1910 et 1914, sous la bannière d'un comité de citoyens réformiste. Outre la question du prolongement du boulevard Saint-Laurent, il s'intéresse aux archives. Son ami Édouard-Z. Massicotte est d'ailleurs devenu archiviste au palais de justice voisin.

En 1911, il est question de construire un édifice pour la cour municipale et même un nouvel hôtel de ville. Des architectes y voient l'occasion de proposer un centre administratif conçu dans l'esprit du mouvement international *city beautiful*, ce qui transformerait l'ensemble des voies publiques et des bâtiments du secteur. Une élégante cour municipale d'esprit classique est en effet construite (**T**) en 1912-1913 rue Gosford, à côté de l'hôtel de ville, mais les choses s'arrêtent là. En 1922, un grave incendie à l'hôtel de ville détruit tout le bâtiment sauf les murs extérieurs en pierre. L'administration municipale décide de reconstruire en conservant les murs encore en place et en ajoutant des étages (**fig. 202** ; **T**). L'architecte Jean-Omer Marchand, formé à l'École des beaux-arts de Paris et alors reconnu pour ses grands projets montréalais, supervise le travail

202 ▲

L'hôtel de ville de Montréal en cours de reconstruction, 1923.

Ville de Montréal, Gestion de documents et archives, VM6/R3067.2-1.

234

des architectes de la Ville qui conçoivent l'agrandissement dans un esprit français en harmonie avec le style d'origine. En 1931, au plus fort de la Crise, l'administration municipale projete de mettre en chantier un gratte-ciel de style Art déco de 30 étages à côté de l'hôtel de ville pour contrer le chômage et revitaliser le secteur. Ce projet ne sera pas réalisé, pas plus que ne le sera un plan d'ensemble pour le centre administratif municipal proposé en 1937.

Malgré des hauts et des bas, l'ensemble du secteur demeure extrêmement vivant. Le champ de Mars, qui jouxte l'hôtel de ville et le palais de justice, continue d'accueillir les grands rassemblements publics. Certains jours de la semaine, il est envahi par les étals du marché public alors que les autres jours on l'utilise pour stationner les voitures.

L'administration judiciaire impose de plus en plus sa présence dans le quartier, ses activités donnant lieu à de grands chantiers. Le vieux palais de justice situé du côté nord de la rue Notre-Dame, dont la compétence s'étend à tout l'archipel de Montréal, a été construit dans les années 1850. Entre 1890 et 1894, on ajoute un étage à l'édifice ainsi qu'un dôme pour loger la bibliothèque et, en 1905, on construit un bâtiment annexe (**U**). À compter de 1920, on commence les démolitions visant à dégager le site d'un nouveau palais, en face, du côté sud de la rue. L'imposant édifice à colonnade est inauguré en 1926 (**fig. 203** et **204** ; **U**).

203 ▲

204 ▲

Détail d'une photographie du studio S.J. Hayward montrant le palais de justice, 1922-1926. Ernest Cormier, L.-A. Amos et C.J. Saxe, architectes. 100, rue Notre-Dame Est.

Collection Centre Canadien d'Architecture, fonds Cormier.

Le *châtiment*, l'un des six bas-reliefs allégoriques décorant les portes du palais de justice de 1926. Conçus par Ernest Cormier, réalisés à Paris par le sculpteur Edgar Brandt.

Photographie : Jean-Claude Bustros.

L'édifice des années 1850 a été le dernier grand bâtiment public mont-réalais construit dans le style néoclassique, avant que triomphe l'exu-bérance victorienne bien représentée dans les ajouts des années 1890. Le palais des années 1920 marque le retour au classicisme. Ernest Cormier, le principal concepteur – l'édifice portera plus tard son nom – joue habilement du vocabulaire architectural de l'Antiquité, remise au goût du jour au début du XXe siècle par le courant beaux-arts. Ce style convient bien à l'administration de la justice et contribue à impressionner les usagers. Cormier, qui sera connu plus tard pour son pavillon central de l'Université de Montréal, de style Art déco, fait ajouter des notes de ce style notamment dans les torchères du palais réalisées par le sculpteur parisien Edgar Brandt. La splendeur du nouveau palais constitue un attrait supplémentaire pour les nombreux curieux que les grands procès attirent infailliblement.

La construction de l'annexe du palais de justice a entraîné, en 1903, la démolition de la petite église presbytérienne écossaise St Gabriel datant de 1792 et délaissée par les fidèles depuis 1887 ; ainsi disparaît la dernière église protestante du centre traditionnel de la ville. Le palais de justice des années 1920 occasionne quant à lui la démolition de tout un îlot comprenant de nombreux bâtiments anciens. Sans toujours provo-quer dans le public des réactions aussi spectaculaires que celle qui a sauvé Notre-Dame-de-Bon-Secours, ces démolitions passent de moins en moins inaperçues, surtout dans l'est du quartier, à cause de la présence plus affirmée de bâtiments antérieurs à l'époque industrielle.

Tout l'est du centre ancien de la ville semble désormais en tension entre nouveauté et désuétude, et les Montréalais sont partagés entre le souhait de transformations modernes et la nostalgie que suscite la dis-parition des traces du passé.

 ## LE VIEUX MONTRÉAL DANS LA MACHINE MÉTROPOLE

Les expressions « Old Montreal », « Vieux Montréal » et « vieux Montréal » apparaissent dans la littérature et les journaux vers 1880. Alors que pour certains elles désignent simplement la ville d'autrefois dont on veut raviver le souvenir, pour d'autres elles ont un sens à la fois géographique et historique. C'est dans un livre publié en 1884, *Le Vieux Montréal 1611-1803*, que pour la première fois l'expression correspond précisément au territoire de l'ancienne ville fortifiée.

L'émergence de la notion de vieux Montréal s'inscrit dans un vaste mouvement de rappel du passé qui traverse non seulement le pays, mais l'ensemble du monde occidental. On évoque avec un plaisir certain un monde préindustriel révolu tout en donnant la vedette aux héros et aux événements susceptibles de mousser la fierté nationale. À Montréal,

205 ▶

Dessin de George W.
Simpson illustrant le
château Ramezay en 1929.

Publié dans *Croquis montréalais/
Old Montreal with pen and
pencil*, 1929.

le sentiment patriotique varie d'un groupe culturel à l'autre, ce qui transparaît dans les sujets et les formes de la commémoration. Toutefois, francophones et anglophones se rencontrent parfois dans un intérêt partagé
pour la lointaine Nouvelle-France.

La création du musée d'histoire du château Ramezay s'inscrit dans ce
courant d'intérêt pour le passé, activité d'avant-garde à sa manière. En
1895, craignant la disparition du bâtiment, la Société d'archéologie et de
numismatique le prend en charge avec l'appui de la Ville, qui en devient
propriétaire. La Société y inaugure un musée en 1896 (**V**). Le château
accueille le Cercle littéraire de Montréal ; en 1898 et 1899, il donne la paro-
le au jeune poète moderne Émile Nelligan pendant sa brève et fulgurante
carrière. En 1903, on réaménage les salles d'exposition et on construit une
tourelle pour ajouter au caractère pittoresque du bâtiment. Victor Morin
devient bientôt très actif au musée, et il le sera longtemps (**fig. 205**).

Le mouvement de commémoration se concrétise dans tout le vieux Montréal par la mise en place de monuments et de plaques. En 1894, dans la foulée des événements marquant le 250e anniversaire de la ville célébré en 1892, la Société historique de Montréal inaugure au lieu même de la fondation de la ville un obélisque (**fig. 206**) à la mémoire des premiers colons et des promoteurs français du projet de colonie.

C'est aussi dans le contexte de ces célébrations qu'un monument à la mémoire du fondateur de Montréal, Paul de Chomedey de Maisonneuve, est commandé à Louis-Philippe Hébert et finalement inauguré le 1er juillet 1895 place d'Armes, devant 20 000 personnes (voir fig. 169 ; **B**). Le monument, encensé, marque un sommet dans l'art et la carrière de Hébert, devenu au Canada le maître incontesté de la sculpture commémorative. On admire sa capacité à transmettre le message historique tout en donnant à ses personnages des attitudes vivantes et réalistes. L'inauguration du monument est un moment fort dans la vie culturelle des Montréalais de toutes origines. Certains voient même dans ce genre d'événement l'occasion de renforcer le patriotisme pancanadien en glorifiant le passé européen commun des colonisateurs par rapport aux Amérindiens.

Une sculpture-fontaine érigée en 1908 et inaugurée en 1911 constitue une exception dans l'univers commémoratif de l'époque puisqu'elle rend hommage à l'homme d'affaires John Young (**fig. 207A**), qui a joué un rôle important dans le développement du port pendant la période victorienne. Les yeux se tournent de nouveau vers la Nouvelle-France lors de l'inauguration, en 1930, face à la colonne Nelson, d'un monument à la mémoire de Jean Vauquelin, héros français de la guerre de la Conquête qui s'est illustré dans des batailles navales à Louisbourg et à Québec (**fig. 207B**).

206 ▲

J.-A.-U. Beaudry, architecte. *Le monument aux pionniers*, 1893. Place d'Youville.

207 ◀

A : Louis-Philippe Hébert, sculpteur ; Edward et William S. Maxwell, architectes. *Monument à John Young* (détail), 1908. Angle des rues de la Commune et d'Youville.

B : Eugène-Paul Benet, sculpteur. *Monument à Jean Vauquelin*, 1930. Place Vauquelin.

PRISE DE POSSESSION PREMIÈRE MESSE

PREMIÈRE MESSE À VILLE-MARIE 1642

208 ▲

A : Louis-Philippe Hébert, sculpteur. *La première messe à Ville-Marie*, bas-relief du Monument à la mémoire de Paul de Chomedey de Maisonneuve, 1895. Place d'Armes.

B : Olivier Maurault, p.s.s., concepteur. *Première messe à Ville-Marie, 1642*, 1930. Partie centrale d'un vitrail réalisé à Limoges pour l'église Notre-Dame.

Photographie : © PhotoGraphex.

La pose de plaques commémoratives, quant à elle, confirme le rôle primordial du vieux Montréal géographique, soit le territoire de l'ancienne ville fortifiée, comme espace de commémoration (**fig. 208**). Ces plaques évoquent les périodes antérieures à l'industrialisation de la ville, celles avant comme celles après la Conquête, en réservant la plus grande part à l'époque héroïque des fondateurs. Au début des années 1890, alors qu'elle participe au projet de monument à la mémoire de Maisonneuve, la Société d'archéologie et de numismatique prépare aussi la réalisation de plaques en marbre. Sur les 30 plaques posées en 1897, 23 sont installées dans le vieux Montréal. W.D. Lighthall, avocat anglophone féru d'histoire de Nouvelle-France qui deviendra une grande figure de la commémoration à Montréal, joue un rôle très actif dans cette initiative de la Société. Suivant le choix des commanditaires, les inscriptions sont en français, en anglais ou dans les deux langues. La plaque à la mémoire de Dollard des Ormeaux, héros de Ville-Marie tué lors d'une célèbre bataille contre les Iroquois, est placée en plein quartier de la finance et elle est rédigée en anglais uniquement.

En 1917, Victor Morin préside, en plus de la Société Saint-Jean-Baptiste, la Société historique de Montréal ; toutes deux jouent un rôle majeur dans l'organisation des fêtes du 275e anniversaire de la ville.

Morin conçoit un «pèlerinage historique» pour lequel il s'appuie en grande partie sur le contenu des plaques commémoratives. Le 17 mai 1917, quelque 2 000 personnes participent à ce premier circuit à pied du quartier. Au cours de la balade, Morin indique l'emplacement du couvent de la Congrégation de Notre-Dame disparu depuis peu en soulignant qu'on aurait pu préserver une chapelle... Lors des mêmes fêtes, la Société historique organise pour la première fois la messe commémorative de la fondation de la ville, tradition qui se perpétue encore aujourd'hui.

La Commission des monuments historiques de la province de Québec, fondée en 1922, installe aussi des plaques en bronze dans le quartier ; la Commission des lieux et monuments historiques du Canada, créée par le gouvernement fédéral en 1919, en fait aussi poser quelques-unes. S'ajoutent à ce grand mouvement de commémoration quelques projets venant du secteur privé ou d'institutions. En 1942, Morin participe très activement aux fêtes du 300e anniversaire de la ville, lors desquelles on reprend encore son circuit de 1917. Quelques années plus tard, il publie la recension des plaques de l'île de Montréal. Il en compte 56 dans le vieux Montréal, soit près de la moitié de l'ensemble.

En plus des monuments et des plaques, on réalise d'autres œuvres commémoratives. Des tableaux représentant Marguerite Bourgeoys et Maisonneuve sont commandés en 1909 au peintre Ozias Leduc pour la chapelle Notre-Dame-de-Bon-Secours. Les vitraux réalisés en France pour l'église Notre-Dame, dont on fête le centenaire en 1929, rappellent aussi les grandes figures de la Ville-Marie française et catholique (**fig. 208B**). En revanche, en 1947, la Canadian Bank of Commerce choisira plutôt de décorer son grand hall de scènes rappelant la colonisation britannique du Canada, auxquelles s'ajoutent une peinture représentant Montréal en 1808 et un tableau montrant l'arrivée de Jacques Cartier en Gaspésie en 1534.

On commence également à s'intéresser aux bâtiments historiques. Au cours des années 1920, la survie du château Ramezay paraît à nouveau menacée malgré son utilisation comme musée. Grâce à une loi provinciale promulguée en 1922, l'édifice est classé monument historique en 1929, ce qui constitue une première. Victor Morin préside alors les destinées de la Société d'archéologie et de numismatique, responsable du musée, tout en étant membre de la commission qui fait les recommandations de classement.

D'autres bâtiments anciens qui n'ont pas la notoriété du château attirent néanmoins l'attention de plusieurs architectes, artistes et amateurs d'histoire en tant qu'objets d'étude. Déjà entre 1885 et 1889, David Ross McCord – dont les collections seront à l'origine de la création du Musée McCord d'histoire canadienne – commande au peintre Henry Bunnett plus de 200 tableaux représentant des édifices et des lieux historiques du Québec dont plusieurs sont situés dans le vieux Montréal. Les tenants du courant britannique *arts and crafts*, qui prône la réintégration des savoir-faire artisanaux en architecture, s'intéressent quant à eux aux bâtiments de la Nouvelle-France. En 1917, le peintre Georges Delfosse présente une exposition intitulée *Le Vieux Montréal* qui montre l'architecture de la ville ancienne (**fig. 209**). Il peint des scènes pittoresques, reconstitue parfois l'environnement ancien de bâtiments encore en place ou recrée de toutes pièces des décors urbains disparus. Une brochure parue en 1932 reproduit 18 de ses tableaux. Le dessinateur d'architecture Herbert Raine produit pour sa part des gravures de paysages urbains ; 17 d'entre elles sont publiées en 1921 dans un ouvrage intitulé *Old Montreal* (**fig. 210**). Raine s'intéresse à l'ensemble du quartier, y compris au port et à ses installations modernes. Comme Delfosse, il est à la recherche de scènes pittoresques qu'il croque souvent dans l'est du quartier, mais son *Old Montreal* est toujours montré exactement tel qu'il est.

209 ▼

Tableau non daté de Georges Delfosse montrant des maisons-magasins de la première moitié du XIXᵉ siècle, à l'angle des rues Notre-Dame et Saint-Sulpice, remplacées en 1911-1912 par l'édifice Duluth.

Collection d'œuvres d'art de la Ville de Montréal. Photographie : Ville de Montréal, Gestion de documents et archives, A-656-31.

210 ▲

Gravure de Herbert Raine
montrant la place Jacques-Cartier
et faisant partie d'une série
publiée en 1921 sous le titre
*Old Montreal : Reproductions of
Seventeen Etchings.*

Bibliothèque nationale du Québec.

Édouard-Z. Massicotte signe en mars 1920 un article qui accompagne une série de photographies publiées à la une de *La Presse* sous le titre « Le "Vieux Montréal" disparaît peu à peu ». La phrase fait référence à la démolition de plusieurs immeubles du XVIIIe ou de la première moitié du XIXe siècle pour faire place au nouveau palais de justice. On trouve dans les journaux antérieurs à 1920 des articles constatant la démolition de bâtiments anciens, mais même les plus fervents amateurs de « reliques du passé » semblent considérer la disparition de ces immeubles comme inévitable. Pour évoquer le passé, on se contenterait de décors ; à preuve, en 1942, à l'occasion du tricentenaire de Montréal, on envisage la construction d'un village historique sur le mont Royal.

On installe des monuments et des plaques commémoratifs, on organise des circuits de visite, on vénère et protège quelques rares bâtiments, on dessine et photographie les traces tangibles du passé qui vont disparaître, mais pour le reste le « progrès » tant vénéré peut bien tout emporter. Toutefois, la crise économique des années 1930 ralentit les transformations urbaines. Malgré les projets proposés pour le centre administratif municipal, les travaux publics finalement lancés pour contrer le chômage se résumeront à un tunnel réalisé en 1932 sous la rue Notre-Dame pour faciliter la circulation entre le marché Bonsecours et le reste de la ville – ce tunnel n'est plus visible aujourd'hui. La Deuxième Guerre mondiale draine ensuite les ressources du pays. La construction tarde à redémarrer après la guerre. En somme, le quartier change peu entre 1930 et 1950. Parmi les rares projets réalisés, la Caisse nationale d'économie de la Société Saint-Jean-Baptiste, que préside Victor Morin, fait construire en 1938-1939 un petit bâtiment Art déco rue Saint-Jacques, entre l'ancienne Banque du Peuple et l'immeuble de *La Presse*.

Les chantiers ne modifient plus le paysage urbain du quartier, mais un nouveau phénomène apportera beaucoup de changements. En effet, le nombre grandissant d'automobiles suscite la transformation de plusieurs espaces publics en terrains de stationnement, tendance qui s'est amorcée dès les années 1920. Avant 1950, toutefois, ces aménagements entraînent peu de démolitions.

Tout peut donc arriver quand Victor Morin se retire des affaires, après avoir publié en 1949 ses notes sur les plaques commémoratives de Montréal sous le titre *La Légende dorée de Montréal*. Dans cet ouvrage, Morin fait toujours une nette distinction entre le vieux Montréal commémoratif compris à l'intérieur des anciennes fortifications et le reste de la ville. Il est le premier à désigner ce territoire comme un quartier historique. Cependant, à l'aube des années 1950, alors que lui et d'autres mémorialistes voient dans ce secteur historique une unité territoriale, ce n'est pas le cas de la plupart des Montréalais.

En 1949, ce que Morin appelle le « Vieux Montréal » est formé d'un ensemble de composantes hétéroclites. Le centre ancien recèle des bâtiments rares et précieux de l'époque de la ville fortifiée, mais dont seuls les plus vénérés paraissent pouvoir être préservés. On y trouve également, en plus grand nombre, des maisons et édifices institutionnels de la première moitié du XIXe siècle, surtout concentrés dans l'est. Outre les bâtiments, le tracé de plusieurs rues, le lotissement ainsi que le mode d'occupation de certains îlots où on laisse des espaces pour les cours intérieures proviennent aussi des siècles passés. Quant aux nombreux bâtiments commerciaux de la période victorienne, déjà vieux mais encore très utilisés, on ne leur accorde alors qu'une valeur pratique. À cet ensemble hétérogène s'ajoutent la machine portuaire entièrement modernisée ainsi que le secteur des affaires et le centre administratif, en grande partie renouvelés entre 1880 et 1930 mais qui affichent de multiples symboles issus du passé. Les œuvres commémoratives qui parsèment le quartier complètent ce tableau complexe en tension entre progrès et rappels du passé.

En 1948, un projet d'autoroute surélevée est lancé. On propose de l'aménager au-dessus de la rue de la Commune, entre la vieille ville et le port, là où on a déjà envisagé depuis les années 1920 de faire passer un tramway surélevé, un boulevard et une voie rapide. La poussée vers la modernité qui a alimenté la « machine métropole » et qui a suscité tant de nouveautés dans le quartier au début du XXe siècle provoquera encore de nouvelles transformations dans la deuxième moitié du siècle. Toutefois, en partie grâce au legs des Morin, Massicotte, Lighthall, Delfosse et Raine, le quartier trouvera en même temps une nouvelle unité.

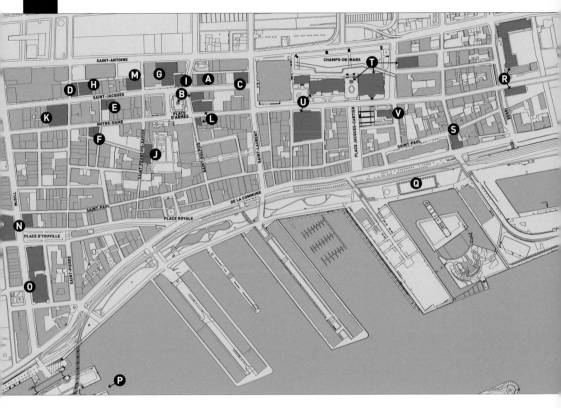

A Édifice Banque du Peuple

B Édifice New York Life ; place d'Armes et monument à Maisonneuve

C Immeuble du journal *La Presse*

D Édifice Canada Life

E Édifices London and Lancashire et Guardian

F Édifices Waddell et Sun Life

G Banque de Montréal

H Édifice Canadian Bank of Commerce

I Édifice Royal Trust

J Édifice Montreal Stock Exchange ; maintenant occupé par le Centaur Theatre

K Édifice Banque Royale

L Édifices Duluth et Aldred

M Édifice Dominion Express

N Édifices Grand Tronc et Canadian Express

O Bureaux et entrepôts des douanes

P Premières parties du silo nº 5

Q Vestiges du silo nº 2

R Édifices des anciennes gares Dalhousie et Viger

S Chapelle Notre-Dame-de-Bon-Secours : façade, chevet et plafonds peints

T Cour municipale ; hôtel de ville partiellement reconstruit (1923-1926) et monument à Vauquelin

U Vieux palais de justice rehaussé et son annexe ; nouveau palais construit en 1922-1926

V Musée du Château Ramezay

211 ▲

Magasin-entrepôt construit
en 1862-1863, restauré
et transformé en immeuble
de bureaux en 1991.
400-406, rue Notre-Dame Est.

Jacques Des Rochers, Alain Roy

Le Vieux-Montréal
le lieu et le temps retrouvés
de 1950 au XXIe siècle

L e Vieux-Montréal, s'il ne forme plus aujourd'hui le centre de la ville, en constitue plus que jamais le cœur historique. Les milliers de Montréalais qui chaque jour viennent y travailler se sont depuis longtemps habitués à un phénomène qui, parfois, frappe le visiteur : des immeubles contrastés de diverses époques s'y côtoient dans une joyeuse diversité qui est à l'image de la ville elle-même et, jusqu'à un certain point, de la société québécoise moderne.

Malgré cette diversité, c'est un quartier patrimonial unifié que le visiteur peut parcourir en ce début de XXIe siècle. En effet, le Vieux-Montréal – ce nom maintenant d'usage courant témoigne de l'unité retrouvée – forme de nouveau un ensemble dans lequel des aménagements bien actuels tiennent compte des différents passés qui ont façonné la ville. Même à celui qui n'est pas passionné d'histoire, le quartier s'offre maintenant comme un grand livre ouvert où espaces et immeubles conservés, recyclés ou réaménagés donnent à lire de multiples strates historiques tout en offrant un cadre unique à la vie contemporaine.

LA RECONNAISSANCE PATRIMONIALE

Dans les années 1950, toutefois, l'avenir du vieux centre de la ville paraît bien incertain. Au cours du grand boom de construction qui suit la Seconde Guerre mondiale, le sort du quartier fait l'objet de tendances contradictoires. Dans le port, par exemple, la période d'après-guerre est encore propice à une hausse du volume d'exportation des céréales vers l'Europe (**fig. 212**; **A**); pour répondre aux besoins croissants des voyageurs, on aménage une nouvelle gare maritime. En revanche, l'ouverture en 1959 de la voie maritime du Saint-Laurent, le long de la rive sud du fleuve, permet dorénavant aux cargos d'accéder directement aux Grands Lacs, ce qui entraînera plus tard la fermeture du canal de Lachine.

Les institutions financières et les grands journaux forment encore un pôle de développement très actif rues Saint-Jacques et Saint-Antoine. Les nouveaux immeubles construits à la fin des années 1950 offrent par leur modernité un contraste saisissant avec les bâtiments plus anciens qu'ils remplacent ou qu'ils côtoient. Toutefois, la plupart des grands projets

212 ▼

L'élévateur à grain B-1, à l'embouchure du canal de Lachine, construit en 1958. Cet élévateur et le B, plus ancien, sont reliés par une galerie en 1963 pour former le silo n° 5; maintenant désaffecté.

Photographie: Denis Tremblay.

213 ▶

La place Jacques-Cartier et ses abords en 1962. À gauche, un stationnement construit en 1955 devant l'hôtel de ville.

Ville de Montréal, Gestion de documents et archives, AVM A-41-7.

modernistes montréalais de l'époque seront construits plus près du mont Royal, là où le centre-ville s'agrandit depuis le début du XXᵉ siècle. En 1962, la réalisation de Place Ville-Marie indique un mouvement irréversible en ce sens. L'entrée de Montréal dans la modernité et le déplacement du centre-ville contribueront ainsi, d'une certaine manière, à préserver la majeure partie du centre vieillissant.

L'administration municipale et celle de la justice ont également des besoins croissants. Ville et gouvernement optent pour une consolidation de ces activités dans leur secteur d'implantation traditionnel, rue Notre-Dame. Un nouveau quartier général de la police est mis en chantier en 1957, en prolongement de la cour municipale de 1913. Cet agrandissement n'est toutefois qu'un reflet modeste de projets municipaux plus vastes. Par contre, on décide en 1959 de construire un nouveau palais de justice de grande envergure.

L'utilisation généralisée de l'automobile contribue par ailleurs à la dégradation du tissu urbain. Rues, places publiques et parcelles de terrain sont rapidement converties en parcs de stationnement à ciel ouvert. Au début des années 1960, l'avenir du quartier semble plus sombre que jamais : dans l'est, aux environs de la place Jacques-Cartier, la présence imposante de la machine portuaire, l'omniprésence de l'automobile et la dégradation des bâtiments anciens en sont des indices probants (**fig. 213**). Dans le secteur ouest, les magasins-entrepôts de l'ère victorienne et ceux du début du XXᵉ siècle sont toujours utilisés par le commerce de gros et l'industrie légère ; toutefois, ces bâtiments anonymes perdus dans ce qu'on appelle alors vaguement le « bas de la ville » pourraient disparaître sans que cela émeuve qui que ce soit.

Étonnamment, c'est un projet qui est annoncé depuis la fin des années 1940 qui, par son caractère controversé, va permettre de donner une impulsion au premier mouvement de préservation du quartier. En effet, Montréal, comme beaucoup de grandes villes nord-américaines, envisage de construire en bordure du port une grande autoroute. L'« autostrade » surélevée longerait la rue de la Commune, entre le quartier et les infrastructures portuaires, ce qui entraînerait une dégradation encore plus grande du tissu urbain et la démolition de bâtiments avoisinants. Ce projet, relancé avec vigueur en 1958, sera un déclencheur. Au cours des nombreux débats qu'il soulève, de nouvelles voix se font entendre.

Jusque-là, les Victor Morin et autres amoureux du vieux Montréal n'allaient pas jusqu'à revendiquer que l'on conserve des immeubles anciens, à l'exception de quelques bâtiments historiques majeurs. Les années 1950 marquent un tournant à cet égard. Le premier indice de ce changement de mentalité est un plan d'aménagement soumis par l'urbaniste et architecte Jacques Greber. En 1953, la Ville commande à ce dernier un plan d'ensemble pour un nouveau centre administratif municipal de grande envergure. Greber soumet un projet de modernisation majeur dans lequel on conserverait les édifices publics prestigieux comme l'hôtel de ville et la gare-hôtel Viger. Il prévoit aussi, le long de voies élargies, de nouveaux édifices publics et des espaces libres paysagés en remplacement de bâtiments considérés vétustes. De plus,

214 ▼

Les nombreux terrains de stationnement dans le secteur du château Ramezay et de l'hôtel de ville en 1962.

Ville de Montréal, Gestion de documents et archives, AVM A-40-68.

il suggère de préserver et de mettre en valeur plus d'une vingtaine d'autres immeubles parmi les plus anciens : c'est la première fois que l'on propose de préserver un ensemble de bâtiments du quartier.

Ce sont toutefois des considérations essentiellement fonctionnelles qui prévalent en 1955 quand la Ville construit un stationnement étagé en béton qui enserre le château Ramezay (**fig. 214**). Deux ans plus tard, on annonce expropriations et démolitions pour agrandir ce stationnement. L'hôtel Rasco de 1834, rue Saint-Paul, est menacé (**B**). On entend alors de nombreuses protestations contre la perte éventuelle de ce vieil immeuble. Une prise de conscience patrimoniale commence à se révéler. En août de l'année suivante, le journal *The Gazette* exprime son opposition au projet, et il insiste sur l'importance de réaliser un inventaire des bâtiments historiques. Eric McLean, critique musical au *Montreal Star*, écrit, en décembre 1959, que le problème n'est pas de préserver quelques immeubles isolés mais bien l'ensemble du secteur. À ses yeux, beaucoup de bâtiments, même considérés individuellement, présentent un grand intérêt. McLean devient rapidement l'un des porte-parole de ceux qui réclament désormais la préservation de l'ensemble du quartier, s'inspirant notamment de l'exemple du Vieux-Carré à La Nouvelle-Orléans.

Un appui de taille à ce mouvement se manifeste en 1960, alors qu'un vigoureux débat reprend sur le projet d'autoroute. La possibilité d'une protection légale des centres historiques de Québec et de Montréal fait rapidement son chemin au Québec dans la mouvance européenne de protection des centres anciens. La Commission des monuments historiques de la province, qui est dirigée par Paul Gouin, politicien et homme d'une grande culture, demande à la Ville de Montréal de réaliser un premier inventaire des bâtiments anciens du quartier. Seulement 18 immeubles sont jugés d'intérêt historique dans le bref rapport qui est livré en janvier 1961. Cependant, les idées évoluent très vite au Service de l'urbanisme de la Ville comme chez les amateurs et les experts-conseils qui s'intéressent au vieux Montréal. En 1961, à l'instigation de la Société historique de Montréal, 17 organismes se regroupent et réclament la restauration du quartier et la préservation de l'hôtel Rasco. Des échos favorables suivent dans la presse francophone et anglophone. Dès 1962, l'administration municipale réagit en créant un organisme consultatif officiel présidé par Paul Gouin et dont Eric McLean est membre, la commission Jacques-Viger ; son mandat porte sur le vieux Montréal. Le territoire visé correspond à celui décrit depuis longtemps par Victor Morin, soit à peu près le site de la ville fortifiée en suivant les grandes rues périphériques du plan des Commissaires de 1804. Simultanément, la Ville confie à l'agence Van Ginkel Associates le mandat de dresser un plan de rénovation. Le rapport présenté en janvier 1963 contient pour la première fois un train de mesures pour la préservation et la mise en valeur de la vieille ville vue comme un tout.

On annonce en cette même année 1963 le déplacement du tracé de l'autoroute au nord, le long du lit de l'ancien ruisseau ; le projet entraînera beaucoup de démolitions. Le quartier historique se trouve donc définitivement épargné, même s'il sera coupé de ses alentours comme au temps des fortifications. Les corps publics, comme la société dans son ensemble, oscillent entre deux tendances : on protège le tissu urbain en interdisant l'aménagement de nouveaux terrains de stationnement, mais au même moment des îlots entiers de bâtiments anciens sont démolis en vue de la construction du nouveau palais de justice moderne, du côté nord de la rue Notre-Dame.

Puis le 8 janvier 1964, année même de l'adoption de la charte de Venise sur la conservation et la restauration des monuments et des sites, le gouvernement du Québec, avec l'accord de la Ville de Montréal, décrète la création de l'arrondissement historique du Vieux-Montréal – cette graphie s'imposera progressivement après la reconnaissance officielle. Le secteur de la vieille ville se trouvant au sud de la rue Notre-Dame jusqu'à la rue de la Commune, entre la rue Berri à l'est et la rue McGill à l'ouest, est ainsi protégé. On a d'abord prévu inclure l'ensemble

215 ▼

Dessin de Richard D. Wilson montrant la rue Saint-Paul devant le marché Bonsecours en 1964.

Tiré de Eric McLean et Richard Wilson, *Le passé vivant de Montréal/ The Living Past of Montréal*, Montréal, McGill-Queen's University Press, 1964. Avec l'autorisation de l'éditeur.

216 ▶

Dessin de Richard D. Wilson montrant la rue Sainte-Hélène en 1964.

Tiré de Eric McLean et Richard Wilson, *Le passé vivant de Montréal/ The Living Past of Montreal*, Montréal, McGill-Queen's University Press, 1964. Avec l'autorisation de l'éditeur.

du Vieux-Montréal historique, y compris la partie nord du quartier avec ses centres administratif et financier, mais les pressions économiques qui sous-tendent la vague moderniste sont encore trop fortes pour que l'on adopte une position aussi audacieuse. Malgré cette limite, une page importante est tournée.

Eric McLean publie en 1964 un ouvrage qui accompagne bien la création du nouvel arrondissement. L'année précédente, en se promenant dans le quartier, le journaliste a rencontré l'illustrateur Richard D. Wilson alors en train de croquer les bâtiments et les rues qui allaient être irrémédiablement perdus au profit du nouveau palais de justice. La rencontre marque non seulement le début d'une longue amitié, mais aussi la naissance d'une publication importante concernant le Vieux-Montréal. *Le Passé vivant de Montréal* qui regroupe des dessins de Wilson et des textes de McLean (**fig. 215** et **216**), fera date et connaîtra de nombreuses rééditions. Contrairement aux amateurs d'histoire qui les ont précédés, les deux hommes ne se contentent pas de déplorer la perte de bâtiments de l'ère préindustrielle, mais ils s'inquiètent également de ce qui va advenir, par exemple, des imposants magasins-entrepôts de la rue Sainte-Hélène qui datent des années 1860 ou même de certains immeubles du XXᵉ siècle. Leur ouvrage ainsi que la reconnaissance officielle du caractère historique du quartier montrent non seulement comment les mentalités ont évolué, mais aussi avec quelle rapidité on a réussi à agir.

LES PROJETS PIONNIERS

La véritable reconnaissance de la valeur patrimoniale du quartier passe toutefois par des projets concrets. McLean pense que pour préserver le Vieux-Montréal, il faut l'habiter. Et la seule façon de prouver qu'il est encore habitable, c'est de s'y installer et d'y vivre ! Après des recherches, il arrête son choix, en mai 1961, sur l'ancienne maison des Papineau de la rue Bonsecours, devenue propriété d'un grossiste de poisson (**fig. 217** et **218** ; **C**). Il y entreprend la première véritable restauration privée dans le Vieux-Montréal. Marie-Paule Nolin, créatrice de mode, emboîte le pas et acquiert elle aussi une demeure dans la même rue, où elle entame des travaux. En novembre 1963, une visite guidée permet à plus de 400 personnes d'admirer les intérieurs de monsieur McLean et de madame Nolin. À leur propre demande, les deux bâtiments seront classés en tant que monuments historiques, ce qui ne s'était pas vu dans le quartier depuis le classement du château Ramezay en 1929.

217 ▼

Eric McLean (sur l'escabeau), restaure l'intérieur de la maison Papineau en 1961.

Monsieur McLean a aimablement prêté cette photographie en vue de la présente publication peu avant son décès en 2002.

La revitalisation s'amorce ainsi grâce à de nouveaux résidants issus principalement des secteurs de la création : designers, graphistes, architectes, chanteurs et poètes. En plus des boutiques et ateliers de créateurs surgissent des galeries d'art, des commerces d'artisanat, des restaurants fins et spécialisés dans la cuisine traditionnelle. Ces nouveaux projets se concentrent autour de la place Jacques-Cartier et des rues Saint-Paul et Bonsecours, là où Greber avait sélectionné des bâtiments à préserver. Jusqu'à la fin des années 1960, la plupart des restaurations entreprises seront concentrées dans ce même secteur, et la majorité des bâtiments qui en feront l'objet datent, à une exception près, de la ville préindustrielle, c'est-à-dire antérieure à 1850. De façon générale, on privilégie les immeubles les plus anciens et les plus menacés. Les travaux visent à remettre les bâtiments dans leur état d'origine, ou ce qu'on croit être tel : on rétablit les toits versants, on dégage ou reconstruit les murs de pierre. Beaucoup cherchent à retrouver un caractère français dans le plus d'immeubles possible.

218 ▼

Le salon de la maison Papineau rénovée et meublée par Eric McLean qui y a vécu pendant 40 ans.

Aux projets privés s'ajoutent ceux de la Ville. En 1964, le Service d'urbanisme, maintenant dirigé par Aimé Desautels qui est passionné par le projet de quartier historique, entreprend un premier plan directeur du Vieux-Montréal dans lequel sont énoncées des prescriptions réglementaires. On présente en même temps 22 projets visant à requalifier des espaces publics dévolus aux voitures ou des secteurs déstructurés. Il faudra des décennies, mais tous les lieux visés finiront par faire l'objet de réaménagement. Dès 1964, une décision doit être prise concernant le marché Bonsecours (**D**) et ses abords puisque le vieux marché central où s'approvisionnent les détaillants a maintenant cédé la place à un autre, plus vaste, dans le nord de la ville. L'édifice, par surcroît, a perdu son dôme lors d'un incendie. À l'instigation d'Aimé Desautels, l'immeuble est restauré en 1965 et le dôme reconstruit (voir fig. 121), mais l'intérieur est jugé irrécupérable et des travaux majeurs de structure sont entrepris pour y aménager des bureaux municipaux : le Service d'urbanisme s'y installera. Les défenseurs du patrimoine se réjouissent de la conservation de l'édifice, mais ils déplorent que l'on n'ait pu maintenir sa vocation publique qui sera rétablie quelques décennies plus tard. La municipalité met également en valeur les abords du marché par des plantations et l'installation de dallage en pierre pour les trottoirs. On rétablit aussi les pavés anciens de la chaussée rue Saint-Paul (**fig. 219**).

La tenue de l'exposition universelle à Montréal en 1967 – sur l'île Sainte-Hélène ainsi que d'autres îles et une jetée que l'on construira de main d'homme – met en branle un gigantesque chantier au milieu du fleuve à partir de 1962. Les autorités savent que les visiteurs voudront voir ce nouvel attrait qu'est le quartier historique récemment redécouvert. On réaménage et on met en valeur la place Jacques-Cartier et ses abords en 1966. L'espace entre l'hôtel de ville et le vieux palais de justice est également transformé en une place publique à laquelle on intègre une nouvelle fontaine accompagnant le monument Vauquelin (voir fig. 207B). On installe dans le secteur des répliques des réverbères utilisés vers 1850, et les pavés anciens sont rétablis sur quelques tronçons de rues. La place d'Armes, plus à l'ouest, fait également l'objet d'un nouvel aménagement, moderniste celui-là. Entre-temps, Montréal inaugure son réseau de métro souterrain et trois stations, situées au nord, desservent le quartier : l'une au champ de Mars, non loin de la place Jacques-Cartier, une autre à proximité de la place d'Armes et une dernière au square Victoria. On prévoit que le Vieux-Montréal renaissant attirera des flots de visiteurs.

Parallèlement, d'autres projets importants de restauration et de rénovation sont entrepris à l'initiative de particuliers ou d'entreprises. Le magasin Ogilvy's, qui a acheté en 1963 la maison Du Calvet à l'angle des rues Saint-Paul et Bonsecours (voir fig. 75), la restaure et y installe des salles d'exposition en 1966. La compagnie d'assurance La Sauvegarde (voir fig. 88A) réalise un projet semblable rue Notre-Dame près de la place Jacques-Cartier, alors que la compagnie de peinture CIL rénove la maison Del Vecchio à l'intersection de la place et de la rue Saint-Paul (**fig. 220**). Plusieurs autres projets de rénovation et de restauration sont entrepris dans le même secteur au cours des années 1960.

Alors que le modernisme exerce un attrait indéniable pendant la période, le caractère pittoresque de l'époque préindustrielle semble attirer tout autant. En 1967, pendant qu'on peut admirer des bijoux du modernisme à l'exposition universelle, on construit un projet d'auberge dans l'esprit de l'ancienne ville coloniale rue Saint-Gabriel. Dans certains cas, comme celui de la maison Del Vecchio, les rez-de-chaussée transformés de façon significative au fil du temps font l'objet de reconstitutions hypothétiques de leur état d'origine. C'est à cette époque que le grand public montréalais non seulement reconnaît l'existence du quartier historique, mais l'adopte et vient s'y divertir. La place Jacques-Cartier et ses abords deviennent si populaires qu'à partir de 1966 certains défenseurs de l'arrondissement historique mettent en garde contre la prolifération des restaurants et des bars.

Le nouveau palais de justice (**E**) est mis en chantier en 1965 à l'angle des rues Notre-Dame et Saint-Laurent malgré les appels pressants à la sauvegarde du patrimoine. Ce projet éminemment moderne sera achevé en 1971. Toutefois, grâce à la commission Jacques-Viger et aux interventions des opposants, des modifications importantes sont apportées au programme architectural : la tour de 40 étages prévue initialement est réduite à 30 étages et reléguée derrière un hall de faible élévation dont le parvis borde la rue. Cette modification permet de dégager une vue du dôme du vieux palais dans l'axe de la rue Saint-Jacques. Plus à l'ouest, une autre tour moderne est construite place d'Armes en 1965-1967 par la Banque Canadienne Nationale (**fig. 221** ; **F**). Cette dernière, contrairement à la Banque Royale qui déménage Place Ville-Marie, tient à établir son siège social au cœur même du centre financier traditionnel. Ces deux grands projets modernes, construits en dehors du territoire de l'arrondissement, auront néanmoins contribué à une prise de conscience quant à la nécessité de protéger la partie nord du quartier.

Un vaste projet privé de restauration et de reconversion entamé en 1968 marque un nouveau point tournant, cette fois dans le secteur ouest de l'arrondissement. Les entrepôts Bouthillier des années 1820, situés place d'Youville, sont transformés en un ensemble comprenant restaurant, bureaux et locaux commerciaux donnant sur une cour intérieure (**fig. 222**, voir aussi 100 ; **G**). Ce grand ensemble provient encore de

221 ▲

Tour de la Banque Canadienne Nationale, 1965-1967. David, Barrot et Boulva, architectes. 500, place d'Armes.

Ministère de la Culture et des Communications du Québec. Photographie : Normand Rajotte.

222 ▶

Vue de la cour intérieure des entrepôts Bouthillier, 1826-1827, où était réalisé à la fin des années 1960 le projet dit des Écuries d'Youville. 296-306, place d'Youville.

l'univers préindustriel et participe du même attrait pour le dépaysement historique que les maisons du secteur de la place Jacques-Cartier.

L'ouest de l'arrondissement, toutefois, est surtout composé de bâtiments postérieurs à 1850, souvent de vastes magasins-entrepôts victoriens qui demeurent essentiellement utilisés pour le commerce de gros et l'industrie légère. Un regroupement de propriétaires réclame en 1965 que l'ensemble de ce secteur soit retiré du nouvel arrondissement, car on ne perçoit pas la valeur historique de ces bâtiments fonctionnels. McLean suggère « d'adopter une vue plus large des efforts de revitalisation présentement entrepris ». L'habitation tout comme l'aménagement de nouveaux bureaux font partie des enjeux qui préoccupent ceux qui tentent de considérer l'avenir du Vieux-Montréal. Toutefois, à la fin des années 1960, malgré l'arrivée de nouveaux résidants, il reste à peine 1 000 personnes concentrées dans l'extrême est du quartier et les deux dernières petites écoles ferment en 1968. Ramener une population résidante dans l'arrondissement historique signifiera donc convertir en résidences de grands bâtiments commerciaux *a priori* peu pittoresques. L'enjeu est de taille.

 Un pas de géant :
L'univers commercial victorien actualisé

Richard Wilson parcourt encore le quartier au milieu des années 1970. Ses nouveaux dessins illustrent la deuxième édition du *Passé vivant de Montréal* qui paraît en 1976. Ce qui reste de l'ancien ensemble conventuel des sœurs Grises, enchâssé dans un îlot de magasins-entrepôts désormais centenaires, est alors au cœur d'une vive controverse qui sera révélatrice d'une nouvelle prise de conscience de la réalité bâtie du Vieux-Montréal.

La Ville a déjà réalisé maquettes et esquisses pour un vaste projet de restauration des places d'Youville et Royale dont il est question depuis quelques années. La proposition vise à mettre en valeur les éléments marquants du site de l'époque préindustrielle comme les contours du parlement incendié et l'ancienne Petite Rivière. On veut également persuader les sœurs Grises de réintégrer le site de l'Hôpital général, considéré comme une pièce majeure du Régime français qui serait insérée dans un cadre paysager formel d'esprit français. Différents degrés de reconstitution historique de l'ancien ensemble sont successivement proposés. Pour réaliser le projet, on démolirait tous les magasins-entrepôts de la rue Saint-Pierre. Le débat est virulent. Pour nombre des opposants, reconstitution et démolition représentent des gestes rétrogrades qui ne tiennent pas compte de l'esprit de la charte de Venise. Une bonne part de l'opposition au projet provient d'architectes. Jean-Claude Marsan, architecte et professeur, auteur d'un ouvrage marquant sur l'évolution de Montréal qui paraît alors, écrit en 1975 dans le journal *Le Devoir*: «Au lieu de se désespérer parce que le Vieux-Montréal ne possède que peu d'édifices d'inspiration française et de se morfondre à en reconstituer des abstractions sans vie, pourquoi ne pas se réjouir du fait que ce secteur renferme l'une des concentrations de bâtiments d'architecture commerciale proto-rationaliste les plus intéressantes et les plus considérables de tout le continent américain.»

Le projet de la Maison de mère d'Youville (**fig. 223** et **224** ; **H**) qui est finalement mis en chantier à la fin des années 1970 ne retient pas la solution de la reconstitution, mais il englobe ce qui reste de l'ensemble conventuel ainsi que plusieurs magasins-entrepôts recyclés pour y loger des bureaux. Les murs d'une partie de la chapelle de 1832, laissés en place en 1871, sont simplement dégagés et conservés en tant que

223 ◄

Vue partielle de la Maison de mère d'Youville, inaugurée en 1981, montrant les parties conservées et restaurées de l'hospice et du couvent des sœurs Grises. Au premier plan, les vestiges de la chapelle mis en valeur en 1991 ; à l'arrière-plan, l'édifice des douanes. 138, rue Saint-Pierre.

224 ►

Vue partielle de la Maison de mère d'Youville montrant les anciens magasins-entrepôts locatifs des années 1870 rénovés et intégrés au projet.

vestiges. En 1981, les religieuses reviennent habiter dans le couvent où avait vécu leur fondatrice, et une partie de leur mission d'aide aux démunis y est relogée. La communauté rapatrie également ses archives historiques dorénavant abritées dans les magasins-entrepôts. Les sœurs Grises avaient toujours maintenu des activités dans le Vieux-Montréal, mais leur retour dans le couvent constitue néanmoins un geste hautement significatif pour l'avenir du quartier.

La genèse du projet des sœurs Grises démontre l'évolution des idées en matière de patrimoine et de restauration. Deux éléments étaient au cœur de la controverse : la reconstitution de bâtiments anciens, puisque le site comportait des vestiges de l'ancien Hôpital, et le développement d'un véritable intérêt pour la mise en valeur des bâtiments commerciaux victoriens. C'est ce deuxième aspect qui prend le dessus dans un autre grand projet de l'époque, celui de la mise en valeur de l'ensemble de l'Hôtel-Dieu. Ici, la construction de magasins-entrepôts de 1861 à 1874 par les religieuses hospitalières de Saint-Joseph n'a laissé sur le site aucun vestige apparent de l'ancienne institution, donc rien qui puisse servir d'amorce à une reconstitution. Dès 1965, on propose pourtant une mise en valeur de cet ensemble à partir de sa remarquable cohérence architecturale, alors même que l'on songe à démolir les magasins-entrepôts de la rue Saint-Pierre. En 1976 commence la première phase d'un ensemble de projets de copropriétés et de bureaux qui seront connus sous le nom de Cours Le Royer (**fig. 225** ; **I**). La viabilité des projets repose essentiellement sur l'intérêt suscité auprès des acheteurs potentiels.

225 ◀

Vue d'une partie des magasins-entrepôts des sœurs hospitalières de l'Hôtel-Dieu, 1871-1872, et de la rue Le Royer, vers 1975. Angle Le Royer et Saint-Dizier.

Ville de Montréal, Service de la mise en valeur du territoire et du patrimoine, Collection Communauté urbaine de Montréal.

226 ▲

Section de la rue Le Royer transformée en promenade, dite cours Le Royer, bordée d'anciens magasins-entrepôts des années 1861-1872 aménagés en appartements et en bureaux de 1976 à 1980.

L'ensemble résidentiel gagne de la notoriété publique lorsque le premier ministre du Québec, René Lévesque, achète l'un des appartements en 1977.

La troisième phase des projets entraîne la fermeture, en 1982, du tronçon de la rue Le Royer qui se trouve à l'ouest du boulevard Saint-Laurent. On y aménage un stationnement souterrain et, en surface, un passage pour piétons orné de verdure et de fontaines qui prend alors le nom de cours Le Royer (**fig. 226**). Il s'agira de la seule fermeture de rue au sein de l'arrondissement ; la forme et la fonction de la trame urbaine seront ensuite considérées comme faisant partie intégrante du patrimoine à préserver. Parallèlement à la réalisation progressive des projets autour du cours Le Royer, les magasins-entrepôts de la rue Saint-Pierre non compris dans le nouvel ensemble des sœurs Grises deviennent la propriété d'une agence du gouvernement fédéral, ce qui permet de lancer plusieurs projets de recyclage (voir fig. 143). Tous ces projets inaugurent une série d'autres restaurations de bâtiments du même type auxquels on reconnaît maintenant une nouvelle valeur d'usage et qui sont désormais perçus comme caractéristiques du Vieux-Montréal.

À l'aube des années 1980, de grandes transformations s'amorcent ainsi dans l'ouest du quartier. Par ailleurs, la place Jacques-Cartier et ses alentours, où se concentrent les terrasses des restaurants et des bars, continuent d'attirer les foules. On trouve alors dans le Vieux-Montréal la plus grande concentration de restaurants de la région après celle du centre-ville. Le quartier historique devient un pôle pour de nombreux artistes et leur public. De grandes fêtes populaires et nationales s'y déroulent. Ces activités festives ont un retentissement suffisant pour faire de la place Jacques-Cartier un nouvel icone de la grande ville et même du nouveau pays que les jeunes Québécois francophones rêvent de se donner (**fig. 227**).

Toutefois, malgré cette popularité, une véritable revitalisation du Vieux-Montréal en tant que milieu de vie et de travail semble encore loin malgré les premiers projets de réaménagement ou de mise en valeur. Tout au long des années 1970, la réflexion s'est poursuivie sur de nouvelles façons de stimuler et d'encadrer le développement du quartier. De nouvelles orientations en matière d'intervention sont mises de l'avant par le ministère des Affaires culturelles du Québec, qui deviendra le ministère de la Culture et des Communications. En 1979, le Protocole d'entente sur le Vieux-Montréal et le patrimoine montréalais est conclu entre ce ministère et la Ville de Montréal. Il constitue le premier d'une série de protocoles semblables qui, pendant 25 ans, prévoiront des investissements conjoints substantiels visant à promouvoir et à soutenir les projets liés à la sauvegarde et à la mise en valeur du patrimoine culturel. Les activités visées comportent les études et les inventaires, les travaux d'urbanisme et d'aménagement, les travaux de sauvetage et de restauration, l'interprétation et la diffusion et, volet majeur, le soutien financier aux projets de restauration privés. Les grands projets de la rue Saint-Pierre et du cours Le Royer sont d'ailleurs les premiers à bénéficier du soutien accordé. Une société paramunicipale est aussi créée en collaboration avec le ministère ; ce nouvel organisme et un autre qui lui succédera verront à la réalisation de projets immobiliers à caractère patrimonial et ils encadreront la mise en valeur de l'ensemble du quartier. Dorénavant, planification et investissements publics appuieront la renaissance progressive du Vieux-Montréal qui, malgré l'ampleur du défi, ne fait plus de doute au début des années 1980. Une nouvelle ère s'amorce.

227 ▲

Miyuki Tanobe,
La place Jacques-Cartier, 1978.

Collection de l'artiste.
© Miyuki Tanobe.

LES TEMPS RETROUVÉS

228 ▲

Boutique de vêtements
aménagée dans un ancien
magasin-entrepôt de la
rue Saint-Pierre.

Entre 1980 et le début du XXIe siècle, le quartier change radicalement. Les cycles économiques et immobiliers accélèrent ou ralentissent les investissements privés, mais sans infléchir le mouvement de fond. Signe des temps, pendant plusieurs années, l'organisme Héritage Montréal voué à la protection du patrimoine a pignon sur rue dans le Vieux-Montréal, où son centre de documentation est ouvert au public.

Des bâtiments anciens de toutes les époques sont restaurés et recyclés. Même les immeubles du début du XXe siècle attirent désormais les promoteurs intéressés par des bâtiments patrimoniaux. Les constructions entre les rues Notre-Dame et Saint-Antoine, qui sont hors de l'arrondissement créé en 1964, peuvent même faire l'objet, à partir de 1981, de subventions à la restauration. De nombreux établissements commerciaux viennent s'installer dans le secteur ouest, ce qui témoigne d'un mouvement progressif de réintégration de l'ensemble du Vieux-Montréal (**fig. 228** et **229**).

L'appropriation à des fins résidentielles de quartiers d'entreposage ou d'industrie constitue, à partir de la fin du XXᵉ siècle, un phénomène marquant dans les villes d'Amérique du Nord. Le Vieux-Montréal s'inscrit dans ce mouvement. Entre 1979 et 1985, 33 bâtiments sont restaurés à des fins résidentielles ; parmi ceux-ci, on compte un immeuble de bureaux de dix étages construit en 1900 et un bâtiment commercial en béton armé de 1908-1909. Ce mouvement de recyclage se poursuit et s'amplifie. À partir des années 1980, on réalise aussi de nouvelles constructions. D'abord concentrées dans l'extrême est, qui n'a jamais tout à fait perdu sa vocation résidentielle, ces insertions deviennent ensuite courantes dans l'ensemble du Vieux-Montréal. Au tournant du XXIᵉ siècle, une nouvelle vague de construction fait peu à peu disparaître les derniers lots vacants et les terrains de stationnement hérités des années 1950.

229 ▶

Bar-café aménagé dans un ancien magasin-entrepôt de la rue Saint-Paul.

230 ◄

Intérieur d'un apparte-
ment aménagé dans une
ancienne maison-magasin
de la rue Saint-Paul.
Une roue de treuil de la
première moitié du
XIXᵉ siècle côtoie un
tableau de la fin des
années 1990 réalisé par
un résidant du quartier.

En 1981, après une baisse de population puis une remontée, on en est encore à un peu moins de 1 000 personnes réparties dans l'est du quartier et dans les premiers grands projets de recyclage. Au début des années 2000, le nombre des résidants dépasse 2 600 : on se rapproche de plus en plus de la population de la ville fortifiée à la fin du Régime français (**fig. 230**). Dans les années 1970, on s'accorde à dire que le quartier devrait accueillir une population aux niveaux de revenus variés. Dans cet esprit, la Ville de Montréal construit en 1977 des habitations à loyer modique destinées aux personnes âgées. Ce projet et quelques autres à vocation sociale demeureront toutefois des exceptions. Si on ne peut parler d'embourgeoisement du quartier, puisqu'il ne s'agit pas d'une nouvelle population qui en remplacerait une autre, il reste que la réintégration résidentielle du Vieux-Montréal est plutôt le fait de ménages avec peu d'enfants ayant des niveaux de revenus et d'instruction élevés. Habiter le Vieux-Montréal correspond aujourd'hui, comme dans la plupart des secteurs commerciaux et industriels réinvestis au cœur des grandes villes d'Amérique, à un style de vie relativement luxueux.

L'attrait du Vieux-Montréal comme lieu de tourisme et de divertissement est parfois une source de tension pour les résidants qui souhaitent

231 ▶

Bureau d'architectes
aménagé dans un
ancien immeuble de
bureaux restauré de la
place d'Youville.

la quiétude. Ce problème, qui concerne la plupart des centres historiques très fréquentés, est sans doute moins aigu du fait que le quartier est assez vaste. En 1983, on adopte un nouveau règlement municipal qui interdit certaines occupations commerciales dans les secteurs résidentiels. Dix ans plus tard, la création d'une instance permanente de concertation entre l'association des résidants, l'administration publique et les représentants de différents secteurs (culture, tourisme, commerce, affaires) reflète la vitalité de cet espace de vie particulier.

À travers de profondes mutations et malgré la croissance du centre-ville moderne au pied du mont Royal, le Vieux-Montréal continue d'héberger de nombreuses entreprises du secteur tertiaire et donc d'accueillir de nombreux travailleurs de bureaux. Au début des années 2000, quelque 30 000 personnes viennent quotidiennement y travailler (**fig. 231**). Pendant un certain temps, alors que les anciens bâtiments commerciaux recyclés attiraient, entre autres, des entreprises de création des domaines du design, de l'architecture, des communications et du graphisme, d'autres immeubles de bureaux du début du XXᵉ siècle étaient souvent dévalués et loués à bon marché. Cependant, la tendance s'est inversée et, à partir des années 1980, la restauration de beaucoup de ces immeubles a contribué à redonner un essor à la location de lieux d'affaires. L'édifice New York Life, premier gratte-ciel de Montréal, et l'imposant Dominion Express de 1912 ont ainsi trouvé une deuxième vie (voir fig. 172 et 188A). Le Vieux-Montréal, qui a parfois joué un rôle d'incubateur pour les entreprises naissantes grâce aux espaces à bon marché, redevient au tournant du XXIe siècle un quartier d'affaires de prestige.

Le Centre de commerce mondial (**fig. 232** ; **J**), réalisé de 1987 à 1992 entre les rues Saint-Jacques et Saint-Antoine, a favorisé la relance du secteur malgré son inauguration en pleine crise immobilière. Il a aussi créé les bases d'un nouveau lien entre les centres-villes ancien et moderne. Pour ce projet, on transforme la ruelle des Fortifications, tracé vestige de l'ancienne ville fortifiée, en un atrium linéaire qui devient le cœur d'un vaste quadrilatère redéfini. Certains bâtiments anciens sont entièrement intégrés à l'ensemble, alors qu'on conserve les façades d'autres immeubles démolis. Même si cette approche « façadiste » reste controversée, on considère généralement l'intégration du projet dans le Vieux-Montréal comme un succès.

Les administrations municipale et judiciaire, consolidées dans le quartier, requièrent toujours des espaces de bureaux et contribuent désormais systématiquement à la mise en valeur patrimoniale. La conversion du marché Bonsecours en bureaux dans les années 1960 avait constitué un geste pionnier à cet égard ; l'hôtel Rasco (**B**) situé en face, propriété de la Ville depuis les années 1950, attendait des travaux importants qui sont finalement réalisés en 1981. On lance dix ans plus tard le projet du vaste ensemble Chaussegros-de-Léry, nommé à la mémoire du concepteur des fortifications du XVIIIe siècle (**fig. 233** ; **K**). On parle depuis 80 ans de ce centre administratif municipal que l'on construit finalement à côté de

232 ◄

Vue vers l'est de la ruelle
des Fortifications intégrée
dans le Centre de commerce
mondial construit en
1991-1992.
Rues Saint-Jacques,
Saint-Antoine et Saint-Pierre
et square Victoria.

Photographie : Denis Farley.

233 ►

L'équipe municipale responsable des politiques et
programmes en matière de
patrimoine urbain photographiée en 2003 dans une salle
de réunion de l'édifice
Chaussegros-de-Léry,
1990-1991. À l'arrière-plan,
l'hôtel de ville faisant l'objet
d'un nouvel éclairage
architectural depuis l'an 2000.
Rue Notre-Dame Est, de part
et d'autre de la rue Gosford.

l'hôtel de ville. L'architecte donne une facture contemporaine à ce projet
monumental construit en deux campagnes entre 1991 et 1996.
L'ensemble comprend, en plus des bureaux municipaux, des commerces, des habitations et un stationnement intérieur qui permet de
libérer le champ de Mars et le pourtour du château Ramezay. L'hôtel de
ville voisin, construit dans les années 1870 et partiellement reconstruit
au milieu des années 1920, est soigneusement restauré.

À mesure que se fait sentir une plus grande conscience de l'histoire
du quartier, on apprécie et on tend à favoriser une certaine continuité des
usages, voire parfois un retour aux fonctions d'origine. Le marché
Bonsecours retrouve en 1996 sa vocation publique par l'aménagement
de boutiques, de salles d'exposition et de réception. Le palais de justice

234 ▲

Intérieur d'un hôtel
aménagé dans un ancien
magasin-entrepôt,
rue Sainte-Hélène.

des années 1920 héberge de nouveau un tribunal, la Cour d'appel du Québec, après avoir abrité un centre d'archives puis une école de théâtre et de musique (voir fig. 203 ; **L**).

L'hôtellerie, encouragée par les pouvoirs publics, reprend elle aussi sa place dans le quartier comme au XIXe siècle (**fig. 234**). Plusieurs bâtiments patrimoniaux de diverses époques sont recyclés à cette fin au tournant du XXIe siècle. Aux quelques petits hôtels logés dans de vieilles maisons s'ajoutent dans tout le quartier des établissements aménagés dans des magasins-entrepôts, des immeubles de bureaux ou des banques transformés. L'arrivée de cette nouvelle hôtellerie rues Saint-Jacques et McGill couronne l'intégration définitive de l'ancien centre financier de la métropole dans l'arrondissement historique.

En 1995, le territoire de l'arrondissement historique a été officiellement agrandi pour inclure, entre autres, au nord la rue Saint-Jacques et au sud le vieux port et les installations portuaires. À partir de ce moment, il couvre donc l'ensemble du quartier historique reconnu depuis longtemps et il correspond à l'ancienne ville fortifiée dans ses contours redéfinis au début du XIXe siècle. Cette mesure, toutefois, n'a fait qu'officialiser une reconnaissance déjà mise en pratique dans les programmes d'étude et les interventions. À la fin des années 1990, le Vieux-Montréal a donc retrouvé son intégrité géographique. Tous ses secteurs sont réinvestis et réintégrés, toutes ses strates historiques évoquées et revisitées.

De plus, le lien entre le centre historique et le reste de la ville est peu à peu retissé. En effet, depuis les années 1970, le quartier restait coupé du reste de la ville par des zones industrielles laissées en friche à l'est et à l'ouest, dans les secteurs des anciens faubourgs, et par la large échancrure à ciel ouvert que constitue l'autoroute au nord. À partir des années 1980, on élabore des projets de réaménagement des faubourgs qui viendront concrétiser en partie l'objectif que se fixent les pouvoirs publics de relier concrètement le Vieux-Montréal à la ville. Au début des années 1990, le réaménagement du faubourg Québec, à l'est, crée un quartier résidentiel marié au Vieux-Montréal comme l'était l'ancien faubourg après la démolition des fortifications. À l'ouest, dans ce qu'on a rebaptisé dans les années 1970 le faubourg des Récollets, la nouvelle Cité du Multimédia (**fig. 235**) attire des entreprises contemporaines qui s'insèrent dans une zone industrielle par ailleurs redécouverte par les artistes. Des projets d'habitation en copropriété sont vite venus se greffer à ce nouveau secteur. Comme c'était le cas au XIXe siècle, ces « nouveaux » faubourgs sont appelés à connaître une plus grande croissance de population que le centre historique lui-même, déjà densément construit. Les projets des promoteurs privés s'y multiplient et le secteur résidentiel y est en pleine effervescence. Dans le faubourg Québec, des projets d'habitation à loyer modéré contribueront par ailleurs à une mixité sociale accrue.

Quant aux friches urbaines au nord-ouest du Vieux-Montréal, elles ont disparu grâce à une série d'interventions : l'aménagement du spectaculaire nouveau Quartier international à proximité du Centre de commerce mondial, l'agrandissement du Palais des congrès, l'aménagement de la nouvelle place Jean-Paul-Riopelle et la reconfiguration du square Victoria selon sa disposition ancienne. Au nord-est, malgré de nombreux efforts, les cicatrices urbaines héritées du XXᵉ siècle restent encore visibles. Toutefois, dans l'ensemble, une relation concrète est désormais recréée entre le centre ancien et le reste de la ville.

PATRIMOINE ET CULTURE CONTEMPORAINE

Si le commerce et les affaires ont déjà occupé des positions dominantes dans le centre ancien de la ville, à la fin du XXe siècle c'est la culture qui prend le relais. Et c'est par le biais de l'histoire et du patrimoine qu'un grand nombre de manifestations culturelles ont maintenant pris racine dans le quartier, qu'il s'agisse de la reconstitution de l'ancien marché, place Royale, des concerts de musique actuelle utilisant les installations du Vieux-Port, des spectacles son et lumière de la basilique Notre-Dame, des événements tirant parti des silos désaffectés ou des visites thématiques offertes par différents organismes. Les musées d'histoire occupent une place de choix parmi les institutions culturelles qui se sont installées dans le quartier entre les années 1980 et 2000. En 1983, le Centre d'histoire de Montréal est inauguré dans une ancienne caserne de pompiers, place d'Youville (fig. 236 ; **M**). Ce centre d'interprétation est initialement confié à la Société d'archéologie et de numismatique de Montréal, celle-là même qui créait le Musée du Château Ramezay quelque 90 ans plus tôt. La vocation du Centre est bien arrêtée : faire découvrir l'histoire de Montréal dans un immeuble du Vieux-Montréal. En mai 1985, un autre centre d'interprétation ouvre ses portes dans la maison de sir George-Étienne Cartier (voir fig. 157 ; **N**).

Dans ce foisonnement d'activités culturelles, le quartier lui-même, reflet d'un passé aux facettes multiples, constitue en soi un objet d'étude et de sensibilisation privilégié. Dès 1979, on entreprend un vaste inventaire architectural qui permet enfin de dater l'ensemble des bâtiments du quartier construits avant 1930. Au même moment, les archéologues se mettent au travail. En plus de mettre au jour les traces enfouies de l'histoire urbaine, les fouilles qu'ils dirigent révéleront des milliers d'années d'occupation humaine préhistorique. Dès 1980, on mène des fouilles aux

235 ◀

Les anciens faubourgs à l'ouest du Vieux-Montréal, site de la Cité du Multimédia depuis le tournant des années 2000.

Société de développement de Montréal.
Photographie : Pierre Malo.

236 ▶

Le Centre d'histoire de Montréal logé depuis 1983 dans la caserne centrale des pompiers construite en 1903-1904.
335, place d'Youville.

Centre d'histoire de Montréal.

237 ◄

Fouilles archéologiques au site de la place Royale devant l'édifice de l'ancienne Douane en 1989.

Pointe-à-Callière, musée d'archéologie et d'histoire de Montréal.
Photographie : Ville de Montréal, Réjean Martel.

238 ▼

La plateforme de granit couvrant la crypte archéologique du site de la place Royale, intégrant une œuvre commémorative créée dans le contexte du 350ᵉ anniversaire de la fondation de Montréal, 1992.

places d'Youville et Royale et, pour la première fois, le public peut en prendre connaissance grâce à des postes d'observation et des panneaux d'information (**fig. 237**). Des fouilles sont aussi entreprises dans la foulée des travaux de rénovation de l'Hôpital général des sœurs Grises. La riche collection d'artefacts ainsi mise au jour fait l'objet d'une exposition au Centre d'histoire de Montréal en 1983-1984, une première.

Les préparatifs du 350e anniversaire de fondation de la ville, en 1992, sont l'occasion d'une accélération de plusieurs projets. L'inauguration de l'ensemble de Pointe-à-Callière, musée d'archéologie et d'histoire (**0**), occupe une place toute particulière dans ce contexte comme dans l'évolution du quartier. Les nombreuses fouilles entreprises dans le secteur, les vestiges qui y sont mis au jour et l'importance urbaine et historique de la pointe de terre qui est le lieu de fondation de Montréal sont toutes prises en compte dans le programme architectural. Dans ce projet-phare qui englobe la place Royale et l'ancienne Douane de 1836, les concepteurs arrivent à marquer de façon très contemporaine ce lieu éminemment historique tout en lui redonnant une visibilité. Tous les vestiges des périodes successives de l'évolution du site, de la préhistoire amérindienne aux témoignages du XXe siècle, sont considérés et mis en valeur. L'édifice dit de l'Éperon (voir fig. 18), pièce maîtresse de l'ensemble, évoque non seulement la forme de la pointe mais aussi, par sa tour d'angle, celle de l'ancien immeuble de la compagnie Royal Insurance et, par ses formes arrondies, celle des silos voisins. La Douane est réaménagée et la place Royale, qui recèle la superposition la plus complexe de vestiges, est transformée en un podium commémoratif soulignant la présence, au sous-sol, d'une crypte archéologique (**fig. 238**).

En 1999, le lieu de fondation de Montréal, qui englobe le site du fort de Ville-Marie en partie accessible sous un immeuble du musée qui jouxte l'Éperon, devient le premier site archéologique classé au sein de l'arrondissement et un lieu d'apprentissage pour les étudiants en archéologie (voir fig. 21). Entre-temps, tous les chantiers de construction prévus dans le domaine public comme sur les terrains privés du Vieux-Montréal sont toujours systématiquement précédés de surveillances archéologiques ; c'est ainsi que l'on met au jour, en 1999, le site précieux des résidences des marchands Charles LeMoyne et Jacques LeBer (voir fig. 34).

En 1995, les religieuses de la Congrégation de Notre-Dame aménagent le Centre Marguerite-Bourgeoys dans l'ancienne école Bonsecours, adjacente à la chapelle Notre-Dame-de-Bon-Secours qui est elle aussi restaurée. Le décor en grisaille peint par Édouard Meloche en 1886 et masqué en 1908 est alors redécouvert et restauré (**fig. 239** ; **P**). Lors de travaux sous la nef principale, les archéologues découvrent, dans des sols archéologiques demeurés intacts jusque-là, un véritable trésor : ils mettent au jour des vestiges de la chaussée de la première rue Saint-Paul, des empreintes de pieux de la palissade du XVIIIe siècle, les fondations

239 ◀

Restauration, en 1997, du plafond de la chapelle de Notre-Dame-de-Bon-Secours peint par Édouard Meloche.

Photographie : Robin Simard.

de la chapelle de Marguerite Bourgeoys construite en 1675 et incendiée en 1754 ainsi que des traces du sentier qui y menait et enfin les restes d'un foyer amérindien... Dans ce contexte, la communauté religieuse consentira le plus important investissement privé en archéologie au Québec. Les lieux, rouverts au public en mai 1998, offrent depuis l'occasion d'un double pèlerinage, religieux et patrimonial (voir fig. 9 et 43).

Entre 1980 et 2000, on jette un nouveau regard sur les œuvres de commémoration. Tous les monuments anciens du quartier font l'objet de travaux. Le monument aux pionniers, grand obélisque initialement installé place d'Youville puis déplacé dans les années 1940 devant l'ancienne Douane, est réinstallé en 1983 à son emplacement d'origine. Le 350ᵉ anniversaire de Montréal offre par ailleurs l'occasion idéale de restaurer le monument à la mémoire de Paul de Chomedey de Maisonneuve (**fig. 240**). En 1997, le monument fontaine à la mémoire de John Young, qui dominait autrefois la pointe à Callière, est réinstallé à l'angle des rues Saint-Pierre et de la Commune où il constitue le point de mire d'un axe architectural majeur face au vieux port. Le monument à l'amiral Nelson est aussi restauré à la fin des années 1990. La statue originale en pierre Coade, désormais jugée trop fragile pour l'extérieur (**fig. 241**), est hébergée au Centre d'histoire de Montréal alors qu'une copie en pierre véritable est installée place Jacques-Cartier. De nouveaux monuments sont également créés tandis que les activités de commémoration connaissent un regain. La tradition de la messe commémorative, célébrée pour la première fois lors du 275ᵉ anniversaire de la ville en 1917, est maintenue et de plus en plus reconnue comme un événement significatif. À cette activité s'ajoutent maintenant des événements

240 ▶

La place d'Armes.
Au centre, le monument
à la mémoire
de Paul de Chomedey
de Maisonneuve.

241 ▼

L'intérieur du Centre
d'histoire de Montréal
réaménagé en 2001.

culturels d'éducation, d'interprétation et de vulgarisation de l'histoire. Dans ce domaine, les musées d'histoire du quartier jouent un rôle de première ligne. Renouvelant régulièrement leurs activités et leurs présentations, ils sont à la source d'un processus dynamique qui marie le patrimoine à la culture contemporaine.

L'environnement architectural de l'arrondissement historique offre de multiples fenêtres sur le passé, et les pouvoirs publics tiennent à donner aux Montréalais et aux visiteurs les outils pour les ouvrir. En 1981, deux brochures sont publiées par la Ville : l'une porte sur toutes les époques architecturales dont on retrouve des traces dans le quartier, y compris le modernisme des années 1960, l'autre sur son histoire avant l'ère industrielle. Ce clivage disparaît dans les nouvelles brochures publiées en 1992 puis en 1997. Le contenu de la dernière est repris en 1998 dans un site Web qui héberge depuis un inventaire patrimonial exhaustif du quartier. Toutes les strates historiques, incluant le passé récent, y sont valorisées sur un pied d'égalité.

242 ▲

Vue générale des aménagements du Vieux-Port,
1981-1984 et 1991-1992. De bas en haut : le bassin
et le pavillon Bonsecours, les quais Jacques-Cartier,
King-Edward et Alexandra et l'entrée du canal
de Lachine. À droite, la promenade et la rue de
la Commune.

Photographie : Ville de Montréal, Denis Labine.

LE GÉNIE DES LIEUX

Mieux que partout ailleurs, la lecture contemporaine de tous les passés du Vieux-Montréal est perceptible dans l'aménagement de ses places et de ses espaces publics. Ces derniers ont bénéficié d'un long processus de maturation, les projets ayant souvent mis beaucoup de temps à se concrétiser. Le plus vaste de ces aménagements est celui du Vieux-Port, propriété de l'État fédéral. L'enjeu de l'avenir du vieux port est soulevé dès les années 1970, alors qu'en raison du développement du transport par conteneurs les activités portuaires sont déplacées vers l'est. L'exportation des céréales emprunte aussi de nouveaux circuits conduisant à l'abandon des silos situés au pied du Vieux-Montréal : deux des trois ensembles sont démolis en 1978 et en 1983, et un remblaiement couvre au début des années 1970 le bassin Bonsecours qui menait à l'un d'eux. L'entrée du canal de Lachine est également remblayée à la suite de sa fermeture en 1959. On envisage après sur le site un vaste développement multifonctionnel incluant de l'habitation à haute densité. Les vives réactions que suscite ce projet aboutissent à la tenue de deux consultations publiques, en 1978 et 1979 puis en 1985. Coup sur coup, les recommandations retenues suggèrent d'aménager le site sous forme de parc, tout en maintenant certaines activités portuaires. Les Montréalais désirent ardemment retrouver une large fenêtre sur le fleuve (**fig. 242**).

On réalise de 1981 à 1984 un aménagement paysager entre les quais et la rue de la Commune, ruban vert dans lequel on conserve deux voies ferrées fonctionnelles (voir fig. 25). Un plan d'ensemble est finalement arrêté en 1990. Ce plan, qui s'appuie sur l'identité portuaire et industrielle du lieu, propose d'utiliser les vestiges archéologiques comme la base du programme narratif du projet. De grands travaux sont entrepris en 1991-1992. Dans la section est du port, on dégage les fondations du silo n° 2 démoli en 1978 et ces vestiges sont mis en valeur. Le déblaiement partiel du bassin Bonsecours permet de redécouvrir les contours des quais et de créer une île qui intègre les vestiges de la jetée centrale autrefois liée au silo. À l'ouest, on remet en état l'embouchure remblayée du canal de Lachine, on paysage les alentours, on construit un bâtiment de services et on munit le silo n° 5 qui borde le site d'un éclairage de nuit théâtral. Le langage architectural des structures du port est réinterprété dans de nouveaux immeubles contemporains ; on conservera cette approche pour le Centre des sciences de Montréal (**Q**), musée interactif ouvert en 2000 dont l'architecture réutilise la structure d'un ancien hangar. Les écluses restaurées en 1992 retrouvent en 2002 un rôle actif lors de la réouverture du canal à la navigation de plaisance. Conformément au plan de 1990, la fonction portuaire a été maintenue ; des cargos sont amarrés en hiver dans le Vieux-Port réaménagé, et les bateaux de croisière et de plaisance y font escale. L'endroit est rapidement devenu un lieu de rencontre privilégié des Montréalais.

Dès le début des années 1990, la Ville de Montréal aménage pour sa part une promenade urbaine le long de la rue de la Commune (**R**), entre les rues Berri et Saint-Gabriel. Organisée en deux paliers et plantée d'une double rangée d'érables, cette promenade surélevée, sorte de parvis de la ville historique, permet aux visiteurs comme aux Montréalais d'observer des vestiges portuaires du XXe siècle dans un ensemble unique fréquenté assidûment hiver comme été.

La promenade de la rue de la Commune a son pendant au champ de Mars, face à la ville. On suggérait en 1965 une reconstruction des fortifications. Au milieu des années 1980, après des fouilles archéologiques qui confirment la présence de la base des murailles sous le stationnement, on décide plutôt de mettre en valeur les vestiges existant des anciennes escarpe et contrescarpe, tout en recréant la vaste esplanade du XIXe siècle (voir fig. 49 ; **S**). Le projet est réalisé en 1991-1992. De 1996 à 2000, le secteur autour de l'hôtel de ville et du château Ramezay est à son tour reconfiguré. On élimine d'abord le viaduc des années 1930 qui passait sous le château Ramezay dans l'axe des rues Gosford et Saint-Claude, et on entreprend la démolition du stationnement étagé de la Dauversière qui enserrait le musée depuis 40 ans pour aménager sur le site la place du même nom (**fig. 243**A ; **T**). Les différentes sections de la place, qui pourraient éventuellement accueillir de nouvelles constructions, évoquent d'anciennes divisions de l'emplacement. Une promenade en paliers permet de créer une percée visuelle vers l'hôtel de ville. À l'arrière du château Ramezay restauré on inaugure en 2000 un jardin potager et ornemental de facture contemporaine, mais conçu dans l'esprit des grands jardins urbains de la Nouvelle-France (**fig. 243**B).

243 ▲

A : L'aménagement paysager de la place de la Dauversière en 1997.

B : Le jardin clos du château Ramezay inauguré en l'an 2000.

244 ▶

La partie est de la place d'Youville aménagée en 1998-1999.

L'atmosphère intime des jardins clos y est recréée grâce à un mur d'enceinte qui intègre une partie du parapet du viaduc disparu.

La place Jacques-Cartier est réaménagée en 1997-1998, après la réalisation de fouilles archéologiques. Le nouvel aménagement reste dans l'esprit de la place créée 150 ans plus tôt lors de la démolition des halles (voir fig. 90 ; **U**). On y signale par l'utilisation de pavages différents la présence dans le sol d'importants vestiges du Régime français, soit les fondations de l'hôtel de Vaudreuil et une portion des anciennes murailles. Le jardin formel qui entourait l'hôtel est quant à lui évoqué par un ensemble d'imposants bacs à plantations.

À l'ouest de l'arrondissement, on entame en 1998 l'aménagement d'une partie de la place d'Youville (**V**) entre le Centre d'histoire et l'ensemble de Pointe-à-Callière (**fig. 244**). Ici encore, le potentiel

archéologique, déterminé au préalable, contribue à modifier le mandat d'aménagement de ce site linéaire défini par le tracé de l'ancienne Petite Rivière canalisée. La présence en sous-sol de cette canalisation détermine le parcours d'une voie déambulatoire dont les pourtours sont conçus comme une courtepointe de verdure et de trottoirs, composition évoquant un lieu de passages et d'échanges. La partie de la place d'Youville située à l'ouest du Centre d'histoire sera réalisée en tenant compte de la présence dans le sol des vestiges du marché Sainte-Anne et donc du parlement incendié en 1849.

Près de là, de l'autre côté de la rue McGill, le square des frères Charon, du nom des premiers responsables de l'ancien Hôpital général, donne lieu à un aménagement qui constitue un lien nouveau entre la vieille ville et ses faubourgs revitalisés. À l'est du quartier, le nouveau square Dalhousie (**W**), ponctué de rails évoquant l'activité de l'ancienne gare, jouera lui aussi le même rôle. Le square Victoria, pour sa part, retrouve ses dimensions anciennes tandis que la statue restaurée de la reine occupe le centre d'un aménagement résolument contemporain.

Dans le Vieux-Montréal même, les trottoirs en béton avec agrégats exposés et bordures de granit, les pavés de pierre utilisés sur de plus en plus de chaussées, un mobilier urbain et une signalisation distinctifs servent à caractériser le centre ancien. Depuis 1996, un projet de mise en lumière du quartier historique, lancé à la faveur des liens d'amitié entre Montréal et la ville française de Lyon, couronne les efforts des dernières décennies en soulignant, par l'éclairage architectural, les places et les axes majeurs du quartier. Les rues Saint-Paul et de la Commune ont d'abord fait l'objet de ce projet, puis les édifices de la cité administrative, hôtel de ville et palais de justice en tête. Un nouvel éclairage spectaculaire met également en valeur, la nuit, les immeubles de la place d'Armes qui témoignent de toutes les époques de l'histoire de la ville. En février 2003, l'inauguration simultanée du nouvel éclairage de la chapelle Notre-Dame-de-Bon-Secours et de l'immeuble encore récent de Pointe-à-Callière souligne tout spécialement la nouvelle personnalité du quartier, tout en marquant les deux pôles majeurs d'occupation amérindienne millénaire ainsi que les deux points d'ancrage de Ville-Marie (**fig. 245** et **246**).

245 ▶

La chapelle Notre-Dame-de-Bon-Secours, entièrement restaurée, fait l'objet d'un nouvel éclairage architectural depuis 2003. Rue Saint-Paul, au pied de la rue Bonsecours.

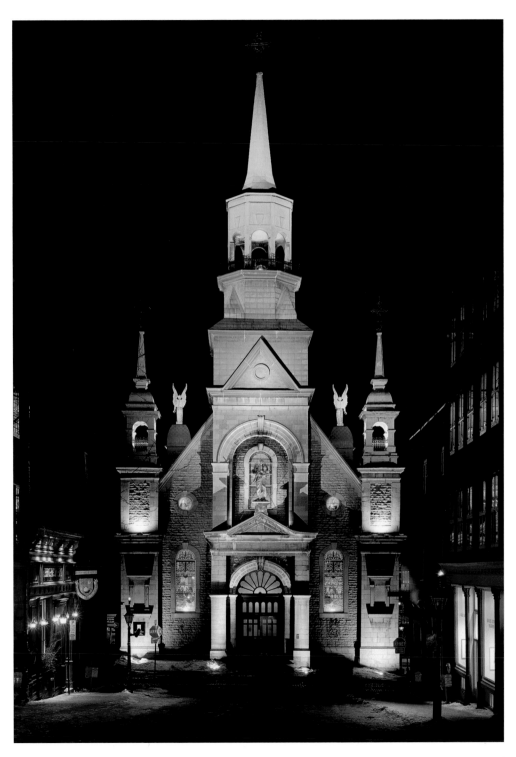

Au fil des 50 dernières années, on a assisté à une évolution constante des perceptions du patrimoine. Les projets de restauration, de réaménagement, de transformation ou de simple mise en valeur entrepris dans le quartier ont reflété cette transformation des mentalités survenue à la fois chez les spécialistes comme dans le grand public. L'appropriation publique de l'histoire d'un lieu, de sa « mémoire » et ce que nous pourrions appeler l'affirmation du génie du lieu se sont ainsi imposées à la faveur du temps. L'arrondissement historique du Vieux-Montréal, unique à bien des égards, constitue aujourd'hui l'un des ensembles patrimoniaux majeurs du continent américain. Toutes les strates du passé du centre ancien de Montréal, donc de la ville elle-même, sont désormais retrouvées et mises en valeur, depuis le lieu d'accostage des Amérindiens de la préhistoire jusqu'aux réalisations du tournant du troisième millénaire. Toutes, elles sont désormais présentes dans un quartier à la fois historique et actuel qui continue d'évoluer.

Le rôle de plaque tournante continentale et atlantique qu'a joué Montréal, surtout à cause de son fleuve, explique le dynamisme du cœur historique de la ville et de son port au fil des siècles. De plus, en quelques décennies, la volonté collective a su trouver le délicat équilibre entre innovation et sauvegarde. La riche diversité du Vieux-Montréal n'est pas aujourd'hui le reflet du hasard, mais elle est le résultat d'une pensée patrimoniale agissante, inscrite dans son temps.

246 ◄

L'édifice de l'Éperon de Pointe-à-Callière,
musée d'archéologie et d'histoire,
situé au lieu de fondation de Montréal,
fait l'objet d'un nouvel éclairage architectural
inauguré en 2003.
Angle de la rue de la Commune et de la
place d'Youville.